Tiziano Terzani, 1938 in Florenz geboren, war von 1972 bis 1997 Korrespondent des SPIEGEL in Asien. Er kannte die Länder und Kulturen dort wie kaum ein anderer westlicher Journalist. In seinen letzten Lebensjahren, die er in Indien und Italien verbrachte, beschäftigte er sich zunehmend mit Meditation und fernöstlicher Lebensphilosophie. Im Sommer 2004 erlag Tiziano Terzani einer Krebserkrankung.

Folco Terzani, Sohn und Gesprächspartner Tiziano Terzanis und Herausgeber dieses Buchs, wurde 1969 in New York geboren. Der Filmemacher drehte unter anderem einen Film über das Hospiz von Mutter Teresa in Kalkutta.

Tiziano Terzani und sein Buch *Das Ende ist mein Anfang* in der Presse:

»Tiziano Terzani war einer der großen Reporter des 20. Jahrhunderts, ein vor Vitalität berstender Geschichtenerzähler.«

Die Zeit

»Testament eines grandiosen Außenseiters. Ein wunderlich-wunderbares Buch.«

Profil

»Ein zutiefst weises Buch voll heiterer Gelassenheit nicht nur für Väter und Söhne.«

Augsburger Allgemeine

Außerdem von Tiziano Terzani lieferbar:

Asien, mein Leben
Fliegen ohne Flügel
Spiel mit dem Schicksal

Tiziano Terzani

Das Ende ist mein Anfang

Ein Vater, ein Sohn und die große Reise des Lebens

Mit einem neuen Nachwort des Herausgebers Folco Terzani

Aus dem Italienischen von Christiane Rhein

PENGUIN VERLAG

Die Originalausgabe erschien 2006 unter dem Titel *La fine è il mio inizio*
im Verlag Longanesi, Mailand.

Der Text wurde für die deutsche Ausgabe in Absprache
mit Folco Terzani gekürzt.

Die Übersetzung des neuen Nachworts besorgte Stephan Kleiner.

MIX
Papier | Fördert
gute Waldnutzung
FSC® C014496

Penguin Random House Verlagsgruppe FSC® N001967

1. Auflage der Neuausgabe 2024

In Kooperation mit dem SPIEGEL-Verlag, Hamburg,
Ericusspitze 1, 20457 Hamburg
Umschlag: FAVORITBUERO, München,
nach einem Entwurf von Stefan Kiefer / DER SPIEGEL
und Berndt & Fischer, Berlin
Umschlagfoto vorne: © Massimo Sestini / Grazia Neri
Umschlagfoto hinten: © Archiv Terzani
Redaktion: Viktoria von Schirach
Druck und Bindung: GGP Media GmbH, Pößneck
Printed in Germany
ISBN 978-3-328-11149-8

www.penguin-verlag.de

Orsigna, den 12. März 2004

Mein lieber Folco,

Du weißt, wie ungern ich telefoniere und wie schwer es mir meine schwindenden Kräfte machen, selbst wenige Zeilen zu Papier zu bringen. Daher ist dies kein richtiger Brief, sondern ein „Telegramm" mit zwei, drei Punkten, die mir noch wichtig sind und die Du wissen sollst.

Ich bin entsetzlich schwach, aber heiter und gelassen. Ich liebe dieses Haus und rechne damit, bis zum Ende hier zu bleiben. Ich hoffe, Dich bald zu sehen, aber nur unter der Bedingung, dass Du mit Deiner Arbeit fertig geworden bist. Denn bist Du erst einmal hier, wird Dich (uns) alles andere vollkommen in Anspruch nehmen, besonders wenn Du Dich auf eine Idee einlässt, über die ich lange nachgedacht habe. Und zwar folgende: Wie wäre es, wenn wir zwei uns jeden Tag eine Stunde zusammensetzten und Du mich fragtest, was Du schon immer fragen wolltest, und ich Dir frei von der Leber weg erzählte, was mir wichtig ist, von mir und meiner Familie, von der großen Reise des Lebens? Ein Austausch zwischen uns beiden, Vater und Sohn, so verschieden und einander doch so ähnlich, ein Testament, das Du dann zu einem Buch zusammenstellen könntest.

Beeil Dich, denn ich glaube, mir bleibt nicht mehr viel Zeit. Sieh zu, wie Du es einrichten kannst, und ich werde mir Mühe geben, noch eine Weile zu leben, um dieses wunderschöne Projekt mit Dir zu verwirklichen, wenn Du Lust dazu hast.

Ich umarme Dich.
Dein Papa

KUCKUCK

Folco, Folco, komm schnell! In der Kastanie sitzt ein Kuckuck! Ich kann ihn nicht sehen, aber er singt dort sein Lied:

Kuckuck, Kuckuck,
vorbei ist der April,
im Maien angekommen,
der Kuckuck schweigt nicht still.

Hör doch, wie schön!

Ich bin so froh, mein Sohn. Ich bin jetzt sechsundsechzig, und mein Leben, diese große Reise, geht dem Ende zu. Ja, ich bin an der Endstation angelangt. Aber ohne Trauer, im Gegenteil, fast mit einem Schmunzeln. Vor ein paar Tagen hat deine Mutter mich gefragt, „Hör mal, wenn jemand anriefe und uns von einem Mittel erzählte, mit dem du noch zehn Jahre weiterleben könntest, würdest du es nehmen?" Und ich habe ganz spontan gesagt: „Nein!" Ich würde es nicht nehmen, ich will nicht noch zehn Jahre leben. Wozu denn? Um all das zu tun, was ich bereits getan habe? Ich bin im Himalaja gewesen und habe mich darauf vorbereitet, auf den großen Ozean des Friedens hinauszusegeln. Warum sollte ich mich da noch einmal in ein Bötchen setzen, um am Ufer entlang zu schippern und zu angeln? Das interessiert mich einfach nicht mehr.

Sieh dir die Natur an, von dieser Wiese aus, sieh sie dir genau an, hör ihr zu. Der Kuckuck; all die zwitschernden Vögel in den Bäumen – wer die wohl sind? –, die Grillen im Gras, der Wind, der durchs Laub streicht. Ein einziges, großes Konzert mit einem eigenen Leben, das von dem Tod, auf den ich warte, vollkommen unberührt bleibt. Die Ameisen krabbeln weiter vor sich hin, die Vögel singen ihrem Gott ein Lied, und der Wind weht wie eh und je.

Was für eine große Lehre! Deshalb bin ich so heiter. Seit Monaten spüre ich eine geballte Freude in mir, die in alle Richtungen ausstrahlt. Ich habe das Gefühl, nie zuvor so leicht und glücklich gewesen zu sein. Und wenn du mich fragst: Wie geht es dir?, kann ich nur antworten: hervorragend. Mein Kopf ist frei, ich fühle mich wunderbar. Nur dieser Körper fault vor sich hin und ist inzwischen überall leck. Das Einzige, was bleibt, ist, sich von ihm zu lösen und ihn seinem Schicksal zu überlassen, dem Schicksal der *Materie,* die zerfällt und wieder zu Staub wird. Ohne Angst, denn es ist doch die natürlichste Sache der Welt.

Aber eben weil mir nur noch wenig Zeit bleibt, möchte ich noch etwas Letztes tun: mit dir reden. Mit dir, der du fünfunddreißig Jahre lang – oder wie alt bist du jetzt? Vierunddreißig? – Teil meines Lebens gewesen bist, Zuschauer dieser langen Reise, die du von unten, aus der Perspektive des Sohns, mitverfolgt hast. Immer warst du da, und doch weiß ich, dass du nicht mein ganzes Leben kennst. So wie ich eigentlich nur sehr wenig vom Leben meines Vaters wusste und am Ende bedauerte, nicht ein wenig Zeit mit ihm verbracht zu haben, um darüber zu reden.

FOLCO: Also hast du deinen Tod tatsächlich angenommen, Papa?

TIZIANO: Weißt du, diese Vorstellung vom „Tod“ würde ich gern vermeiden. Die indische Wendung „den Körper verlassen“, die dir so geläufig ist wie mir, finde ich viel schöner. Mein Traum wäre es zu verschwinden, als gäbe es diesen Moment der Trennung nicht. Der letzte Akt des Lebens, den man Tod nennt, macht mir keine Angst, denn darauf habe ich mich vorbereitet.

Ich will nicht sagen, dass es in deinem Alter genauso wäre. Aber in meinem! Ich habe alles getan, was ich wollte, ich habe ungeheuer intensiv gelebt, und ich habe nicht das Gefühl, ich hätte irgendetwas versäumt. Ich brauche nicht zu sagen: „Ach, wie gern hätte ich noch ein bisschen Zeit, um dies oder jenes zu tun." Und ich habe keine Angst – dank jener zwei, drei Dinge, die ich für wesentlich halte und die alle Großen und Weisen der Vergangenheit begriffen haben.

Was ist es, was uns am Tod so ängstigt?

Was uns vor Angst erstarren lässt, wenn wir an den Augenblick des Todes denken, ist die Vorstellung, dass in dem Moment alles, woran wir hängen, verschwindet. Zunächst einmal der Körper. Was für eine ungeheure Bedeutung haben wir ihm zugemessen! Denk doch nur, wie wir mit ihm wachsen, wie wir uns mit ihm identifizieren. Sieh dich an, so jung, so stark, überall Muskeln. Ich war doch genauso! Ich bin jeden Tag kilometerweit gejoggt, um in Form zu bleiben, ich habe Gymnastik gemacht, ich hatte gerade Beine, einen dichten Schnurrbart und den ganzen Kopf voller rabenschwarzer Haare! Ich war ein schöner junger Mann! Wenn einer „Tiziano Terzani" sagt, stellt er sich diesen Körper vor.

Das ist doch zum Lachen! Sieh dir an, wie ich jetzt aussehe! Nur noch Haut und Knochen, die Beine geschwollen, der Bauch rund wie ein Ballon! Die Geometrie des Körpers ist auf den Kopf gestellt: Zuerst hat man breite Schultern und schmale Hüften, jetzt habe ich schmale Schultern und einen riesigen Bauch. Wieso sollte ich an diesem Körper hängen? Einem Körper, der mit jedem Tag schwächer wird, dem die Haare ausfallen, der nur noch humpeln kann, an dem die Chirurgen herumschnippeln?

Wir sind nicht dieser Körper. Aber was sind wir dann?

Wir glauben, all das zu sein, was wir mit dem Tod zu verlieren fürchten. Unsere Identität. Da hast du dich mit deinem Beruf identifiziert, Journalist, Rechtsanwalt, Bankdirektor, und der Gedanke, dass all das auf einmal verschwindet, dass du nicht mehr der große Journalist oder der erfolgreiche Bankdirektor bist, dass der Tod dir all das nimmt, erschüttert dich. Und dann alles, was dir *gehört* – das Fahrrad, das Auto, ein wertvolles Bild, das du dir mit den Ersparnissen deines ganzen Lebens gekauft hast, ein Grundstück, ein Häuschen am Meer. Alles *deins!* Und jetzt stirbst du und verlierst es. Der Grund, warum wir solche Angst vor dem Tod haben, ist, dass wir plötzlich auf alles verzichten müssen, woran unser Herz hängt, unseren Besitz, unsere Wünsche, unsere Identität. Ich habe das bereits hinter mir. In den letzten Jahren habe ich all diese Dinge über Bord geworfen, und jetzt gibt es nichts mehr, woran ich hänge.

Denn natürlich bist du nicht dein Name, natürlich bist du nicht dein Beruf und auch nicht dein Haus am Meer. Und wenn du schon im Leben lernst, zu sterben, wie die Weisen der Vorzeit es gelehrt haben – die Sufis, die Griechen, unsere geliebten Rischis im Himalaja –, dann gewöhnst du dich daran, dich mit diesen Dingen nicht zu identifizieren und zu erkennen, was für einen absolut begrenzten, vorübergehenden, lächerlichen, vergänglichen Wert sie haben. Wenn dein Haus am Meer eines Tages – wrumm! – von einer Sturmflut fortgerissen wird; wenn dein Sohn, einer wie du, der du so lange mein Kind gewesen bist, um den ich mir so viele Gedanken und manchmal auch Sorgen gemacht habe, aus dem Haus geht und ihm ein Ziegelstein auf den Kopf fällt und auf einmal – wrumm! – alles vorbei ist, dann begreifst du, dass du unmöglich etwas sein kannst, was einfach so verschwindet.

Und wenn du im Laufe des Lebens zu begreifen beginnst, dass du nicht diese Dinge bist, dann trennst du dich allmählich davon, dann lässt du sie los. Dann lässt du auch das los, was dir am teuersten ist. Für mich war das die Liebe zu deiner Mutter. All die siebenundvierzig Jahre, die wir zusammen gewesen sind, habe ich deine Mutter geliebt, und wenn ich sage, dass ich diese Liebe loslasse, heißt das nicht, dass ich sie nicht mehr liebe, sondern dass ich nicht mehr Sklave dieser Liebe bin; dass ich nicht mehr von ihr abhänge; dass ich mich auch von ihr gelöst habe. Diese Liebe ist Teil meines Lebens, aber ich *bin* nicht diese Liebe.

Ich bin vieles ... oder vielleicht auch nichts. Aber ich bin nicht diese eine Sache. Und der Gedanke, im Moment des Todes diese Liebe zu verlieren, dieses Haus in Orsigna zu verlieren, dich und Saskia zu verlieren, meinen Beruf zu verlieren, kümmert mich nicht mehr. Er macht mir keine Angst mehr, denn ich habe mich daran gewöhnt. Das hat mich der Himalaja gelehrt, die Einsamkeit dort oben, die Natur, das Glück, diese Krankheit zu bekommen und die Gelegenheit zu haben, über diese Dinge nachzudenken.

Der andere wesentliche Punkt im Leben eines Menschen, der nicht nur älter, sondern auch reifer wird, wie hoffentlich auch ich, ist das Verhältnis zu seinem Verlangen. Das Verlangen ist unsere große Triebfeder. Hätte Kolumbus nicht das Verlangen verspürt, einen neuen Weg nach Indien zu finden, hätte er Amerika nie entdeckt. Der ganze Fortschritt des Menschen, oder Rückschritt, wenn du so willst, die ganze Zivilisation oder De-Zivilisation ist auf das Verlangen zurückzuführen, alle Arten von Verlangen, angefangen vom einfachsten, dem körperlichen, dem Verlangen, das *Fleisch* eines anderen zu besitzen.

Das Verlangen ist ein unglaublicher Antrieb, das will ich gar nicht bestreiten. Es ist wichtig und hat die Geschichte der Menschheit geprägt. Aber noch einmal: Wenn du anfängst, es genauer zu betrachten – was ist dieses Verlangen dann? Was sind diese Bedürfnisse, denen du dich nicht entziehen kannst? Vor allem heute, in dieser Gesellschaft, die uns dazu drängt, Bedürfnisse zu erfinden und besonders den banalsten, den materiellen, nachzugehen, denen aus dem Supermarkt. Das Verlangen nach diesen Dingen ist nutzlos, banal, lächerlich.

Das wahre Verlangen, wenn man denn eines will, ist das Verlangen, man selbst zu sein. Das Einzige, was zu ersehnen Sinn hat, ist, vor keinen Entscheidungen mehr zu stehen, denn die wahre Entscheidung ist nicht die zwischen zwei Sorten Zahnpasta, zwei Frauen oder zwei Autos. Die wahre Entscheidung ist die, du selbst zu sein. Wenn du dich an den Gedanken gewöhnst oder bestimmte Übungen in der Richtung machst, wenn du darüber nachdenkst – nachdenkst! –, dann wirst du erkennen, dass jedes Verlangen eine Form von Sklaverei ist. Denn je heftiger du verlangst, desto mehr begrenzt du dich. Bis dein Verlangen so stark ist, dass du nichts anderes mehr denken und tun kannst, dass du zu seinem Sklaven wirst.

Wenn du dann älter wirst, und reifer, beginnst du das alles möglicherweise zu sehen …

Er lacht.

… und kannst über all dieses Verlangen lachen, das jetzige und das von früher; kannst darüber lachen, dass es zu nichts nütze ist, dass es genauso vergänglich ist wie alles andere, wie das ganze Leben. Und so lernst du allmählich, dich davon zu befreien, es aus dem Weg zu räumen. Auch den letzten Wunsch, den alle haben, den Wunsch nach einem langen Leben. Wenn man denkt, „Gut, mir liegt nichts mehr an Geld und Ruhm, und kaufen will ich auch nichts mehr. Aber was gäbe ich nicht für ein Mittel, das mir noch zehn Jahre schenkt!“

Auch diesen Wunsch habe ich nicht mehr. Ich habe ihn einfach nicht mehr.

Ich kann mich glücklich schätzen. Denn die Jahre der Einsamkeit in der Hütte im Himalaja haben mir gezeigt, dass es für mich nichts mehr zu wünschen gab. Dort brauchte ich nichts als ein wenig Wasser zum Trinken, und das gab es an der Quelle, wo auch die Tiere hinkamen. Zum Essen hatte ich ein bisschen Reis mit Gemüse, den ich mir über dem Feuer kochen konnte. Was hätte ich mir denn wünschen können? Doch nicht, mir im Kino den neuesten Film anzusehen! Was hätte ich denn davon?! Was würde das an meinem Leben ändern? Nichts mehr, nichts! Denn was mir jetzt bevorsteht, ist vielleicht die seltsamste, interessanteste, neueste Sache, die mir je widerfahren ist.

Das ist der Grund, weshalb ich keine Lust mehr habe, in diesem Leben zu verweilen. Weil dieses Leben meine Neugier nicht mehr weckt. Ich habe es von innen und von außen gesehen, von allen Seiten, und die Wünsche, die es in mir wecken könnte, interessieren mich nicht mehr. Der Tod ist wirklich …

Er lacht.

… das einzig *Neue*, was mir noch passieren kann, denn er ist etwas, was ich noch nie gesehen, noch nie erlebt habe. Nur bei den anderen.

Vielleicht ist es gar nichts, vielleicht ist es nur, wie abends einzuschlafen. Denn im Grunde sterben wir ja jeden Abend. Das Bewusstsein des wachen Menschen, das ihn dazu bringt, sich mit seinem Körper und seinem Namen zu identifizieren, Verlangen zu verspüren, zu telefonieren und eine Einladung zum Mittagessen anzunehmen, das ist in dem Moment, in dem du einschläfst – puff! – verschwunden. Auch wenn es im Schlaf in gewisser Hinsicht noch da ist, nämlich wenn du träumst.

Aber wer träumt da?

Wer ist der stille Zeuge deiner Träume?

Vielleicht geschieht im Tod ja etwas Ähnliches wie im Schlaf.

Oder vielleicht auch nichts. Aber eins kann ich dir versichern, Folco, nämlich dass ich zu dieser Verabredung nicht gehe, als erwarte mich ein schwarzer Mann mit einer Sense in der Hand, was immer eine Horrorvision gewesen ist. Ich gehe vielmehr mit innerer Ruhe und leichtem Herzen, so leicht wie nie zuvor. Und vielleicht liegt das an dieser Kombination von Faktoren, die ich dir gerade zu erklären versucht habe: dass ich das Sterben schon vor dem Tod ein wenig gelernt habe; dass ich mich von meinem Verlangen gelöst habe; und dass ich aus der heiligen Erde Indiens das Gefühl gesogen habe, das dieses Land vermittelt: dass ständig unendlich viele Menschen geboren werden, sterben, geboren werden und sterben, und dass die Erfahrung von Geburt, Leben und Tod allen Menschen gemein ist.

Warum macht das Sterben uns bloß solche Angst? Wo das doch alle getan haben! Milliarden und Abermilliarden von Menschen, Babylonier, Hottentotten, alle. Aber wenn wir selber dran sind – ah! Dann sind wir verloren.

Wie ist das möglich? Wo das doch alle getan haben!

Wenn du es dir genau überlegst – und das ist ein schöner Gedanke, den natürlich schon viele angestellt haben –, ist die Erde, auf der wir leben, im Grunde ein riesiger Friedhof. Ein immens großer Friedhof all dessen, was gewesen ist. Wenn wir anfangen würden zu graben, fänden wir überall zu Staub zerfallene Knochen, die Überreste des Lebens. Kannst du dir vorstellen, wie viele Abermilliarden von Lebewesen auf dieser Erde gestorben sind? Die sind alle da! Wir laufen ständig über einen unendlich großen Friedhof. Das ist seltsam, denn wir stellen uns Friedhöfe immer wie Orte der Trauer vor, Orte des Leidens, der Tränen. Dieser immense Friedhof aber, die Erde, ist wunderschön! Mit all den Blumen, die darauf wachsen, mit all den Ameisen und Elefanten, die darüberlaufen. Er ist die Natur!

Er lacht.

Wenn du das so siehst, dass du wieder Teil von all dem wirst, dann ist das, was von dir bleibt, vielleicht dieses unteilbare Leben, diese Kraft, diese Intelligenz, die du mit einem Bart schmücken und Gott nennen kannst, auch wenn sie etwas ist, was unser Denken nicht fassen kann, vielleicht der große Geist, der alles zusammenhält.

Was ist das, was alles zusammenhält?

Deshalb gehe ich zu dieser Verabredung – als eine solche empfinde ich das, und ich möchte sie nicht verpassen, denn ich habe mich sozusagen schon festlich dafür gekleidet – unbeschwert und mit einer geradezu journalistischen Neugier. Obwohl ich den Journalismus schon vor Jahren an den Nagel gehängt habe, bezeichne ich meine Neugierde schmunzelnd als „journalistisch". Aber im Grunde ist es pure menschliche Neugier, die wissen will: „Was ist das eigentlich?"

Man empfindet sie gewöhnlich, wenn der Vater stirbt. Mein Gefühl damals, das weiß ich noch genau, war, dass nun ich in der ersten Reihe stand. Weißt du, im Krieg hast du immer jemanden vor dir, es gibt eine erste Reihe, wie den vordersten Schützengraben im Ersten Weltkrieg. Und wenn der Vater stirbt, dann steht dort keiner mehr, dann ist man selber dran.

Tja, und jetzt bin ich dran. Und wenn ich sterbe, wirst du das Gefühl haben, in die erste Reihe aufzurücken.

Aber jetzt bist du erst einmal gekommen, um meine Hand zu halten, und das gibt uns die Gelegenheit, von der Reise dieses kleinen Jungen zu sprechen, der in einem Bett in der Via Pisana zur Welt gekommen ist, in einem Arbeiterviertel von Florenz, der die großen Geschehnisse seiner Zeit dann hautnah miterlebt hat – den Vietnamkrieg, China, den Zerfall der Sowjetunion –, der sich schließlich in den Himalaja zurückgezogen hat und nun hier ist, in seinem kleinen Himalaja, um seine Stunde zu erwarten, die in meiner Vorstellung etwas Erfreuliches ist.

Deshalb ist dies das Ende, aber auch der Anfang einer Geschichte, der Geschichte meines Lebens, und ich würde mit dir gern noch ein wenig darüber reden, um gemeinsam darüber nachzudenken, ob alles in allem ein Sinn darin liegt.

KINDHEIT UND JUGEND

Wir sitzen im Schatten eines großen Ahorns vor dem Haus in Orsigna. Hinter der Wiese fällt das Tal steil zum Fluss ab, und die Wälder jenseits des Flusses beginnen, grün zu werden. Es ist Frühling. Ein frischer Wind weht, und Papa liegt in einem Liegestuhl, mit einer violetten Wollmütze auf dem Kopf und einer indischen Decke um die Beine.

FOLCO: Also, es kann losgehen. Hast du es bequem? Sekunde, mal sehen, ob der Kassettenrekorder funktioniert.

TIZIANO: Ist das so laut genug?

FOLCO: Ja. Hast du eine Vorstellung davon, wie du vorgehen willst?

TIZIANO: Hm, so ungefähr. Ich möchte dir von meiner Kindheit erzählen, von dieser Mischung verschiedener Dinge, die ich nie in Ruhe schildern konnte. Ich möchte eine Erinnerung an das Leben von damals hinterlassen, weniger für dich als zum Beispiel für deinen Sohn, der keine Ahnung hat, wie meine Generation aufgewachsen ist, was für Beziehungen die Menschen verbanden, wie die Welt aussah, die uns umgab.

FOLCO: Fangen wir an.

TIZIANO: Ich bin in einem Arbeiterviertel in Florenz zur Welt gekommen, außerhalb der Stadtmauer. Ich bin zu Hause geboren, wie das damals üblich war. An meine Geburt erinnere ich mich natürlich nicht, aber ein paar Jahre später habe ich die Geburt meines Vetters mitgekriegt, und bei mir lief es sicher ganz ähnlich ab. Zur Entbindung kamen alle Frauen der Familie. Ich stelle mir meine Mutter in ihrem Ehebett vor, in dem sie später auch gestorben ist. Da hat sie mich zur Welt gebracht.

Alle meine Kindheitserinnerungen sind an das Viertel, in dem ich geboren wurde, gebunden. Es war eine kleine, beschränkte Welt. Stell dir vor, wir wohnten schon praktisch auf dem Land. Die Häuser standen an einer Straße, auf der die Straßenbahn vorbeifuhr. Anfangs wurde sie noch von Pferden gezogen, und ein Vetter meines Vaters hatte die Aufgabe, die Gleise sauber zu halten und die Pferdeäpfel einzusammeln. Und da er das auch im Winter tun musste, trug er immer eine warme Jacke, die er von der Stadtverwaltung bekommen hatte, eine dicke Baumwolljacke, die ich als Oberschüler glücklicherweise erbte, so dass ich zu Hause, wo es keine Heizung gab, am Küchentisch sitzen und lernen konnte.

Wir wohnten sehr einfach. Durch eine schmale Haustür kam man zu einer geraden Treppe, die zu einer winzigen Wohnung hinaufführte. Beim Eintreten stand man direkt im Wohnzimmer. Es gab eine Küche, wo gegessen wurde, und ein Schlafzimmer, in dem wir alle drei schliefen. Mein Bett stand neben dem Ehebett der Eltern.

Es war eine ganz eigene Welt, die für Beschränktheit, aber auch für Vertrautheit steht. Stell dir vor, die Einrichtung dieser Wohnung, die ich dir gerade beschrieben habe, war zur Hochzeit meiner Eltern im Jahre 1936 angeschafft worden. Man darf nicht vergessen, dass meine Eltern arm waren, bitterarm. Ihre Hochzeitsreise haben sie nach Prato gemacht, das liegt nur fünfzehn Kilometer entfernt, aber für sie war es eine große Reise! Die weiteste, die sie je machten, bis ich sie später nach New York und nach Asien einlud.

Die Wohnung war eingerichtet, wie es damals üblich war. Man heiratete, wenn man die Aussteuer zusammenhatte. Die Aussteuer bestand aus einem Bett, einem Schrank, in dem die ordentlich zusammengelegte Wäsche aufbewahrt wurde – ich erinnere mich noch an den Duft der Lavendelzweige und der Seifen, die meine Mutter zwischen die Laken legte –, und dann gab es noch eine Kommode, die in meinem Leben gewissermaßen Freud und Leid verkörperte. Denn wenn mein Vater am Monatsende das Geld, das er verdient hatte, mit seinem Kompagnon teilte und nach Hause brachte, wurde es in diese Kommode zwischen die Laken gelegt. Damals hatte kein Mensch ein Konto auf der Bank. Nie werde ich vergessen, wie es war, wenn der Monat auf den fünfzehnten, siebzehnten oder zwanzigsten zuging; diese Zeremonie, wenn wir in der Kommode nachsahen – ich heimlich, meine Mutter etwas weniger –, wie viel Geld noch zwischen der Bettwäsche lag. Es war nie genug, und am Ende des Monats hatten wir oft kein Geld zum Essen mehr.

Das Leben war in Wochen- und Feiertage unterteilt, wie ihr jungen Leute euch das heute kaum noch vorstellen könnt. Ich hatte zum Beispiel einen Anzug – ein Paar kurze Hosen, ein Hemd und eine Jacke –, den ich nur am Sonntag tragen durfte. An den übrigen Tagen trug man seine Alltagskleidung. Sonntags hingegen, nach diesem herrlichen Bad … Wir hatten eine große Wanne, weißt du, eine Zinkwanne, in der ich, der Held der Familie, als Erster badete. Das Wasser wurde auf dem Gasherd heiß gemacht und in die Wanne gegossen, und dann wurde ich abgeseift. Nach mir kam meine Mutter dran, und als Letztes mein Vater.

FOLCO: Im selben Wasser?

TIZIANO: Im selben Wasser. Und dann, im Sonntagsstaat, gingen ich und meine Mutter in die Kirche. Mein Vater hingegen hat nie auch nur einen Fuß hineingesetzt! Dann ging der Sonntag los. Es gab Mittagessen, und nachmittags wurden die Verwandten besucht, meistens zu Fuß, aber manchmal auch mit der Straßenbahn.

In der Küche stand ein Tisch mit einer Marmorplatte, die im Winter eiskalt war, wo ich, bis ich achtzehn war, immer saß und lernte. Und ein Gasherd. Oder warte, im Krieg hatten wir kein Gas, sondern Kohle. Und man kochte auf einem Herd, in dem man Feuer machte. Schließlich gab es noch einen Küchenschrank, in dem die Lebensmittel aufbewahrt wurden. Ich liebte Obst, aber ich durfte die herrliche Schranktür mit den Äpfeln dahinter nur einmal täglich öffnen, denn mir stand nur ein Apfel zu.

Mein Vater besaß ein altes Fahrrad, mit dem er zur Arbeit fuhr, in seinem nach Schmieröl stinkenden Monteuranzug. Das Fahrrad war ihm so wichtig, dass er es nie irgendwo stehen ließ, auf der Straße sowieso nicht, aber auch nicht am Fuß der Treppe innen hinter der Haustür, die immer geschlossen war. Jeden Abend trug er es die Treppe hinauf ins Wohnzimmer, um sicherzugehen, dass sein Fahrrad auch wirklich seines blieb. Ansonsten gab es in der Wohnung nichts von alledem, was wir heute gewöhnt sind. Stell dir vor, wir hatten nicht einmal ein Radio, von einem Fernseher ganz zu schweigen. Und ein Telefon natürlich auch nicht. Das kam alles zu seiner Zeit.

Als Erstes bekamen wir ein Radio. Das war eine tolle Geschichte. Ich weiß noch, wie nach ewigem Sparen endlich dieser erste Radioapparat gekauft wurde, auf Raten, das machte man damals so. Meine Güte, war das ein Ereignis! Ich kann mich noch genau an das Geschäft erinnern, Piazza Pitti Ecke Via Maggio.

FOLCO: Ein erster Schritt in die Moderne.

TIZIANO: Ja, als das Radio kam, war das wirklich ein Ereignis. Es war wunderschön, aus glänzendem Holz, mit Knöpfen, die man drehen konnte, nicht wie die digitalen Radios heute, bei denen man nie etwas kapiert. Und es hatte ein kleines grünes Licht, das an- und ausging, je nachdem ob man nah an einer Frequenz war oder nicht. Das Gehäuse war gewölbt und überall abgerundet und die Knöpfe waren nicht aus Plastik, sondern aus Horn. Dieses Radio war das erste Symbol von Luxus in meiner Familie.

Ich will nur, dass du verstehst, in was für einer Welt ich aufgewachsen bin. Eine Straße ohne Verkehr, auf der nur die von Pferden gezogene Straßenbahn vorbeikam. Nach dem Krieg lief sie dann elektrisch, und direkt vor unserem Haus drehte sie um. Sie fuhr bei uns los und dann bis ins Zentrum, bis San Frediano, das war die andere Endstation. Immer hin und her, zwischen uns und Florenz, das uns vorkam wie ein anderer Ort. Das war im Grunde das Drama meiner Mutter, ihr ganzes Leben lang: einen Mann geheiratet zu haben, der mit ihr vor die Stadt gezogen war, weg aus Florenz, weg aus dem Schatten der großen Kuppel des Doms, wo sie – das war ihr ganzer Stolz – geboren war. Meine Mutter hat immer etwas Aristokratisches gehabt und mochte sich auf diese Welt nicht einlassen: die Straße mit der Straßenbahn, die Leute, die auf ihren Fahrrädern vorbeikamen, und den Fußsteig, der so etwas wie ein Dorfplatz war. Für Klatsch hatte sie nichts übrig. Die anderen Frauen hingegen brachten an den Sommerabenden ihre Stühle mit dem Strohgeflecht auf die Straße hinunter, setzten sich vor die Tür und sahen den Kindern beim Versteckspiel oder bei „Himmel und Hölle" zu.

Dort hat meine Sozialisierung stattgefunden. Die ersten Jahre meiner Kindheit habe ich vor der Haustür verbracht, mit meiner Mutter, die immer aufpasste, dass ich mich auch nicht schmutzig machte oder von den anderen verhauen wurde. Das war meine Welt, eine Welt voller Vorurteile natürlich, voller sozialer Schranken. „Hüte dich vor dem da! … Die Frau vom Soundso ist zu nichts nutze, besser man lässt sich nicht mit ihr ein …" Aber es war auch eine sichere, überschaubare Welt. Unerwartetes gab es nicht.

FOLCO: Viele Entdecker sollen aus einer solchen Umgebung kommen.
TIZIANO: Ja. Alles war genau geregelt. Und jeder wusste alles über die anderen. Man wusste, dass die Tabakverkäuferin von den Amerikanern vergewaltigt worden war, als sie am Arno Holz holen war...
FOLCO: Was?!
TIZIANO: Als die Amerikaner kamen und alle Bäume in Florenz fällten, holzten sie auch die „Albereta" ab, einen wunderschönen Hain mit großen Steineichen und Platanen, wahrscheinlich um an der Front Stellungen zu bauen, oder für die Eisenbahn. Dort ist später eines der bevölkerungsreichsten Stadtviertel von Florenz entstanden, der Isolotto, wo es heute keinen einzigen Baum mehr gibt. Aber in meiner Kindheit war das Niemandsland. Die Amerikaner hatten riesige Äxte, und so splitterten bei jedem Hieb große Späne ab, etwas ganz Wertvolles. Auch ich und meine Mutter gingen da hin, um sie zum Feuermachen und Kochen zu sammeln. Und dort, hieß es, sei die Tabakverkäuferin dann ... Dieses Schandmal wurde sie ihr ganzes Leben nicht mehr los.

Was ich damit sagen will, ist, dass das Individuum in dieser Gesellschaft nicht gerade frei war, im Gegenteil, es stand immer unter Kontrolle; aber diese Enge bedeutete auch ein großes Maß an Sicherheit, denn jeder wusste Bescheid über jeden. Und es gab eine starke Solidarität. Ich meine, wenn man Brot kaufen wollte und kein Geld hatte, ließ man anschreiben, ich glaube sogar, dass niemand gleich bezahlte, außer am Anfang des Monats, wenn man seinen Lohn bekam. Dabei war Ehrlichkeit etwas überaus Wichtiges. Wenn Tecla, die Bäckerin, dir aus Versehen eine halbe Lira zuviel herausgab, musstest du sie ihr zurückbringen. Heutzutage ist das kaum zu fassen, aber so waren die Regeln damals.

In dieser total beschränkten, engen Welt bin ich aufgewachsen. Florenz war für mich weit weg. Da ging ich nur am Sonntag manchmal hin, mit meinem Vater und meiner Mutter. Wir gingen, diese Geschichte hast du schon mal gehört …

FOLCO: … Eis essen?

TIZIANO: Nein. Den Reichen beim Eisessen *zugucken*! Das werde ich mein Leben lang nicht vergessen. Im Sonntagsstaat, geschniegelt und mit geputzten Schuhen – vor dem Ausgehen musste man sich immer die Schuhe putzen – ging ich mit meiner Mutter und meinem Vater, er in Schlips und Zweireiher, zu Fuß von Monticelli bis zur Piazza della Signoria.

So nachlässig, wie ihr euch heute kleidet, kannst du dir bestimmt gar nicht vorstellen, wie das früher war. Ich sage immer, „Wir waren so arm, dass wir nicht einmal genug zu essen hatten …“, und dann siehst du uns auf den Fotos mit diesen schönen Kleidern. Aber das auf dem Foto war mein Sonntagsanzug!

FOLCO: Und Fotos mit dem Montagsanzug gibt es nicht?

TIZIANO: Nein. Es gab da dieses berühmte Foto von mir im Kittel, wo ich einen Finger durch ein Loch in der Kitteltasche gesteckt hatte, aber das hat meine Mutter später weggeworfen, damit man nicht sah, dass ich etwas Verschlissenes anhatte.

Auf der Piazza della Repubblica gab es ein großes Restaurant, Paszkowsky, wo man draußen sitzen konnte, genau wie heute, und um die Kunden abzuschirmen, waren die Tische mit einer Buchsbaumhecke in großen Blumenkästen umfriedet. Und meine Eltern erlaubten mir, durch die Hecke zu lugen, um den Herrschaften beim Eisessen zuzusehen! Kannst du dir das vorstellen? Wir gingen den ganzen langen Weg, nur um den Leuten beim Eisessen zuzusehen! Für euch ist so etwas undenkbar, aber zu unserer Zeit war das so.

Ich hatte eigentlich eine glückliche Kindheit. Die Probleme, die es natürlich auch gab, belasteten mich nicht. Es tat mir nur leid für meine Mutter, wenn sie darunter litt, dass das Geld nicht reichte. Auch die ersten Demütigungen habe ich durch ihre Augen erlebt.

Dazu muss ich dir eine Geschichte erzählen. Oft reichte das Geld einfach nicht bis zum Monatsende. Dann ging man ins Pfandhaus, das nicht weit von der Via del Porcellana lag, wo meine Mutter aufgewachsen war. Dort konnte man alles hinbringen, auch den letzten Plunder, und bekam dafür eine kleine Summe, für die man immense Zinsen zahlen musste. Wenn man es schaffte, den Kredit rechtzeitig zurückzuzahlen, konnte man sein Pfand wieder auslösen.

Bei uns zu Hause gab es keine Wertsachen. Schmuck besaß meine Mutter nicht, außer ihrem goldenen Ehering, doch den hätte sie nie im Leben auf den Buckel gebracht, wie man sagte. Aber ein paar unbenutzte Laken aus ihrer Aussteuer hatte sie, denn wenn junge Mädchen heirateten, bekamen sie vier, fünf Leinengarnituren mit, die lagen, hübsch mit den Initialen bestickt, in der Kommode, die so wunderbar nach Lavendel und Seife duftete. Zwei, drei Leinengarnituren wurden, wenn gar kein Geld mehr da war, zum Monte di Pietà gebracht. Ich kann mich noch genau an meine Mutter erinnern – und das war eine meiner ersten negativen Empfindungen –, die mich fest an der einen Hand gepackt hatte, denn ich war noch klein. In der anderen Hand trug sie die Tasche mit dem Paket. Sie blickte sich vorsichtig um, ob auch niemand in der Nähe war, der uns kannte und uns diesen berüchtigten Ort des Elends und der Schmach betreten sah.

Er lacht.

Dann sagte sie auf einmal: „Jetzt! Schnell!“, und – zack! – waren wir über die Schwelle und gingen zu dem großen Tresen, um die Laken abzugeben. Und der Angestellte, immer derselbe, sagte: „Hm, für die hier können wir Ihnen drei, vier Lire geben …" Mehr bekamst du nicht. War eine Garnitur fünfzig wert, gaben sie dir fünf. Aber mit diesen fünf konntest du das Schlimmste überbrücken. Zwei Wochen später brachtest du ihnen dann die fünf Lire plus Zinsen und bekamst deine Laken zurück. Und wieder musste man höllisch aufpassen, dass einen bloß keiner sah!

Das war die erste negative Erfahrung meiner Kindheit: die Demütigung, zur Pfandleihanstalt gehen und erleben zu müssen, dass meine wunderbaren Eltern im Grunde schwach und verletzlich waren.

Er lacht.

Das wurde zur Triebfeder meines Lebens. Ich erinnere mich noch genau, dass ich schon als kleiner Junge das Gefühl hatte, aus dieser Enge ausbrechen zu müssen, die auch eine körperliche Enge war: eine kleine Wohnung, ohne Toilette, ohne fließendes Wasser, mit einem Plumpsklo. Ich fühlte mich eingeengt, ich hatte das Bedürfnis, auszubrechen und wegzugehen.

FOLCO: Aber woher wusstest du, dass es eine andere Welt gab?

TIZIANO: Der Erste, der dieses Andere verkörperte, war der größte Aufschneider der ganzen Familie, der Sohn jenes Vetters meines Vaters, der die Pferdeäpfel von den Gleisen fegte. Er war zur Marine eingezogen worden, war von Monticelli auf ein Kriegsschiff katapultiert worden – denn es war Krieg – und fuhr auf dem Mittelmeer herum, nach Spanien und Gibraltar. Er gab furchtbar damit an, und wenn er zurückkam, erzählte er von exotischen Fischen, die einem, wenn man die Füße über dem Wasser baumeln ließ, die Strümpfe anknabberten. Er log das Blaue vom Himmel herunter, aber ich war fasziniert von seiner Uniform – ein echter Matrose! – und seinen Geschichten. Mario, der Matrose. Er war der Erste, der mich spüren ließ, dass es auch etwas anderes gab; der mir die Ahnung von einer anderen Welt vermittelte.

FOLCO: Wenn ich an meine Kindheit denke, fallen mir vor allem meine Freunde ein. Aber du …

TIZIANO: Nein, ich habe nicht viele Freunde gehabt, denn die echten Jungenspiele wie Fußball hatte meine Mutter mir verboten. Das war eine andere große Demütigung für mich. Meine Mutter hatte sich eine Tochter gewünscht, keinen Sohn, deshalb zog sie mir die ersten vier, fünf Jahre meines Lebens Mädchenkleider an. Weißt du, damals war die Kleidung sowieso ziemlich unisex, auch wir Jungen gingen im Kittel zur Schule, lange Hosen bekamen wir erst später.

Ein anderes Problem war der Sauberkeitstick meiner Mutter, und Fußballspielen war eine schmutzige Angelegenheit, da fiel man auch mal hin. Sie überwachte mich ständig, und ich weiß noch, wie traurig ich mit sechs, sieben, acht Jahren in der Via Pisana am Fenster stand und meinen Schulkameraden zusah, die so richtig schön dreckig waren und mit einem Ball loszogen.

Das ist die Welt, in der ich groß geworden bin – und aus der ich abgehauen bin, sobald ich konnte.

FOLCO: Und Großvater? Wollte der nicht, dass du Fußball spielst?

TIZIANO: Mein Vater spielte in unserem täglichen Leben nur eine sehr begrenzte Rolle, denn er ging morgens früh aus dem Haus und kam abends erst spät wieder. Deshalb war ich immer nur mit meiner Mutter zusammen. Sie hat mich immer übertrieben umsorgt, und wenn ich ehrlich bin, war alles, was später geschah, im Grunde eine einzige Flucht vor ihr. Mein Vater war anders, schüchtern und voller Angst vor Macht und Autorität, aber auch intelligent und unglaublich großzügig. Das sind die Dinge, die dir bleiben. Denk nur, alles lastete auf seinen Schultern, er arbeitete hart, um das nötige Geld zu verdienen, aber das größte Kotelett abends bekam ich. Das Familienoberhaupt allerdings war er, daran war nicht zu rütteln.

Mein Vater, Gerardo, war zunächst Dreher geworden. Er verließ die Schule nach der dritten Klasse, glaube ich, und begann schon sehr früh zu arbeiten. Er konnte lesen und schreiben, auch wenn es ihm nicht besonders leicht fiel. Später lernte er dann richtig gut rechnen, denn er führte eine kleine Autowerkstatt, die er mit einem Kompagnon aufgemacht hatte. Lina, meine Mutter, lernte er kennen – und das ist wieder eine dieser schönen Geschichten, die es bei den armen Leuten gibt –, weil sie in der Via del Porcellana wohnte und als Hutmacherin in Porta al Prato arbeitete, du weißt ja, damals trugen alle Frauen Hüte. Tag für Tag sah er diese schöne Frau vorbeikommen – denn deine Großmutter Lina war sehr schön mit ihrer zarten, weißen Haut und den pechschwarzen Haaren –, und irgendwie gelang es ihm, einem kleinen, unscheinbaren Männlein, sie zu erobern.

Meine Mutter war nicht besonders intelligent. Sie war beschränkt und voller Vorurteile. „Ich stamme aus Florenz. Mein Vater hat immerhin für den Grafen Gondi gearbeitet, nicht für den Bäcker von Monticelli!" Sie hasste Monticelli, weil es vor den Toren der Stadt lag und nicht im Schatten des Doms. Sie fühlte sich wie im Exil und wollte mit den gemeinen Frauen vom Land nichts zu tun haben. Sie hatte immer diese Sehnsucht, etwas anderes zu sein, und in gewisser Weise hat sie die auch auf mich übertragen.

Meine Mutter hatte die Macken aller Armen, die aufsteigen wollen. So gab sie etwa damit an, dass ihr Vater, mein Großvater Giovanni, der Koch des Grafen Gondi gewesen war und dazu noch sein besonderer Liebling, denn als der Graf irgendwann entdeckte, dass seine Frau ihn betrog, holte er seinen Revolver hervor, um sie zu erschießen. Mein Großvater aber ging dazwischen und entwand dem Grafen die Pistole. Ganz schön mutig für einen Koch, einem Grafen die Pistole aus der Hand zu nehmen! „Er mochte deinen Großvater so gern", sagte sie manchmal zu mir, „dass er ihm die Reste seines Essens gab". Essen war unglaublich wichtig. Wenn der Graf mit seinem Hühnchen fertig war, kriegte mein Großvater die Reste, und diese Tatsache wurde in der Familie als Beispiel für die Großzügigkeit des Grafen und das Prestige des Großvaters erzählt. Mich ärgerte das ... ich war damals schon Anarchist.

FOLCO: Damals schon?

TIZIANO: Vielleicht wird man so geboren, vielleicht ist das etwas Genetisches. Ich bin immer ein Anarchist gewesen. Wenn ich einen Polizisten in Uniform sah, verspürte ich spontan Lust, ihm in den Hintern zu treten. Macht ist stets etwas Fremdes für mich gewesen. Ich war dagegen regelrecht allergisch.

FOLCO: Komisch. Schließlich waren deine Eltern ja nicht gerade Rebellen.

TIZIANO: Nein. Aber Großmutter Elisa und ihr Bruder Torello, die waren schon ziemlich verrückt. Sie waren Bauern, fühlten sich aber wie Herrschaften und fuhren in einem Pferdewagen herum. Sie waren anders als meine Eltern, und wir sahen sie ziemlich oft, weil sie uns besuchen kamen. Da es sonst keine Freizeitbeschäftigungen gab, besuchte man sich sonntags gegenseitig. Hauptsache man aß nicht bei den anderen! Man durfte erst ankommen, wenn sie mit dem Essen fertig waren, und boten sie mir etwas an – und ich hatte einen Heißhunger auf Schokolade oder Kekse! –, musste ich mindestens vier, fünf Mal „nein danke" sagen.

So bin ich erzogen worden. Und wenn ich mich innerlich noch so dagegen auflehnte, da war nichts zu machen! Einmal habe ich mir eine Ohrfeige eingehandelt, weil die Schwester meiner Großmutter Elisa, die ganz vernarrt in mich war, mir zur Begrüßung mal wieder einen ihrer schlabberigen Küsse gab und ich mir sofort die Wange abwischte. Meine Eltern schämten sich dafür. Um es kurz zu machen: Ich hatte mit dieser Familie nicht viel gemein.

FOLCO: Du hattest das Gefühl, nicht dazuzugehören?

TIZIANO: Ja. Und von Anfang an begriffen alle, dass ich von einer anderen Art war. Ich war einfach vollkommen anders. Ich erinnere mich noch genau an die fiesen Anspielungen meines Onkels Vannetto: „Na, ob der wirklich der Sohn seines Vaters ist?" Natürlich sollte das ein Witz sein, aber man sah eben, dass ich nicht dazugehörte. Ihre Welt war nicht die meine, und ich habe immer das Bedürfnis verspürt auszureißen.

Alle gingen davon aus, dass ich nach der Grundschule bei meinem Vater in der Autowerkstatt arbeiten würde. Das war damals so üblich. Als Hilfskraft fingst du damit an, das Öl zu filtern, später durftest du dann Teile zusammensetzen. Und nach und nach wurdest du ein Autoschlosser. Bei mir zu Hause hieß es immer: „Wenn du mit der Schule fertig bist, hilfst du dem Papa." Auch mein Vater wollte das, so war das damals eben.

Ich aber hatte anderes im Kopf.

Oft litt ich an einem heftigen Husten mit Erstickungsanfällen, dann wurde ich zu einem Brunnen gebracht, an dem der Legende nach Franz von Assisi vorbeigekommen war und auf dessen Grund angeblich eine Sandale von ihm lag. Deswegen war das Wasser geweiht, und meine Mutter ließ mich davon trinken, weil sie meinte, das würde mir gut tun. Hinterher gingen wir die Straße nach Bellosguardo hinauf. Stell dir vor, aus den beiden winzigen Zimmern in Monticelli zur Torre di Montauto zu kommen, zur Villa dell'Ombrellino, zur Torre di Bellosguardo! Was war das für eine andere Welt! Und ich hatte das Gefühl, es sei die meine. Da wollte ich eines Tages hinkommen! Ich betrachtete die herrlichen Villen und fragte mich: „Wer wohnt bloß an einem so wunderschönen Ort?“ Und meine Mutter sagte: „Da wohnt ein deutscher Maler, und dort ein englischer Bildhauer“, sie wusste das, die Frauen erzählten sich so etwas. Der Gedanke, dass all diese Häuser Ausländern gehörten, hat mich dazu gebracht, selbst ein Ausländer zu werden, damit ich es mir leisten konnte, zurückzukehren und in einem solchen Haus zu wohnen. Nein, nein, das ist natürlich ein Witz, aber irgendwie ...

So habe ich die ersten Jahre verlebt. Ohne große Traumata, ohne große Emotionen. Die Grundschule von Monticelli lag nur ein paar Häuser weiter, doch immer, wenn ich aus der Schule kam, stand meine Mutter da und wartete auf mich. Ich durfte noch nicht einmal allein nach Hause gehen, hin und zurück führte sie mich immer an ihrer Hand. Ein paar meiner Kameraden dagegen, wie Bombolino – meine Herren! Kaum waren sie aus der Schule, gingen sie mit dem Lineal aufeinander los. Und wenn sie an mir vorbeikamen – zack! – gab es einen Schlag auf den Kopf. Und ich konnte mich nicht einmal wehren, weil meine Mutter mich festhielt.

Er lacht.

FOLCO: Und deswegen hast du immer gelernt? Weil du nicht spielen durftest?

TIZIANO: Gelernt habe ich, aber so viel nun auch wieder nicht. Trotzdem war ich gut, immer der Klassenbeste. Das waren alles Arbeiterkinder, weißt du.

FOLCO: War deinen Eltern das Lernen wichtig? Haben sie dich angetrieben?

TIZIANO: Meiner Mutter war es wichtig, meinem Vater weniger. Er meinte, ich müsste danach ja sowieso arbeiten gehen.

Aber es war gar nicht nötig, mich anzutreiben, ich lernte von selbst, damit identifizierte ich mich. Und es gefiel mir, Klassenbester zu sein, da bekam man eine Art Schleife zum Anstecken. Die Schulpflicht endete mit der fünften Grundschulklasse, und dann ab ins Arbeitsleben! Mein großes Glück war, dass mein letzter Klassenlehrer zu meinen Eltern sagte: „Der muss noch weiterlernen, lassen Sie ihn wenigstens noch die Mittelschule machen!“

Die Mittelschule war der erste Schritt in die Freiheit, denn sie lag an der Santa-Trinita-Brücke. Ich stieg in die Straßenbahn, die vor unserem Haus vorbeikam, endlich allein, da meine Mutter es sich nicht leisten konnte, mich zu begleiten, und schmeckte die ersten drei Jahre Freiheit. Endlich begann ich, Freundschaften zu schließen. Ich lernte Baroni kennen, Sohn eines Zahnarztes und Neffe eines Priesters, von dem er später eine schöne Bibliothek geerbt hat …

FOLCO: Ach genau, die Bücher!

TIZIANO: Denk nur, Folco, mein Verhältnis zu Büchern. Bei uns zu Hause hat es nie ein Buch gegeben, nie! Wir hatten keine! Aber mein Onkel Gusmano, ein Bruder meines Vaters, war Buchbinder. Und um sich etwas dazuzuverdienen, arbeitete er abends schwarz zu Hause für wohlhabende Leute, vor allem Ärzte. Dort habe ich die ersten Bücher meines Lebens in der Hand gehabt, eine in Heften erschienene Geschichte Italiens, wunderschön, mit lauter bunten Bildern: Mucius Scaevola, wie er die Hand aufs Feuer legt, der ermordete Julius Cäsar, Nero, der Rom in Brand steckt. Diese Hefte habe ich heimlich verschlungen, mein Onkel gab sie mir, bevor er sie zu Büchern band und mit einem schönen Lederdeckel versah. War das aufregend! Damals ist mein Bücherfetischismus entstanden. Sieh dich nur um, wie viele Bücher es heute in unserem Haus gibt!

Zur Mittelschule zu gehen, hieß für mich, endlich frei zu sein und erwachsen zu werden. Die Straßenbahn verband mich mit der Welt, ich fuhr nach Florenz! Ich befreundete mich mit Jungen aus einer anderen Schicht. Unglaublich, die Bibliothek von Baronis Onkel! Oft machten wir Schularbeiten bei ihm, und manchmal nahm ich mir heimlich ein Buch mit, um es zu Hause zu lesen. Diese wunderschönen Bücher, weißt du, mit Ledereinband und Goldschrift. Ich, Gambuti und noch zwei andere ließen so oft Bücher mitgehen, dass der Onkel uns schließlich jedes Mal durchsuchte, bevor wir sein Haus verließen!

Im letzten Jahr der Mittelschule, als ich vierzehn war, hat dann Cremasco eine entscheidende Rolle gespielt.

FOLCO: Cremasco? War das ein Lehrer?

TIZIANO: Ja, mein Italienischlehrer. Ich schrieb Aufsätze, über die er heute sagt: „Ich habe damals schon gesehen, dass in dir ein Schriftsteller steckt!" Er ist inzwischen sechsundneunzig und schreibt mir noch manchmal, gerade kürzlich habe ich ihm *Noch eine Runde auf dem Karussell* geschickt mit der Widmung: „Ohne Sie hätte ich dieses Buch nie geschrieben." Ihm verdanke ich alles, denn er ließ meine Eltern *zu sich kommen*! Kannst du dir das vorstellen? Meine Mutter und mein Vater, die zum Lehrer in die Machiavelli-Schule bestellt werden, in diesen wunderschönen Bau neben der Santa-Trinita-Brücke, und gesagt bekommen: „Ich fürchte, Sie müssen noch einige Opfer bringen: Dieser Junge gehört einfach aufs Gymnasium!"

FOLCO: Was ich nicht verstehe, ist, woher du dieses enorme Interesse für die Schule hattest. Das gab es doch sonst bei keinem aus der Familie. Meinst du, so etwas ist angeboren?

TIZIANO: Vielleicht hatte ja mein Onkel recht und ich war gar nicht der Sohn meines Vaters. Aber wir sind ja auch nicht alle aus dem gleichen Holz geschnitzt. Jeder Mensch hat seine eigene

Welt, und meine war eben diese. Damals begannen wir, die Ilias zu lesen, Homer. Ich war begeistert.

Meine Eltern rangen sich dazu durch, mich aufs Gymnasium zu schicken. Und dann kam diese Geschichte mit den ersten langen Hosen, die auf Raten gekauft wurden. Wir gingen zum Kurzwarenhändler, er verkaufte uns meine ersten langen Cordhosen, und später ging meine Mutter dann einmal im Monat hin, um ihm die jeweilige Rate zu bringen. Meine Güte, für ein Paar Hosen!

FOLCO: Hattest du nur ein Paar Hosen?

TIZIANO: Ja, natürlich. Sonntags wurden sie gewaschen, und am Montag zur Schule konnte ich sie wieder anziehen. So war das, Folco, so war das. Mein Gymnasium lag an einem der schönsten Orte von Florenz, ich weiß nicht, ob ich dir das mal gezeigt habe? An der Piazza Pitti. Da habe ich Dante und Manzoni gelesen, verstehst du? Mit Blick auf den Palazzo Pitti. War das schön! In diese völlig andere Welt einzutauchen, in diese schöne Sprache … Weißt du, die Liebesgeschichte zwischen Renzo und Lucia hatte mich richtig gepackt. Der Winkeladvokat, die Armen, die von den Reichen, den Mächtigen, den Priestern betrogen werden – ich war hingerissen.

FOLCO: Und was begeisterte dich damals sonst noch?

TIZIANO: Die Mädchen! Damals habe ich die Mädchen entdeckt, denn vorher waren wir immer getrennt gewesen. In der Grund- und Mittelschule kriegte man sie nicht mal zu Gesicht! Aber im Gymnasium, als ich am ersten Morgen in die Klasse kam, saß in der ersten Reihe ein blondes Mädchen. Und ich – zack! – gleich daneben. Sie war drei Jahre lang meine Freundin. Sie hieß Isa. Ich wurde gezwungen, mich offiziell mit ihr zu verloben, weil wir zusammen ausgingen, dabei waren wir noch Kinder. Es war ganz anders als heute, an Sex war überhaupt nicht zu denken. Nachmittags, nach der Schule, gingen wir Hand in Hand in der Via dei Colli spazieren. Eines Tages erwischte uns ihr Vater, ein Bauunternehmer, der ein Auto besaß – meine Güte, ein Auto! – und meinte: „Dann verlobt ihr euch jetzt offiziell, denn ich will nicht, dass meine Tochter …"

FOLCO: Ihr musstet euch richtig verloben?

TIZIANO: Ja, bei ihnen zu Hause. Sogar meinen armen Vater musste ich überreden, mit einem Blumenstrauß in der Hand von der Porta Romana bis zu ihrer Villa hinaufzugehen und diese Idioten kennenzulernen. Wenn ich denke, dass ich dann noch zwanzig andere Freundinnen hatte, wenn ich in Orsigna war …

Im dritten Jahr des Gymnasiums, da war ich sechzehn, wollte ich unbedingt ins Ausland. Also sind ich und mein Freund Cleto Menzella zum Bahnhof gegangen und haben das *Journal de Génève* durchgeblättert, um uns für die Sommerferien eine Arbeit in der Schweiz zu suchen. Und dann passierte diese lustige Geschichte. Wir fanden die Anzeige eines großen Hotels in Bey sur Vevey, die einen *garçon d'office* suchten. Ich lernte damals Französisch und war überzeugt, alles zu verstehen. Trotz der Tränen meiner Mutter beschloss ich also, die Ferien nicht in Orsigna zu verbringen, sondern mit Menzella zum Arbeiten in die Schweiz zu fahren. Wir unterschrieben den Vertrag mit dem Hotel und besorgten uns Arbeitspapiere und einen Pass. Als wir ankamen, sagte der Personalleiter zu uns: „Ihr könnt euch hier in diesem Zimmer mit dem anderen Dienstpersonal einrichten, und dann zeige ich euch das *office*."

Wie ich feststellen musste, war das *office* nicht etwa das Büro, wo ich eingebildeter Schnösel sitzen und Schreibmaschine schreiben konnte, sondern der stinkende Spülraum, wo ich von morgens bis abends Teller waschen musste. Das passte mir natürlich gar nicht, und so blieb ich nicht lange dort. Ich freundete mich mit einem Angestellten an und stieg schon bald in die Putztruppe auf. Dort lernte ich noch ein neues Wort, *encostiquer*, bohnern, und so bohnerte ich nun also die Holzfußböden.

Nach einiger Zeit, anderthalb Monaten oder so, ließen wir uns auszahlen und machten uns aus dem Staub, da oben in den Bergen war es uns zu blöd geworden. Und damit begann ein anderes tolles Abenteuer. Wir trampten durch Europa nach Paris. Place Pigalle, das erste Mal vor dem Moulin Rouge – Wahnsinn! Wir liefen durch die Stadt, schliefen in der Jugendherberge, lernten ein paar Mädchen kennen, die uns einluden. Dann fuhren wir über Belgien und Deutschland zurück nach Italien. Das war das erste Mal, dass ich in die Welt hinausging, und ich begriff: Das war mein Weg! Ich würde mir alles ansehen. Und dieses Bestreben ist mir geblieben, jeder Vorwand zum Reisen war mir recht. Ich liebte alles, was anders war. Noch heute habe ich den Geruch dieses *office* in der Nase, und den des Bohnerwachses auf den langen Holzfluren. Weißt du, einfach alles war anders: das Essen roch anders, die Straßen rochen anders. Das war 1955, und für einen Halbwüchsigen aus Florenz war die Schweiz etwas absolut Exotisches. Und Paris erst!

Als wir in die Schule zurückkamen, wurden wir wie Helden gefeiert. Wir hatten Ausweise als Saisonarbeiter! Und wir waren ganz schön kreativ damit umgegangen.

FOLCO: Du fingst an zu tun, was du wolltest. Was sagten denn deine Eltern dazu?

TIZIANO: Ach, weißt du, mein Vater lebte sein kleines Leben weiter, und meine Mutter das ihre. Manchmal kam ich nach Hause, aber meistens ging ich in die herrlichen Räume der Biblioteca Marucelliana und machte meine Schularbeiten dort, inmitten all der alten Bücher. Ich las und las und genoss das in vollen Zügen.

Mein Onkel Vannetto kam immer vor dem Abendessen bei uns vorbei und rief vom Fuß der Treppe aus: „Na, was hat unser

Tagedieb heute gemacht?" Für ihn war ich nichts weiter als ein Faulenzer. Was tat ich denn? Ich arbeitete nicht, ich brachte kein Geld nach Hause, ich war nichts als ein aufgeblasener Geck mit Halstuch und Pfeife. Meine Mutter ärgerte sich maßlos, wenn er das sagte.

Ich machte das Abitur mit einer der besten Noten von ganz Florenz, und kurz darauf bekam ich einen Brief von der Banca Toscana, der die ganze Familie umhaute. Stell dir vor, sie luden mich zu einem Vorstellungsgespräch ein! Ich ging hin, und sie boten mir eine Stelle *in der Bank* an, was für meinen Vater, der sein Leben lang nicht einmal ein Konto besessen hatte, ungefähr so viel hieß, wie Papst zu werden.

Ich hingegen zitterte bei dem bloßen Gedanken daran. In einer Bank zu arbeiten, war schlimmer als eine Verdammung, das wäre mein Untergang gewesen! Aber ich hatte die gesamte Familie gegen mich. Besonders Onkel Vannetto machte Druck.

FOLCO: Ach, deshalb ist die Arbeit in einer Bank für dich immer ein Synonym des Bösen gewesen!

TIZIANO: Das Symbol für alles, was man nicht tun sollte!

Also setzte ich alles auf eine Karte und beschloss: Entweder ich erkämpfe mir ein Uni-Stipendium an der Scuola Normale in Pisa, oder ich muss aufs Studium verzichten und die Arbeit in der Banca Toscana annehmen. Ich war nicht ängstlich, als ich zur Prüfung ging, nein, an Angst kann ich mich nicht erinnern. Aber ich wusste, dass mein Leben davon abhing. Es war eine extrem schwierige Prüfung, zu der nur die besten Abiturienten Italiens zugelassen waren. Wir waren zweihundert Kandidaten für acht Plätze. Ich bekam einen davon, und das hat mein Leben verändert.

Nach dem Sommer ging ich nach Pisa. Ich hatte ein Zimmer im Studentenwohnheim der Mediziner und Juristen, und alles war umsonst, Essen, Studiengebühren, Bücher. Meine Eltern hatten sich damit abgefunden, unter diesen Bedingungen konnten sie ja schlecht nein sagen.

Das war auch der Sommer, in dem ich deine Mutter kennen gelernt habe.

Papa hustet.

FOLCO: Bist du erschöpft?

TIZIANO: Ja, jetzt bin ich erschöpft. Wollen wir aufhören?

FOLCO: So viele Geschichten, die ich noch nie gehört habe! Komisch, als hätten wir früher nie Zeit gehabt, darüber zu reden.

TIZIANO: Interessant für jemanden wie dich, der nicht weiß, woher er kommt. Was ich dir klarmachen möchte, und nicht nur dir, sondern auch deiner Schwester Saskia und euren Kindern, ist, was für eine Kultur das damals war, was für Werte Leute wie meine Eltern hatten. Ganz einfache und doch sehr starke Werte. Ehrlichkeit. Und dann diese Würde. Man besucht die Verwandten, die viel mehr Geld haben, aber man rührt nichts an, man sagt immer, „Danke, ich habe schon gegessen." Weißt du, so etwas gibt Kraft, solche Grundsätze formen einen. Man kleidet sich sorgfältig. Man macht keine Besuche, wenn man nicht anständig gekleidet ist, sonst wird man aufgezogen. Arm und schwach zu sein und dann auch noch als Trottel dazustehen? Nein danke! Ich bin genauso elegant wie du! Und deine Suppe esse ich nicht, ich bin schon satt! Der andere wichtige Wert ist die Familie. Auch der allabendliche Besuch des nervtötenden Onkels gehörte einfach dazu. Die Familie war immer da. Darauf konnte man sich verlassen.

Das sind die Werte, mit denen meine Eltern aufgewachsen sind und die sie auf gewisse Weise auch an mich weitergegeben haben.

PISA UND OLIVETTI

FOLCO: Kann die Reise weitergehen?
TIZIANO: Schön, diese Vorstellung einer großen Reise – die Reise meines Lebens, aber auch die Reise in eine vergangene Zeit.

Ich will versuchen, dir so ehrlich wie möglich von dieser Reise zu erzählen, denn ich glaube, Ehrlichkeit ist bei unserem Projekt das Wichtigste. Wir sind ja nicht hier, um uns etwas vorzumachen. Und Literatur soll das auch nicht werden. Ich habe mein Leben lang mit Wörtern jongliert, wie du weißt, und es wäre mir ein Leichtes, das auch hier wieder zu tun. Doch was ich hier erzählen möchte – und ich hoffe, es gelingt mir –, ist … die Wahrheit, die hinter den Worten steckt. Was ich übrigens immer getan habe, und worin der Sinn meiner Tätigkeit lag.

Also, wo waren wir stehen geblieben?
FOLCO: Du bist an die Scuola Normale in Pisa gegangen, eine Elite-Universität. Aber warum hast du Jura studiert? Wolltest du nicht Journalist werden?
TIZIANO: Doch, der Journalismus hatte es mir angetan.

Ich weiß noch, wie begeistert ich mit fünfzehn, sechzehn Jahren bei den Radrennen am Abetone den Sportlern mit der Vespa meines Vaters hinterherfuhr und darüber Artikel für die Zeitung *Il Mattino* schrieb. Was für ein Glück, was für ein Gefühl von Macht mir dieses Schildchen um den Hals mit dem Wort JOURNALIST darauf verlieh! Ich kam in die Bergdörfer, stellte mich dem Bürgermeister und den Organisatoren vor, und sofort hieß es: „Platz da, hier kommt der Journalist!" Dieses „Platz da, hier kommt der Journalist" ist mein Leben gewesen! Überall dabei sein zu können, wo etwas passierte. Das *Recht* darauf zu haben, ganz vorne in der ersten Reihe zu stehen und beobachten zu können, was an den Schaltstellen der Macht geschieht.

Aber schon bald merkte ich, was für ein mieses Ambiente das zugleich war, in dem vor allem abgesahnt wurde. Überall saßen Leute, die in ihrem Beruf gescheitert waren, Günstlinge entweder der Pfaffen oder der Kommunisten, die durch Beziehungen eingestellt worden waren und für immer auf ihren Posten hockten. Das kannte ich nur zu gut vom *Mattino*, genau solche Leute waren dort meine Chefredakteure gewesen

Deshalb entschied ich mich, an der Scuola Normale, die für Italien das Nonplusultra darstellte, Jura zu studieren. Meine Kommilitonen waren Leute von der Preisklasse eines Giuliano Amato, der später Regierungschef wurde.

FOLCO: Und wieso hast du dich für Jura entschieden?

TIZIANO: Ganz einfach: Ich war arm und wollte die Armen gegen die Reichen verteidigen. Ich war schwach und wollte die Schwachen gegen die Starken verteidigen. Und ich dachte, das ginge am besten als Anwalt.

FOLCO: Wo sahst du denn diese ganze Ungerechtigkeit zwischen Arm und Reich?

TIZIANO: Überall, entschuldige mal! Mein Vater, der Graf Gondi, alles um mich herum! Mein Vater, der von morgens bis abends schuftete, und trotzdem reichte das Geld nicht bis zum Monatsende, verdammt noch mal! Und daneben Isas Vater, der seine Tochter mit dem Auto abholte und unsere Verlobung in seiner prächtigen Villa feiern ließ. Wer war der denn?!

Außerdem waren das die Jahre der großen gesellschaftlichen Konflikte, Folco. Vergiss nicht, dass Italien fast kommunistisch geworden wäre. Die CIA und die Kirche haben Milliarden investiert, um die italienischen Wahlen zu manipulieren. Damals standen sich zwei Lager gegenüber, die Christdemokraten und die Kommunisten, bewaffnet, auf Togliatti haben sie '48 sogar geschossen.

Was ich dir gern klar machen würde, ist, dass auch Leute wie ich, die keine Marxisten-Leninisten waren – ich habe Marx gelesen, wie man Victor Hugo las, aber Marxist-Leninist bin ich nie gewesen – von dieser Weltanschauung beeinflusst waren. Die ganze Gesellschaft war es. Die Grundidee war folgende: Nach dem Krieg lag Europa zerstört am Boden, die Nachkriegszeit war furchtbar. Überall Armut, Städte, die wieder aufgebaut werden mussten, auch in Florenz waren die Brücken gesprengt. Und nun ging es darum, den Frieden wieder herzustellen, Institutionen zu schaffen, die in Europa Harmonie und Nie-Wieder-Krieg gewährleisten konnten, was dann ja auch geschehen ist. Dabei waren die Ideen natürlich wichtig, aber es gab eben auch die Materie – man spricht ja nicht zufällig von historischem Materialismus –, und diese Materie hatte ihre chemischen und physikalischen Gesetze, ihre Naturgesetze. Und ihre historischen Gesetze. Man glaubte, die „gesellschaftliche Materie" beeinflussen und gestalten zu können, so wie man mit einer chemischen Reaktion die organische Materie verändern kann.

Die Materie der Materie war der Mensch, und die Materie der Materie der Materie die Gesellschaft. Daher der Gedanke, man könnte die Gesellschaft verändern. Man hatte damals nichts anderes im Sinn, jedenfalls meine Generation nicht. Wenn ich an meine Kommilitonen denke, so wollten alle – ob sie nun Jura, Politik, Medizin oder Wirtschaft studierten – einen Beitrag für die Gesellschaft leisten. Wir studierten, weil wir uns, wie soll ich sagen, berufen fühlten, auf unsere kranke, kaputte und übrigens auch ungerechte Gesellschaft einzuwirken und sie zu verändern. Der eine wollte Rechtsanwalt werden, um die Interessen der Armen zu vertreten, manch anderer Politiker oder Diplomat. Finanzberater, was heute so viele machen, wollte keiner werden. Wir wussten nicht einmal, dass es so was gab. Das war kein Altruismus, es war einfach unsere Aufgabe. Wir empfanden uns als Elite, wir empfanden es als Privileg, studieren zu dürfen, und fanden es ganz natürlich – das hatte mit Ideologie überhaupt nichts zu tun – uns bei der Gesellschaft für etwas zu revanchieren, was sie uns gegeben hatte.

Ideologisch gab es zu jener Zeit zwei große Alternativen: Gandhi und Mao. Und jung, wie ich war, konnte ich gar nicht anders, als von diesen Männern fasziniert zu sein, die mit einem riesigen gesellschaftlichen Material, einem Material von Hunderten von Millionen von Menschen – das war ja nicht Andorra, das war ja nicht Campanellas Utopie des Sonnenstaats, das waren *Indien, China!* – also, ich konnte gar nicht anders, als aufrichtig begeistert zu sein von diesen Männern, die eine Gesellschaft schaffen wollten, die nicht nach den Kriterien des Profits, des Geldes, des Materialismus funktionierte. Deshalb las ich Gandhi, deshalb las ich Mao.

Stell dir vor, man sprach damals von „Gesellschaftstechnik"! Was machte Mao? Ein gesellschaftstechnisches Experiment. So wie du beim Bau einer Brücke bestimmte Kriterien berücksichtigst, damit sie nicht einstürzt, so ähnlich stellst du auch die Gesellschaft neu auf die Beine. In China wurde damals das größte gesellschaftstechnische Experiment der Welt durchgeführt. Daher rührte meine Neugier für diese Themen, das ernsthafte Interesse daran, wie man die Gesellschaft verändern kann.

Du musst verstehen, Folco, dass meine Geschichte auch die Geschichte eines sozialen Aufstiegs ist. Ich bin arm geboren und habe diese Armut überwinden müssen. Nicht finanziell, sondern sozial, durch mein soziales Engagement. Das ist die Geschichte meines Lebens.

Damit das klar ist: Leute wie ich hatten keineswegs im Sinn, dieses Modell auf die westliche Welt zu übertragen. Es war vielmehr für die Entwicklungsländer gedacht. Ständig redete man damals über die Dritte Welt, wo gerade der Kolonialismus abgeschafft wurde. Man identifizierte sich mit der Dritten Welt gegen die kapitalistische Welt, man identifizierte sich mit den Unterdrückten, mit der Klasse der Entrechteten. Das war Teil unseres Klassenkampfes.

Das Ende des Kolonialismus – überleg doch mal, was das hieß! Als Roosevelt und Churchill sich seinerzeit in Neufundland trafen, wollte Churchill Roosevelt unbedingt dazu bewegen, an Großbritanniens Seite in den Krieg gegen die Nazis einzusteigen, aber Roosevelt wollte nichts davon wissen. Am Ende lässt er sich darauf ein, aber nur unter der Bedingung, dass Großbritannien nach dem Krieg auf all seine Kolonien verzichtet. Churchill unterschreibt die Klausel, auch wenn er nicht im Geringsten die Absicht hat, seine Verpflichtung einzuhalten. Doch dann hat die Geschichte ihn dazu gezwungen.

Meine Generation hat das Ende der britischen Kolonialmacht miterlebt, das Ende aller Kolonien, einer nach der anderen: der holländischen, der französischen und vor allem der englischen. Donnerwetter, stell dir das doch mal vor! Was für ungeheure gesellschaftliche Umwälzungen das damals in der ganzen Welt ausgelöst hat! Das bestärkte uns noch in der Vorstellung, wenn man nur die Materie kannte, wenn man nur ihre historischen Regeln kannte, könne man gezielt eingreifen, um diese neuen Gesellschaften zu gerechteren, fortschrittlicheren, meinetwegen sozialistischeren Gesellschaften zu machen, im Sinne von mehr Gleichheit und weniger Ungerechtigkeit.

FOLCO: Die Dritte Welt wird also entkolonialisiert, und wo die westlichen Mächte abziehen, tut sich die Möglichkeit auf, einen neuen Gesellschaftstypus zu schaffen, eine Alternative zum Entwicklungsmodell des Westens.

War die Sowjetunion das nicht auch?

TIZIANO: Die UdSSR war zum Scheitern verurteilt, das war klar.

FOLCO: Damals schon?

TIZIANO: Ja, wenn du bedenkst, dass Chruschtschow 1956, auf dem XX. Parteitag der KPdSU, Stalins Verbrechen offenbart hatte. Dann folgten der Einmarsch in Ungarn und in der Tschechoslowakei und die Aufstände in Osteuropa. Es war doch offensichtlich, dass die Sowjetunion kein Vorbild mehr sein konnte.

FOLCO: Und Amerika?

TIZIANO: In den Augen von uns jungen Leuten war Amerika ein schreckliches Land. Der Vietnamkrieg war bereits im Gange. Amerika war das genaue Gegenteil von dem, was wir erträumten. Vergiss nicht, dass ich mit dem Che aufgewachsen bin, mit Che Guevara.

FOLCO: Ach, die Zeit war das?

TIZIANO: Ein anderes Vorbild war für uns dieser Rechtsanwalt aus guter Familie mit dem Rauschebart …

FOLCO: Fidel Castro?

TIZIANO: Ja, einer, der an der Spitze einer Bande von armen Schluckern die amerikanische Supermacht herausfordert, den von ihr unterstützten Diktator Batista stürzt und Kuba zu einer sozialistischen Republik erklärt. Das ist doch Wahnsinn, oder?

Aber noch viel interessanter war der andere, der Argentinier, der an die ständige Revolution glaubte und sie nach ganz Lateinamerika bringen wollte. Castros Revolution ist gelungen, und Castro macht den Che zum Minister, zum Botschafter, was immer er will. Der Che aber schwingt sich ein Gewehr über die Schulter und zieht mit ein paar Freunden los, um Lateinamerika zu befreien, wo in jedem Land ein von den Vereinigten Staaten unterstützter Diktator sitzt. Deshalb haben die Jugendlichen auch heute noch seine T-Shirts an. Weil er ein Held war! Und sein Tod ihn zum Mythos gemacht hat. Später lasen wir seine Tagebücher, das Ergreifendste, was man sich vorstellen kann. Mit diesen Helden sind wir aufgewachsen.

Entschuldige, Folco, ich glaube, ich muss aufhören. Ich leg mich hin, heute ist kein guter Tag.

FOLCO: Ja, hör ruhig auf. Wir können den Faden ja später wieder aufnehmen.

Papa steht auf und geht langsam zu seiner Gompa hinten im Garten, um ein Nickerchen zu machen. Er wird jetzt immer schnell müde, aber wir haben ja keine Eile. Die Tage sind lang und vergehen ohne Störungen, das Telefon bleibt fast immer still, Besuche kommen keine. Nach einer Stunde taucht er wieder auf.

TIZIANO: Folco! Folco!

FOLCO: Na, hast du etwas Schönes geträumt?

TIZIANO: „*It is here, it is here, it is here!* Wenn es ein Paradies auf Erden gibt, dann ist es hier, ist es hier, ist es hier!" Nicht in Kaschmir, nicht im Garten von Shaliman.

FOLCO: Wer hat das gesagt? Irgendein Mogulherrscher?

TIZIANO: Hm. Wie schön! Ich habe eine wunderschöne Stunde verbracht.

FOLCO: Also, Papa – als du in Pisa warst, da kanntest du Mama schon, stimmt's?

TIZIANO: Ja, wir haben uns in Florenz kennen gelernt, gleich nach dem Abitur. Sie war aus einer deutschen Familie und ist deshalb zum Studieren nach München gegangen. Wie das bei jungen Paaren eben so ist, schrieben wir uns immerzu. Aber du weißt ja, das Leben ist kompliziert, wir hatten diverse Krisen, es ging immer auf und ab. Irgendwann hatte ich die Nase voll. Ich fand, so konnte das nicht weitergehen, und fuhr unangemeldet nach München, nachdem ich mir die Zugfahrkarte mit Adressenschreiben verdient hatte. Hunderte von Adressen für einen fiesen, schleimigen Antiquitätenhändler, der Priester anschrieb: „Besitzen Sie alte Stühle, Bänke oder Kommoden? Ich bin bereit, sie Ihnen gegen einen Fernseher einzutauschen ..."

Er lacht.

FOLCO: Und du hast diese Briefe geschrieben?

TIZIANO: Nur die Adressen, die auf einer Liste der Kurie standen. Dann fuhr ich nach München, nahm all meinen Mut zusammen und sagte zu deiner Mutter: „Entweder wir ziehen zusammen, oder wir lassen das Ganze."

So kamen wir nach Italien zurück. Deine Mutter hatte von ihrer Großmutter, der aus Haiti, zwei wunderschöne Ringe aus dem 19. Jahrhundert mit lauter Smaragden und Rubinen geerbt, die immer noch in der Familie sind. Die brachten wir zum Pfandhaus, bei dem ich mich ja, wie du weißt, bestens auskannte! Man gab uns, was weiß ich, fünfzigtausend Lire, eine ungeheure Summe, und dafür kauften wir uns über einen befreundeten Automechaniker einen gebrauchten Topolino 500. Mama klaute zu Hause zwei Matratzen, die wir ins Auto luden, zusammen mit einer Gitarre und den Büchern, die ich für meine Examensarbeit brauchte, und dann fuhren wir ans Meer, nach Marina di Massa. Wir hatten wieder einmal Glück: Eine Familie von Marmorschleifern bot uns eine leere Fischerhütte mitten in einem Tomatenfeld an. Zwei Zimmer und Küche – ah! Nur drei Kilometer vom Strand entfernt, einem damals noch ganz wilden Strand, wo wir jeden Tag badeten. Wir legten die Matratzen auf den Boden, fuhren mit dem Topolino herum, sammelten am

Strand große Steine und angespülte Bretter und bauten uns daraus zwei Tische und zwei Regale für meine Bücher. Dann holte ich meine Schreibmaschine Lettera 22 hervor und schrieb meine Examensarbeit.

FOLCO: Die du mit Bestnote abgeschlossen hast.

TIZIANO: Sogar *cum laude*! Ich war unglaublich versiert darin, allen möglichen Quatsch zu schreiben. Aber das Diplom war keineswegs das Ende für mich, es war erst der Anfang. Jetzt musste ich einen Weg finden, mir meinen Lebensunterhalt zu verdienen. Aber ich wollte nicht arbeiten wie all die anderen, ich wollte etwas anderes machen, ich wollte weiter studieren. Also kauften wir einen dieser Riesenwälzer von der UNESCO mit einer Liste aller Universitäten der Welt, von Timbuktu bis Cambridge, und mit Hilfe deiner Mutter – was hat sie geschuftet! Denn ich sprach nur schlecht Englisch und schrieb es noch schlechter – schickte ich Dutzende von Briefen mit meinem Lebenslauf in die ganze Welt und bat um ein Stipendium. Nur eine einzige Uni hat geantwortet, die von Leeds, in Yorkshire. Meine Güte, wir waren im siebten Himmel! Wir würden ein Jahr lang Geld kriegen, und ich konnte meinen Master in Internationalem Recht machen!

Schon im Dezember fuhren wir los nach England. Für Nonno Anzio, den Vater deiner Mutter, war das ein Drama, denn er wollte unbedingt, dass wir vorher heirateten. Sogar der Hausarzt, ein Freund des Großvaters, trat an mich heran und meinte: „Das kannst du nicht machen, du machst sie todunglücklich." Doch ich, der Revolutionär, wollte davon nichts wissen. Ehe! Institutionen! Ich schlug alle ihre Bitten in den Wind, und wir fuhren los.

In Leeds wohnten wir in einer völlig heruntergekommenen Gegend, in einem jener Reihenhäuser aus dunklem Backstein, die während der industriellen Revolution gebaut worden waren und alle gleich aussehen, zusammen mit einer Prostituierten, die im Erdgeschoss lebte und uns ihr Kind raufschickte, wenn sie Kunden hatte, und einem alten Matrosen, Sam, dem im Zweiten Weltkrieg am Polarmeer die Finger erfroren waren.

Unser Leben war ärmlich, aber voller Abenteuer. Doch nach drei, vier Monaten bekam Mama eine gefährliche Nierenentzündung. Ich spürte eine bleischwere Verantwortung auf mir lasten, und da ich so gut wie kein Geld hatte, fuhren wir mit eingezogenem Schwanz nach Italien zurück. Voller Triumph waren wir abgefahren, doch dann schloss ich das Jahr in Leeds nicht einmal ab. Die schlimmste Niederlage aber wäre für mich gewesen, deine Mutter nach Hause zurückzubringen, wo ihr Vater noch immer erwartete, dass wir heirateten. Ich versuchte, eine Arbeit beim Europarat zu bekommen, doch am Ende nahm ich einen Job bei Olivetti an.

Wir zogen zusammen, ich kümmerte mich um Mama, und sie wurde wieder gesund. Da erfuhr ich, dass sie als meine Frau mit krankenversichert wäre und mich auf meinen Dienstreisen begleiten könnte. Donnerwetter! Nach nicht mal einem Monat waren wir verheiratet! Es wurde sogar eine richtig schöne Hochzeit! Ich wollte mich auf keinen Fall von einem christdemokratischen Bürgermeister trauen lassen, und in Vinci hatten wir einen gefunden, der Kommunist war. Stell dir vor, er kam mit einer Trikolore als Schärpe herein, und da er wusste, dass Mamas Familie deutsch war, verhängte er mit der Fahne – das ist italienisches Taktgefühl! – eine Gedenktafel mit den Namen all der Partisanen, die in Vinci von den Nazis erschossen worden waren. Hinterher gingen wir mit unseren Eltern, ihrem Bruder und den beiden Trauzeugen essen, und dann ab nach Orsigna auf Hochzeitsreise!

Bei Olivetti musste ich zunächst Schreibmaschinen verkaufen. Stell dir vor, ein Akademiker, der als Vertreter von Haus zu Haus geht! Dann stieg ich zum Chef der Schreibmaschinenvertreter auf, und dann zum Ausbilder.

FOLCO: War es für dich mit deiner linken Kultur und Weltanschauung nicht hart, zu Olivetti zu gehen?

TIZIANO: Nein, das mag dich vielleicht wundern. Aber es ist tatsächlich so, dass viele aus meiner Generation, die ihr Diplom *cum laude* gemacht hatten, entweder bei der Kommunistischen Partei oder bei Olivetti landeten, denn beide gaben einem die Möglichkeit, sich sozial zu engagieren.

Olivetti, das war nicht einfach eine Fabrik, die Maschinen herstellte; es war eine Fabrik, die Maschinen herstellte, mit denen eine menschengerechte Gesellschaft aufgebaut werden sollte. Die größten italienischen Intellektuellen jener Zeit haben dort zeitweise gearbeitet, wobei es ihnen nicht auf den eher bescheidenen Lohn ankam, sondern auf das Bewusstsein, an einem großen Projekt mitzuwirken. Von meinen Freunden aus Pisa gingen vier oder fünf, ach was, sieben oder acht zu Olivetti, denn das war der einzige Betrieb, der nicht nach rein betriebswirtschaftlichen Kriterien arbeitete, sondern einen Teil des Profits aus dem Verkauf der Schreibmaschinen für den Umbau der Gesellschaft verwendete. Denn denke nicht, der Kommunismus sei nur das gewesen, was die Antikommunisten über die Experimente in China und Kambodscha erzählen, die ein so schlimmes Ende genommen haben. Der Kommunismus war auch ein großes Ideal, das Millionen von Menschen und zahlreiche Intellektuelle dazu gebracht hat, für eine materielle Verbesserung der Gesellschaft Opfer zu bringen.

Stell dir vor, bei Olivetti habe ich sogar eine Weile am Fließband gestanden. Ich, der Akademiker, zwischen all den Arbeitern! Die Idee war, an die Basis dieser verdammten Gesellschaft zu gehen, um sie zu verstehen und zu ihrer Veränderung beitragen zu können. Es gab innerhalb der Fabrik einen Verlag, Theater- und Tanzvorstellungen und vor allem die Bibliothek mit ihren kulturellen Abendveranstaltungen. Da haben Mama und ich zum Beispiel Pasolini kennengelernt, der nach Ivrea gekommen war, um mit den Arbeitern zu sprechen. Das war der Traum von Olivetti.

FOLCO: Und der Wunsch, eine neue Gesellschaft aufzubauen, woher kam der?

TIZIANO: Du brauchtest dich doch nur umzugucken! Das waren doch beschissene Zustände! Die gesellschaftlichen Konflikte waren in der Nachkriegszeit überdeutlich, weil sie ideologisch so stark aufgeladen waren. Manches war auch falsch daran, das ist mir heute klar.

FOLCO: Produzierte Olivetti damals nur Schreibmaschinen?

TIZIANO: Und Rechner. Nach meiner Probezeit bekam ich die Aufgabe, brillante junge Leute für die Filialen im Ausland anzuwerben. Wir gingen ein paar Monate nach Dänemark, Portugal, Frankfurt und dann Holland, wo Olivetti eine Firma gekauft hatte. Schöne Bescherung! Da war ich auf einmal Personalchef und musste Leute zusammenscheißen und entlassen. Wir verbrachten ein paar furchtbare Abende, wo Mama sich, glaube ich, sogar eine Ohrfeige eingehandelt hat, als sie sagte: „Warum kündigst du nicht und wirst Journalist? Das war es doch, was du wolltest."

„Ja, oder gleich Staatspräsident, was?"

Ich hatte mein Selbstvertrauen verloren.

FOLCO: Hattest du das Gefühl, Journalist zu werden sei ein unerfüllbarer Traum?

TIZIANO: Ja, unerfüllbar. Wie sollte ich da denn reinkommen? Ich kannte doch niemanden. Mama sagte immer wieder:

„Los, probier's einfach!", sie spornte mich an, weil sie sah, wie unglücklich ich war. Aber das hätte geheißen, auf mein Gehalt zu verzichten und noch einmal ganz von vorn anzufangen. Wie sollte das denn gehen? Wie?

Dann bekam ich die Gelegenheit, nach Südafrika zu fahren. Eigentlich sollte es nur eine kurze Reise sein, um die Filialen in Kapstadt, Durban, Port Elizabeth und Wilderness zu besuchen, aber ich blieb viele Wochen dort. Da habe ich zum ersten Mal geschrieben, ich meine, da empfand ich mich als Journalist. Ich war jung, ich war ein Linker, ich war in Afrika, auf einem neuen Kontinent, da war mir Olivetti herzlich egal, wie du dir vielleicht denken kannst.

Kaum war ich in Johannesburg gelandet, mietete ich mir ein Auto und fuhr allein durch ganz Südafrika, die Garden Road hinauf bis nach Botswana und Lesotho. Was hab ich da für herrliche Sachen auf Kosten der Firma erlebt! Ich interessierte mich brennend für die Apartheid, und da wurde ich auch zum ersten Mal verhaftet. Eines Abends sagten mir ein paar Leute, die, wie mir heute klar ist, dem ANC Nelson Mandelas nahe standen, ich solle zu einem bestimmten Bahnhof gehen, wo Ströme von Schwarzen ankommen würden, die in den Goldminen arbeiteten, und ohne lange zu überlegen, tat ich das. Da stand ich, weiß, wie ich war, und fotografierte, und schon nach wenigen Minuten kamen vier Schränke von Polizisten und nahmen mich mit.

Der Witz ist, dass ich als Repräsentant von Olivetti, die verschiedene Fabriken in Südafrika besaß, am nächsten Tag einen Termin bei Ministerpräsident Verwoerd hatte. Herausfordernd, wie ich nun einmal werde, sobald ich es mit Behörden oder Würdenträgern zu tun habe, trete ich in sein Büro und sage: „Merkwürdiges Land! Gestern haben mich vier Polizisten einfach so geschnappt und ins Gefängnis geworfen."

„Oh, da haben Sie aber Glück gehabt!", erwidert er. „Als ich Innenminister war, konnte ich nie welche finden, wenn ich mal einen oder zwei brauchte. Und Sie hatten gleich vier auf einmal!"

Ich blieb mehrere Wochen in Südafrika, machte Fotos und sammelte Dokumente. Zurück in Ivrea litt ich dann Höllenqualen, denn ich versuchte, abends nach der Arbeit eine Reihe von Artikeln über die Apartheid zu schreiben, aber es fiel mir ungeheuer schwer. Es war ja das erste Mal! Doch schließlich hatte ich die Artikel fertig, und eines Tages entdeckten wir an einem Zeitungskiosk in *L'Astrolabio* „Das geteilte Afrika" von Tiziano Terzani, sogar mit meinen Fotos! Ich war im siebten Himmel und ging mit deiner Mutter zum Feiern in ein schickes Restaurant im Canavese. Wir waren überglücklich, weil sich endlich ein neuer Weg abzeichnete und es nicht mehr völlig unmöglich schien, dieses Leben als leitender Angestellter aufzugeben.

FOLCO: So hast du also mit dem Journalismus angefangen?

TIZIANO: Nein, noch glaubte ich nicht wirklich daran. Aber damals entsprang die Idee, mich durch ein zusätzliches Studium noch einmal ganz neu zu erfinden und mich dann auf dem Arbeitsmarkt mit etwas zu präsentieren, was sonst keiner konnte: Chinesisch. Wer konnte denn damals schon Chinesisch?

Ich wollte nach China, aber ich habe lange gebraucht, um den Weg dorthin zu finden. Doch schließlich war das Glück mir mal wieder hold.

FOLCO: War es wirklich Glück?

TIZIANO: Ja, es ist etwas Sagenhaftes passiert. Ich war zum Headhunter aufgestiegen und hatte die Aufgabe, in der Welt herumzureisen und für Olivetti nach „brillanten jungen Menschen" zu suchen. Nur schade, dass ein Jahr später alle wieder gekündigt hatten, weil ich lauter Typen wie mich aussuchte!

Auf jeden Fall wurde ich 1966 in die Johns-Hopkins-Universität in Bologna zu einem Treffen junger europäischer Manager geschickt, wo über Vietnam gesprochen wurde. Und stell dir vor: Statt still zuzuhören, um zu sehen, ob unter den Anwesenden jemand Intelligentes war, den ich anheuern konnte, stand ich auf und hielt selbst eine flammende, antiamerikanische Rede. Am Ende trat ein Herr auf mich zu und fragte: „Entschuldigen Sie, warum sind Sie eigentlich so antiamerikanisch?"

Und da gab das Glück mir diese Antwort ein, die mein Leben bestimmen sollte: „Vielleicht weil ich Amerika nicht kenne. Ich war noch nie dort."

„Hätten Sie denn Lust zu kommen?"

So bekam ich ein zweijähriges Stipendium, das mein Leben verändert hat. Kann eine einzige Antwort ein ganzes Leben verändern? In meinem Fall ja.

NEW YORK

Aus unserer Wohnung in Florenz, wo ganze Schränke voller Schwarzweißfotos stehen, haben wir ein paar Kartons mitgebracht, in denen Papa jetzt gerne stöbert. Sie erinnern ihn an unzählige Episoden aus seinem Leben. Als ich zu ihm trete, sieht er sich gerade Fotos aus China an.

TIZIANO: Es gibt einen Weg durchs Leben, aber merkwürdigerweise erkennst du ihn erst, wenn das Leben um ist. Du blickst zurück und sagst: „Donnerwetter, da ist ja ein roter Faden!" Vorher bemerkst du ihn nicht, und doch ist er da. Denn du glaubst zwar, dass all deine Entscheidungen dem freien Willen entspringen, aber das ist völliger Unsinn! Sie werden vielmehr von etwas bestimmt, was tief in dir drin liegt, einer Art Instinkt; und vielleicht auch vom Karma, wie deine indischen Freunde es nennen. Das erklärt für sie alles, auch, was für uns unerklärlich ist. Und vielleicht ist an dieser Vorstellung sogar etwas dran, denn in unserem Leben gibt es Dinge, die sich einfach nicht anders erklären lassen als mit Verdienst oder Schuld aus früheren Leben.

FOLCO: Gibt es auch Dinge, die sich selbst am Ende eines Lebens nicht erklären lassen?

TIZIANO: Bestimmt! Zumindest glaube ich das. Aber wenn ich auf mein Leben zurückblicke, muss ich sagen: „Hoppla, da ist ein roter Faden!" Überleg doch mal: Ich versuche, Rechtsanwalt zu werden, und mache mich davon wie ein Dieb. Ich versuche, als Manager in einer großen Firma wie Olivetti zu arbeiten, die für soziales Engagement und alles andere steht, was mir wichtig ist, und – Himmel! – wieder träume ich nur davon wegzulaufen, es ist die reinste Qual! Fünf Jahre habe ich gebraucht, um endlich meinen Weg zu finden – oder das, was ich dafür halte. Also gibt es einen Sinn. Siehst du ihn? Ich war Manager bei Olivetti, bin zu einer Konferenz gegangen, wo es um Vietnam ging …

FOLCO: … und man hat dir ein Stipendium für New York angeboten. Aber weshalb haben sich die Amerikaner einen Linken wie dich ausgesucht?

TIZIANO: Die Harkness Foundation lud junge Europäer nach Amerika ein, um sie zu amerikanisieren und dann später auf sie zählen zu können.

Eigentlich klar, oder? Es war die Zeit, in der die Amerikaner versuchten, die europäische Linke für sich einzunehmen. Und tatsächlich gelang es ihnen recht gut, die zukünftigen Führungskräfte auszumachen, also Leute, die in ihrer Gesellschaft eine wichtige Rolle übernehmen würden. Jedes Jahr suchten sie sich fünf, sechs pro Land aus und die lebten dann eine Weile – schön in Watte gepackt – in Amerika. Aus den meisten ist später wirklich etwas geworden. Nur dass die Italiener hinterher fast alle noch linker waren als zuvor.

FOLCO: Und was bot man euch?

TIZIANO: Gleich bei der Ankunft bekamen wir ein Auto und Geld. Und man konnte studieren, wo und was man wollte. Doch leider – für die Stiftung, meine ich – amerikanisierte ich mich keineswegs; vielmehr ging ich nach New York an die Columbia University und begann, chinesische Sprache und Geschichte zu studieren, auf ihre Kosten!

Natürlich war ich schon mit einer gewissen Neugier nach Amerika gekommen. Doch so wie China später zu einer bitteren Enttäuschung werde sollte, entpuppte sich auch Amerika als ein schreckliches Land. Mir persönlich ging es gut, aber was mich umgab – wir lebten ganz in der Nähe von Harlem –, war eine durch und durch rassistische, ungerechte, gewalttätige Gesellschaft.

FOLCO: Gegen wen richtete sich der Rassismus denn?
TIZIANO: Gegen die Minderheiten, vor allem die Schwarzen. War das schlimm, als wir '67 ankamen, meine Herren!

Die Schwarzen waren die Ersten, zu denen wir Kontakt aufnahmen. Mama beschäftigte sich mit dem Theater der schwarzen Revolutionäre, und wir lernten die Black Panthers kennen, mit deren Anführer Carmichael wir uns anfreundeten. Doch selbst die waren eine Enttäuschung. Stell dir vor, Carmichael bat uns, ihm Mokassins aus Florenz zu besorgen! Wir suchten nach Revolutionären und stießen auf solche Schwachköpfe! Und so haben die Weißen schließlich mit ihnen gemacht, was sie wollten.

Ja, Amerika ist zutiefst rassistisch, ungerecht, diskriminierend. Das liegt im System. Die Indianer haben ganz recht, wenn sie sagen: „Immer wenn wir gewannen, war es ein Gemetzel; schlachteten sie aber unsere Frauen und Kinder ab, war es ein Sieg."

Das ist von Anfang an so gewesen. Als die Weißen den neuen Kontinent betraten, meinten sie, er sei ihnen von Gott gegeben und jedes Mittel, ihn zu erobern, sei recht. Diese Überzeugung ist nach wie vor tief in ihnen verwurzelt. All ihre Erklärungen wie die *Bill of Rights* sind nichts als leere Worte, die Wirklichkeit sieht anders aus. Die Amerikaner haben etwas Krankes, nämlich diese Überzeugung, von Gott gesalbt zu sein, wodurch ihnen alles erlaubt ist. Wirklichen Respekt vor anderen Menschen haben sie nicht. Er fehlt ihnen einfach! Die Folterungen jetzt im Irak bestätigen das doch nur.

Es hätte nicht viel gefehlt, Folco, und du wärst auf Kuba geboren! Mama war inzwischen schwanger geworden, aber ich wollte auf keinen Fall, dass mein Kind auf amerikanischem Grund und Boden zur Welt kam. Wir hatten uns sogar schon bei dem Vertreter Kubas bei den Vereinten Nationen gemeldet, um ein Visum zu bekommen und rechtzeitig zu deiner Geburt nach Havanna zu fahren.

FOLCO: Aber dann wurde ich doch in New York geboren. Wolltet ihr mich nicht auch Mao nennen? Ein Glück, dass der Standesbeamte den Namen nicht akzeptiert hat!

TIZIANO: Ja, du bist noch mal davongekommen.

Unsere amerikanischen Freunde waren alle Linke. Einige sind später zu richtigen Revolutionären geworden und haben ein schlimmes Ende genommen. Ein großer Intellektueller, ein ganz netter, hat Selbstmord begangen. Diese Leute träumten von Che Guevara. Carol Brightman, eine unserer besten Freundinnen, wurde die Anführerin der Weatherwomen. John McDermott, ein anderer sehr enger Freund von uns, leitete den *Viet-Report*, die kriegsfeindlichste Zeitung Amerikas. Und dann war da noch J.J. Jacobs, der wegen eines Bombenanschlags im Knast landete.

Man darf nicht vergessen, wie verheerend die kapitalistische, autokratische Weltanschauung der Amerikaner sich damals in der ganzen Welt auswirkte. In Lateinamerika stützten die Vereinigten Staaten die schlimmsten Diktaturen, um ihre eigenen Interessen durchzusetzen, ohne einen Hauch von Respekt für die Armen, als wären diese Länder ihre Spielwiese. Es waren die Jahre, als die von Amerika finanzierten und ausgebildeten Todesschwadronen all jene verschwinden ließen, die sich der amerikanischen Weltanschauung widersetzten, genau wie im Chile Pinochets oder unter der argentinischen Militärjunta.

Und dann wurde Che Guevara umgebracht. Mama und ich saßen in der Bibliothek der Columbia University – das weiß ich noch wie heute –, als wir das in der *New York Times* lasen.

FOLCO: In den Jahren ist wirklich eine Menge passiert!

TIZIANO: Ja, historisch war das ein spannender Moment. 1968: Paris brennt, auf der Straße Revolution, Cohn-Bendit, jeden Tag

Zusammenstöße zwischen Studenten und Polizei. Der Slogan: „Die Phantasie an die Macht!" Uns junge Leute hat das enorm inspiriert, wie du dir vorstellen kannst. Den Jugendlichen von heute fehlt so etwas, sie sind wirklich zu bemitleiden: nichts, woran sie glauben, keine Ideale, für die sie sich engagieren können. Die interessieren sich doch nur für Fußball, Motorräder, Sport oder Mode. Findest du es normal, dass das Herz eines Jugendlichen nur für eine Fußballmannschaft schlägt? Da kann doch etwas nicht stimmen. Uns verband damals die Bewunderung für Che Guevara. Als Politiker kannst du von ihm halten, was du willst, aber Größe hatte er, das ist keine Frage!
FOLCO: Und wieso wolltest du unbedingt Chinesisch studieren?
TIZIANO: Ich suchte nach einer Alternative für die westliche Welt, nach einem anderen Modell, und auf dem Papier – und darauf waren wir ja angewiesen, denn wir hatten nun einmal kein anderes Material als Maos Texte – war China genau das.

Man darf nicht vergessen – auch um unsere verzerrte Perspektive zu begreifen –, dass ich Chinesisch an der Columbia University studierte, die damals der Mittelpunkt der Chinaforschung war und wo die besten Professoren dieses Fachs lehrten. Überleg mal, was das politisch und ideologisch für eine Zeit war. Die Propagandamaschine der Chinesen war seit '49 in Bewegung, und es gab Berge von Texten und Dokumenten, die verdaut werden wollten. Die kleine rote Mao-Bibel! Für mich waren die beiden Jahre in New York eine regelrechte Orgie von Studien über den Traum von einer neuen Gesellschaft. Die chinesische war das in vieler Hinsicht, jedenfalls auf dem Papier.

Die Art und Weise, in der China sich damals der Welt präsentierte, war einmalig. Diese Delegationen, die in den Westen kamen: ernsthaft, engagiert, alle gleich gekleidet; diese Zeitschriften wie die *Peking Review* oder *China Reconstructs*, die in allen Sprachen erschienen und eine völlig neue Welt beschrieben, sogar mit Farbfotos – umwerfend! Für uns aus dem materialistischen, profitorientierten Westen, wo sich alles nur ums Geld drehte, war das eine Gesellschaft, wo die Arbeiter in den großen Fabriken während der Pause über die neue politische Kampagne gegen den Konfuzianismus diskutierten. Nach meinem Job bei Olivetti, einem Unternehmen, das mit seiner kleinen Schreibmaschinenfabrik ja etwas Ähnliches zu verwirklichen suchte, war das für mich doch hochinteressant!

Was da auf dem Papier beschrieben wurde, war ein Land, in dem die Arbeiter ihren Job nicht in erster Linie machten, um Geld zu verdienen. Natürlich bekamen sie auch ihre Punktekarten dafür, mit denen sie sich etwas kaufen konnten, doch eine andere Komponente ihrer Vergütung war der *moralische* Ansporn. Diese Vision eines neuen Menschen, der nicht nur für Geld arbeitet, sondern auch für ein großes gemeinsames Projekt, musste uns doch faszinieren. Man war ein Vorbild für das Volk, man arbeitete, um am Aufbau eines neuen Landes mitzuwirken. Und zum Teil ist das tatsächlich so gewesen, das haben wir mit eigenen Augen gesehen, als wir schließlich nach China zogen. Die Konsequenzen mögen erbärmlich, ja katastrophal gewesen sein, aber die Menschen hatten daran geglaubt. Unter haarsträubenden Bedingungen hatten sie auf den Ölfeldern von Daqing gearbeitet, hatten in Schneelöchern geschlafen, um die Förderanlagen zu bauen, die China in die Zukunft katapultieren sollten – nicht um mehr zu verdienen als die Fabrikarbeiter, sondern weil es eine Ehre war, dem Fortschritt des Landes zu dienen!

FOLCO: Wirklich eine neue Gesellschaft.

TIZIANO: Ja, der Maoismus wollte tatsächlich eine Gesellschaft aufbauen, in der die Ungerechtigkeiten eingedämmt waren und dem bitterarmen Volk ein passables Leben garantiert wurde.

Und wenn man überlegt, was Mao machte, dann war das gar nicht so dumm. Dank der „eisernen Reisschale" hatten zumindest alle zu essen: Jeden Tag konntest du in die Kommune gehen und bekamst dort einen dampfenden Teller Reis mit ein bisschen Gemüse. Denk doch mal! Für die Bauern, die jahrhundertelang unter Hungersnöten gelitten hatten und oft sogar verhungert waren, war das ein Riesenfortschritt!

Später hat man über diese blau gekleideten Chinesen gelacht, alle mit der gleichen Mütze, alle mit den gleichen Schuhen. Aber überleg mal, was das hieß, und das ist auch auf meinen Fotos zu sehen: Mao war es gelungen, allen, selbst in den ärmsten Gegenden, das Existenzminimum zu sichern. Sogar wir mussten uns erstmal eine Punktekarte besorgen, als wir in China ankamen und uns diese blauen Baumwollhosen kaufen wollten. Und auch dann konnten wir uns nicht einfach zwanzig Paar kaufen, weil wir reich waren, sondern nur zwei. Verstehst du? Das ganze arbeitende Volk, jeder Fabrikarbeiter, jeder Bauer hatte Anspruch auf eine gut gefütterte Jacke und eine von diesen blauen Hosen, die meinetwegen hässlich, aber solide waren, und dazu eine Mütze und Schuhe, wenn auch oft nur aus Baumwolle, sodass sie bei Regen im Nu durchweichten. Das war doch schon eine ganze Menge! Und für Leute wie mich unglaublich faszinierend.

Ich bin nie Maoist gewesen, so wie ich mich überhaupt nie einer Gruppe oder Partei verschrieben habe. Aber diese Idee hatte mich in ihren Bann geschlagen. Von außen gesehen war das doch unglaublich! Wenn du Mao heute liest, im Nachhinein – denn die Geschichte ist erbarmungslos und zermalmt ihre Protagonisten – siehst du, dass er ein großer Dichter war, ein großer Stratege und auch ein großer Mörder. Dass er große Fehler begangen hat, und ein Fehler führte zum nächsten. Aber wenn du das *Kleine rote Buch* zur Hand nimmst, über das wir später lachten, stellst du fest, dass das ein hochinteressanter Text ist, wirklich eine kleine Bibel! Für den Chinesen vom Land, der gerade einmal lesen konnte, enthielt es jede Menge tröstlicher Wahrheiten, eine Weltanschauung, in der er eine Rolle spielte.

Von der Columbia University aus gesehen, in deren Räumen ich über diese Texte gebeugt saß, während draußen der Widerstand gegen den Vietnamkrieg tobte, ist die Faszination, die der Maoismus auf uns ausübte, mehr als verständlich. Und auch die Kulturrevolution, die in China ausgebrochen war – und sich hinterher als eine entsetzliche Tragödie erwies, mit unzähligen Opfern, schrecklichen Blutbädern und all dem Rest –, war theoretisch gesehen unglaublich interessant. Auf dem Papier – und, wie gesagt, das waren die Jahre der Studentenbewegung, der Revolution der Phantasie – machte das alles Sinn. Das war genau das, was mich interessierte. Ein Agrarland, wo alle die gleiche Kleidung trugen, die Soldaten wie die Bauern, nur dass die der Soldaten grün war statt blau. Aber es gab keine Tressen und auch sonst keine sichtbaren Unterschiede.

FOLCO: Gab es keine Dienstgrade?

TIZIANO: Doch. Aber die Offiziere waren nur an dem Stift in der Brusttasche zu erkennen, den sie hatten, weil sie schreiben konnten. Das hat den Amerikanern im Koreakrieg übrigens große Schwierigkeiten bereitet, denn sie wussten nie, welche unter ihren Gefangenen Offiziere waren: Alle trugen die gleichen Schuhe, die gleiche Uniform, den gleichen roten Stern an der Mütze. So war das ganze Land. Wie hätten wir davon nicht fasziniert sein sollen?

Deswegen wollte ich unbedingt nach China. Ich war neugierig, ich war Journalist, es war ja kein Zufall, dass ich Chinesisch studierte. Nichts anderes war mir so wichtig. Ich wollte mir diese Welt ansehen!

In den USA gab es damals keinen einzigen Diplomaten oder sonstigen Vertreter der Chinesischen Volksrepublik. Also fuhren Mama und ich nach Kanada, das immer etwas unabhängiger gewesen ist. In Montreal gab es zwar keine diplomatische Vertretung, aber immerhin eine Wirtschaftsniederlassung, und wir wurden bei ihrem Leiter vorstellig, dem ehemaligen Sekretär von Zhou Enlai. Wir baten ihn auf Knien, uns nach China gehen zu lassen, als Italienischlehrer, Köche oder sonst was. Nichts zu machen.

FOLCO: Du hast für deinen Traum ganz schön ackern müssen!

TIZIANO: In Amerika wurde ich endlich auch ein echter Journalist, das heißt, über zwei Jahre schrieb ich jede Woche einen ellenlangen Artikel für *L'Astrolabio*, die findest du jetzt alle oben auf dem Speicher; über die Wahlen, die Schwarzen, die Proteste gegen den Vietnamkrieg, den Marsch auf Washington, die Morde an Robert Kennedy und Martin Luther King.

Den Journalismus hatte ich mit meinen ersten, so hart erkämpften Artikeln über Südafrika wiederentdeckt. Wie hatte ich mich abgemüht, die paar Zeilen zusammenzukriegen! Doch dabei war mir auch klar geworden, wie wichtig diese Art von Kommunikation ist. Und so wandelte sich das Bild vom Journalismus, das ich mir als Junge bei den Sportveranstaltungen gemacht hatte – das einer ziemlich überflüssigen und hauptsächlich von Versagern betriebenen Angelegenheit –, als ich begann, über Dinge zu schreiben, die mir wichtig waren, wie soziale Ungerechtigkeit. Ich hatte entdeckt, dass der Journalismus mir erlaubte, auf eine Weise aktiv zu werden, die mir lag, und außerdem zu reisen, was mir schon immer gefallen hatte.

Aber ich hatte vor allem die gesellschaftliche Bedeutung des Journalismus entdeckt. Auch dabei kommt Amerika in meinem Leben eine zentrale Rolle zu: Während ich in New York lebte, um mich mit China zu befassen, entdeckte ich den amerikanischen Journalismus. Ich las die *New York Times*, die damals eine unglaublich gute Zeitung war und es zum Teil bis heute geblieben ist, und begriff den enormen Einfluss, den ein Journalist auf seine Leser ausübt: Wie jemand, der etwas mehr gehört, gesehen und begriffen hat als andere und dadurch deren Auge und Ohr wird, den Leser beeinflussen kann, indem er Dinge schreibt, auf die dieser von selbst nicht gekommen wäre.

In diesem Sinne hat New York für mich wirklich einen Stein ins Rollen gebracht. Stell dir vor, ich habe sogar ein Praktikum bei der *New York Times* gemacht! Obwohl ich gar nicht Journalismus studierte, sondern Sinologie und Politik. Aber ich fühlte mich unwahrscheinlich zu dieser Form von Journalismus hingezogen und habe dort auch meine großen Vorbilder gefunden. Denn eine der schönsten, großzügigsten, intelligentesten, stärksten Seiten der amerikanischen Gesellschaft ist diese freie Meinungsäußerung. Dass keiner vor der Macht buckelt. Das deckte sich ganz gut mit meiner anarchischen Sicht der Dinge.

Mit Hingabe las ich James Reston und Walter Lippmann, die gegen die Macht an sich anschrieben, gegen die Arroganz der Macht. Das lag mir. Und ich spürte, dass da Platz für mich war, dass sich mir da eine Aufgabe bot.

Also bin ich eines Tages zur *New York Times* gegangen. Ich bin einfach ins Zeitungsgebäude marschiert, habe mich vorgestellt, „Ich bin Student an der Columbia University" und so weiter, und habe gefragt, ob ich mal eine Woche bei ihnen hospitieren durfte. Es wurden herrliche Tage. Ich durfte richtig mitarbeiten, erst bei den Lokalnachrichten und dann in der Auslandsredaktion. Und da habe ich eine sensationelle Entdeckung gemacht. Ich war mir bewusst, wie schwer mir das Schreiben fiel, dass ich damit Schwierigkeiten hatte, die mir zum Teil mein Leben lang geblieben sind. Als ich merkte, dass eine Tür in der Redaktion nachmittags immer zu war, fragte ich: „Wer sitzt denn dahinter?" „Da sitzt James Reston." James Reston! Der schloss sich vier, fünf, sechs Stunden in sein Kabuff, um 120 Zeilen zu schreiben! Einen Text, der morgens in der Zeitung so einfach, locker und mühelos daherkam wie kein anderer! Das tröstete mich.

Ein anderer, den ich grenzenlos bewunderte, war Edgar Snow. Mein Traum war, Journalismus zu machen wie er, unabhängig von den Regeln der Macht, ohne die üblichen Schablonen, auf der Suche nach der Wahrheit, die es, wie ich erst viel später erkannte, vielleicht gar nicht gibt, die ich damals aber für ungeheuer wichtig hielt, um die Gesellschaft voranzubringen. Als ich dann anfing, für den SPIEGEL zu schreiben, den in Deutschland sechs Millionen Menschen lasen, und merkte, dass ich mit dem, was ich schrieb oder nicht schrieb, die öffentliche Meinung bewegen konnte, empfand ich das als eine große und wichtige Aufgabe.

ZWISCHENSPIEL

Es regnet und wir sitzen in der Gompa, Papas kleinem Holzhaus voller tibetischer Abbildungen. Über seinem Bett hängt ein Bild von Mahakala, dem Großen Schwarzen, dem Symbol des Todes. Mama bringt einen Teller mit dampfenden Kartoffeln.

TIZIANO: Danke, Angelina. Ich schaffe aber auch gar nichts mehr. Sogar eine Kartoffel zu pellen, strengt mich an.

Er gießt ein bisschen Öl über seine Kartoffel und schneidet sie in Stücke.

Die ist ja steinhart. Steinhart! Die kannst du selber essen.

ANGELA: Hart?

TIZIANO: Wäre es vielleicht möglich, ganz normale Kartoffeln zu bekommen? Richtig durchgegarte?

ANGELA: Tiziano, probier doch mal. Das ist die hiesige Sorte, aus Orsigna, außen mehlig und innen fest.

TIZIANO: Hmm.

Papa fühlt sich heute nicht gut. Er hat kaum geschlafen und der aufgeblähte Bauch macht ihm zu schaffen.

FOLCO: Heute arbeiten wir nicht. Vielleicht können wir den Faden ja später wieder aufnehmen, gegen vier oder fünf. Oder wir plaudern einfach mal ganz geruhsam über das Leben, ohne irgendein spezielles Thema.

TIZIANO: Hmm, ganz geruhsam.

ANGELA: Die Alternative wäre …

TIZIANO: Eine Alternative gibt es nicht. Die Alternative ist Schweigen.

Wir lachen.

FOLCO: Du hast bestimmt gemerkt, dass keine Anrufe mehr kommen.
TIZIANO: Ja, herrlich, diese Stille.
FOLCO: Ich gehe ran, aber an mir kommt keiner vorbei. „Nein, Tiziano ist nicht zu sprechen. Er hat sich ganz in sich zurückgezogen … Nein, wie lange weiß ich nicht, vielleicht ein paar Monate, vielleicht auch länger … Er spricht mit niemandem. Nein, es ist sinnlos, mir die Nummer zu geben, er wird Sie nicht zurückrufen."

Wir lachen. Papa isst noch eine Kartoffel, die, wie er findet, scheußlich schmeckt.

TIZIANO: Erzähl mir was. Erzählt mir irgendwelche Geschichten, unterhaltet mich. Ich hab euch schließlich oft genug unterhalten!

Mama lacht.

FOLCO: Papa, magst du nicht mehr?
TIZIANO: Nein. Diese Kälte im Rücken … Und du hast nicht mal ein Unterhemd an, was? Ah, er ist ein Asket, ein Sadhu!
ANGELA: Wir sind viel wärmer angezogen als du, Folco.
TIZIANO: Wir sind ja auch keine Sadhus! Wir sind stinknormale Idioten.
FOLCO: Sadhu no cold!

Wir lachen.

Das hat mein Freund Kalu Baba immer gesagt, wenn er barfuß durch den Schnee lief. Von dem müsste man lernen, wie das geht. *Sadhu no cold* ist eine ihrer Regeln. Der Sadhu darf nie frieren, denn Frieren ist im Grunde nur eine Illusion.
TIZIANO: Auch Lungenentzündung ist nur eine Illusion.
FOLCO: Nein, ehrlich, die laufen nur mit einer leichten Decke bekleidet durch die Berge.
ANGELA: Auch unsere Mönche waren nicht besonders warm angezogen. Die Priester hingegen trugen dicke Wintermäntel.

TIZIANO: Hmm. Diese Schauer im Rücken, meine Güte!
ANGELA: Richtige Schauer?
TIZIANO: Ein guter Film wäre jetzt genau das Richtige.
ANGELA: Tiziano, iss das Apfelkompott. Es ist noch warm.
TIZIANO: Haben wir einen guten Film da?
FOLCO: *La Reine Margot* ist gut!
TIZIANO: Wer war denn Königin Margot? Gibt's da Tote?
FOLCO: Ja, jede Menge.
TIZIANO: Ah, dann ist das genau das Richtige!
FOLCO: Der Film spielt im sechzehnten Jahrhundert und handelt von der Bartholomäusnacht, dem schlimmsten Massaker Frankreichs. Ist also richtig gut!

Mama reibt sich ironisch die Hände.

ANGELA: Mmm!
TIZIANO: Für dich ist das nichts, Angelina. Du wirst ihn nicht verstehen, du verstehst nie, wer der Mörder ist.
FOLCO: Die Mörder sind die Katholiken und die Protestanten.
TIZIANO: Na klar.
FOLCO: Der Film ist gut, den kann man sich angucken. Der hat sogar ein paar Preise gewonnen.
TIZIANO: Auauau ...

Tut so, als würde er mit jemandem sprechen, der draußen wartet.

Mama, ich komme! Noch ein bisschen Geduld, ja? Ist Großvater auch da?

FOLCO: Im Jenseits? Wie praktisch, dann könntet ihr die Familiengeschichte noch mal überprüfen.

Papa grinst.

TIZIANO: Wo ist Großvater bloß hin, verdammt noch mal?
FOLCO: Ich hätte auch noch ein paar Fragen an ihn, bei der Verwandtschaft komme ich manchmal ganz schön durcheinander. Gemeinsam könnte man das alles in Ruhe durchgehen.

ANGELA: Wie?

FOLCO: Man geht einfach zu jedem hin und fragt: „Wer war dein Vater?“, und immer so weiter – bis zum Affen.

TIZIANO: Auauau …

ANGELA: Wo tut es denn weh, Tiziano?

TIZIANO: Und mein Vater? Ob der auch da ist?

Was wollt ihr eigentlich mit meinem Körper machen?

Ich kaue meinen Bissen zu Ende.

FOLCO: Im Garten verbrennen.

TIZIANO: Das wäre großartig, aber das wird nicht gehen. Man würde dich sofort verhaften.

FOLCO: Wir machen ein ordentliches Feuer …

TIZIANO: Herrlich, am Fluss!

ANGELA: Meine Güte!

FOLCO: … und du setzt dich auf einen Ast und siehst zu.

TIZIANO: Hmm. Nein, ganz im Ernst, was wollt ihr machen? Eine Feier?

FOLCO: Was möchtest du denn? Das zumindest kannst du doch selbst entscheiden, oder?

TIZIANO: Nein, das ist eure Sache.

FOLCO: Nein, das ist noch deine. Dein Körper gehört dir.

TIZIANO: Nein, nein, nein, die Trauerfeier dient der „Schmerzbewältigung“.

Wir lachen.

ANGELA: Jetzt macht aber mal Schluss!

TIZIANO: Ja, das sagen die Bodysnatchers auch immer.

Er lacht. Mama bietet ihm noch eine Kartoffel an.

Nein, das reicht. Da geht nichts mehr rein.

FOLCO: Mir ist gerade die merkwürdigste Beerdigung meines Lebens eingefallen … die von diesem französischen Journalisten mit den Urinflecken auf der Hose.

TIZIANO: Ach, der Dings ... Da warst du dabei?
FOLCO: Alle gingen an dem aufgebahrten Sarg vorbei und sahen hinein. Und als ich an der Reihe war, fand ich das auf einmal wahnsinnig komisch. Fast hätte ich laut losgelacht, als ich ihn so starr daliegen sah. Es war sehr peinlich. Ich bin ganz schnell raus gerannt, um einen Skandal zu vermeiden, während all die anderen in feierlicher Zeremonie weiter an ihm vorbeizogen, mit einem Gesicht ...
TIZIANO: ... das sie zu der Gelegenheit extra aufgesetzt hatten.
FOLCO: Und ich konnte mir das Lachen kaum verkneifen! Natürlich war das ein netter Mann gewesen, aber wie er mich dort aus diesem Kasten ansah, wirkte er wie eine Kröte.

Wir lachen eine ganze Weile.

TIZIANO: Am liebsten würde ich einfach verschwinden. Wirklich! Ohne dass irgendjemand etwas davon mitbekommt. Und wenn dann eines Tages jemand anruft und fragt: „Wie geht's Tiziano?", sagt ihr: „Ach, der hat seinen Körper doch schon vor einem Monat verlassen! Wusstest du das nicht?"
FOLCO: Weißt du, wenn man sich wirklich stillschweigend verflüchtigen will – ein System gäbe es schon.
TIZIANO: Ja? Erzähl!
FOLCO: Die tibetischen Lamas machen das so. Eine tolle Sache! Sie nehmen den Lotussitz ein, und dann sitzen sie mit halb geschlossenen Augen unbeweglich da, und niemand erkennt, wann sie gehen.

Wir lachen.

Als ich in dem tibetischen Kloster in Frankreich wohnte, wurde mir die Geschichte von einem alten Lama erzählt, der nach seinem Tod noch zwei Wochen so sitzen geblieben war, ohne umzufallen, bis man ihn schließlich wegbrachte. Das war gar nicht so einfach, denn nach dem französischen Gesetz darf man einen toten Körper nicht tagelang in der Gegend herumsitzen lassen. Als der örtliche Polizeikommissar kam, merkte er aber gleich, dass das ein Sonderfall war, denn obwohl der Lama nach ärztlichem Urteil tot war, benahm er sich keineswegs wie ein Leichnam: Er hielt den Kopf aufrecht, und seine Gegenwart war im Raum deutlich zu spüren. Also ließen sie ihn da sitzen, bis er mit seiner Meditation fertig war.

TIZIANO: Ja, so etwas habe ich in *Noch eine Runde auf dem Karussell* auch beschrieben. Bei Goenka in Koh Samui war das ganz ähnlich. Nur hat man ihm eine Sonnenbrille aufgesetzt, weil er keine Augen mehr hatte.

Wir müssen lachen.

... und da saß er dann in seinem Schaukasten mit einer Sonnenbrille auf der Nase!

Er kann die Geschichte vor Lachen kaum zu Ende erzählen.

ANGELA: Unglaublich!

TIZIANO: Ja, wirklich. Eine sehr verlockende Möglichkeit! Ein Problem wäre es allerdings, wenn ich Schmerzen haben sollte ...

FOLCO: Stimmt, Schmerzen lenken einen ab. Der Schlüssel, um den Schmerz zu umgehen, ist, sich von seinem Körper zu trennen und ihn von außen zu beobachten.

TIZIANO: Ja, natürlich.

FOLCO: Auch wenn es bestimmt sehr schwer ist, den Schmerz abzuschütteln, wenn er dich so richtig packt. Aber weißt du, das ist so ähnlich wie mit dem Frieren, worüber wir vorhin gesprochen haben. Ich habe einen meiner Lieblings-Sadhus mal gefragt – der ist wirklich total abgedreht, aber auch sehr witzig, ein ganz freier Geist, einer von denen, die da oben in den Bergen immer barfuß herumlaufen, ohne Schuhe, ohne Geld, ohne Pläne – also, den habe ich mal gefragt: „Ist dir da oben im Schnee nicht kalt?" Und er hat geantwortet: „Da ist es nicht kalt. Es ist ta-ta-ta." Du beobachtest dein Gefühl, aber statt zu sagen: „Mir ist kalt, ich muss mich warm anziehen", sagst du: „Ich spüre ta-ta-ta", als wären das lauter kleine Nadeln unter den Füßen, dann hat das fast etwas Lustiges. Solche Übungen machen sie, um sich abzuhärten.

ANGELA: Schön!

TIZIANO: Ich kann dem nur partiell zustimmen. Heute Nacht zum Beispiel hatte ich einen Anfall starker Schmerzen im Bauch. Ich weiß natürlich, was man da macht. Man konzentriert sich ganz auf den Schmerz: Man fragt sich, ist er eckig, ist er rund, ist er rot, ist er gelb ...

FOLCO: Toll! Wo hast du das denn gelernt?

TIZIANO: Du musst dich fragen, wie der Schmerz aussieht. Dein Freund sagt, er macht ta-ta-ta. Du fragst dich: Ist er rund oder eckig? Macht er ein Geräusch? Ist es ein klopfender Schmerz oder nicht? Wenn er eine Farbe hat, dann welche? So lenkst du dich ein wenig ab. Aber wenn er sehr stark wird, kannst du irgendwann nicht mehr. Heute Nacht hätte ich dich fast geweckt.

ANGELA: Warum hast du es denn nicht getan?

TIZIANO: Wie du siehst, war es nicht nötig. Es ging auch so.

FOLCO: Wie machen die Leute das bloß, selbst unter Folter nichts zu sagen? Ich habe mir gestern mal ein bisschen deine Fotos angesehen. Den Arzt des Dalai Lama haben die Chinesen ja furchtbar zugerichtet!

TIZIANO: Der ist ganz schief und krumm geblieben.

FOLCO: Wie hat er das bloß durchgehalten?

TIZIANO: Der Glaube ...

FOLCO: Fängst du an zu schreien, ist es aus. Du musst dich völlig ausklinken.

TIZIANO: Da geht es, glaube ich, noch um etwas anderes. Das

ist weniger eine Frage der Psychologie als der inneren Entschlossenheit. Verrat ist eine Riesensache. Das will man nicht. Stell dir vor, in Florenz haben die Nazis den Partisanen die Fingernägel ausgerissen, um sie zum Reden zu bringen. Aber sie blieben stumm. Denk doch nur, die Nägel auszureißen! Der Ort, an dem das geschah, wurde „Villa Triste“ genannt.
FOLCO: Wahnsinn. Da muss man bereit sein zu sterben. Sterben ist vermutlich sogar besser.
TIZIANO: Hmm. Deswegen lassen sie es ja auch nicht so weit kommen!
FOLCO: Die Guerillas in Sri Lanka, die tamilischen Befreiungskrieger, haben das Problem elegant gelöst. Sie tragen immer eine kleine Kapsel mit Blausäure um den Hals, die sie aufbeißen, wenn sie den Regierungssoldaten in die Hände fallen.
TIZIANO: Kannst du dich noch an die schöne chinesische Geschichte von dem Mann erinnern, der zum Tod der tausend Schnitte verurteilt worden war? Doch die Familie bestach den Henker, und so schlug er ihn mit einem Hieb tot und fügte ihm die Schnitte erst hinterher zu!
FOLCO: Tatsächlich?

Papa atmet schwer.

TIZIANO: Ich habe kaum noch Raum zum Atmen, so riesig ist mein Bauch.
FOLCO: Du musst diese Erfahrungen aber auch wirklich alle gleichzeitig machen. An Schmerzen warst du nie gewöhnt.
TIZIANO: Ich bin mehrmals operiert worden, auch als Kind. Ich bin oft aufgeschnitten worden.
ANGELA: Dir, Folco, würde das Angst machen, nicht?
FOLCO: Und wie!
TIZIANO: Wann kommt eigentlich das Baby deiner Schwester?
FOLCO: Es kann jeden Moment so weit sein.

TIZIANO: Wie schön.
FOLCO: Wie soll es denn heißen?
ANGELA: Nicolò.
FOLCO: Schön. Ein Florentiner Name.
ANGELA: Hm, Macchiavelli.
TIZIANO: Ich muss mal ein Wörtchen mit meinem Körper reden. Eine Weile muss ich noch durchhalten.
ANGELA: Ja! Du wirst ja wohl nicht am Tag nach der Geburt deines neuen Enkels gehen wollen? Nein, nein, das wäre keine gute Idee.
TIZIANO: Ich könnte am Tag *vorher* gehen und in ihm wiedergeboren werden!

Wir lachen.

FOLCO: Ich fürchte, das funktioniert nur bei der Zeugung. Bei der Geburt ist es zu spät.
TIZIANO: Schluss jetzt. Wenn es euch nichts ausmacht, setze ich mich ein bisschen nach drüben.
ANGELA: Und Folco legt dir *La Reine Margot* ein.
TIZIANO: Ich bin erschöpft heute, entschuldigt.
ANGELA: Möchtest du einen Tee, Tiziano?
TIZIANO: Später.

Er überlegt.

Nicht zu fassen … Er war einer der ganz großen Journalisten, hat eine Zeitung geleitet und sie von Grund auf geändert. Und dann bleibt er in Erinnerung als der mit den Urinflecken …

Er lacht.

Aber so ist die Welt, nicht wahr?

PRAKTIKUM

Tagelang ist es grau und kalt gewesen und Papa hat keine Lust oder Kraft für ein neues Gespräch gehabt. Heute Morgen aber ist die Sonne durchgekommen, und er ist zu Fuß nach Fosso gegangen, um seine Freunde Mario und Brunalba, die Schäfer, zu besuchen. Bei seiner Rückkehr hatte er ein Kätzchen mit einem weichen, braunweiß gestreiften Fell im Arm.

TIZIANO: Wo ist eigentlich das Kätzchen? Ich glaube, es liegt da schön warm unter meinem indischen Schultertuch und schläft. Ja, sieh mal, Folco, wie süß, da hat es sich neben meinen Füßen gemütlich gemacht!

FOLCO: So klein, wie es ist, muss es bestimmt viel schlafen.

Papa zündet ein Räucherstäbchen an, bevor er anfängt.

TIZIANO: In Amerika waren wir bis September 1969. Dann haben wir – du warst ein winziges Baby – in New York ein Schiff bestiegen, die *Leonardo da Vinci,* und sind über den Atlantik zurück nach Italien gefahren.

Bei meiner Abfahrt aus Amerika war ich fest entschlossen, einen Weg zu finden, um als Journalist nach China zu gehen. Doch ohne ein anderthalbjähriges Praktikum bei einer Zeitung kannst du in Italien nicht Journalist werden, selbst wenn du fünf Doktortitel hast und 40 Sprachen sprichst. Wieder einmal hatte ich unglaubliches Glück: Ich bekam eine Stelle in Mailand beim *Giorno*, damals die unabhängigste Zeitung von ganz Italien. Dreist, wie ich war, sprach ich beim Direktor vor, obwohl ich niemanden kannte, der mich hätte einführen können, und er nahm mich!

Damals begann meine Freundschaft zu Bernardo Valli, die immer von tiefer Bewunderung geprägt war. Valli ist ein wunderbarer, unglaublicher Mensch mit einem abenteuerlichen, aufregenden, romantischen Leben. Während ich meine Artikel in New York am Schreibtisch schrieb, reiste er durch die Welt und erlebte das Ende des Kolonialismus in verschiedenen Ländern hautnah mit. Von überall schickte er seine Telegramme, und eine meiner ersten Aufgaben in der Redaktion war es, daraus seine Artikel zusammenzustellen. Als Nasser starb, der als Regierungschef einem unabhängigen, nationalistischen Ägypten vorgestanden und 1956 den Suezkanal geschlossen hatte, um ihn den Engländern wegzunehmen und zu nationalisieren, war Valli zur Beerdigung in Kairo. Natürlich konnte er seine Artikel damals nicht einfach schicken, wie man das heute macht, und mit dem Fernschreiber ging es auch nicht, also schickte er Telegramme, große, grüne Bögen, auf denen die Streifen aus der Maschine aufgeklebt waren. Da stand dann zum Beispiel: DIENSTAG STOP NASSER UM ZWÖLF GESTORBEN STOP GROSSES BEGRÄBNIS STOP MILLIONEN VON MENSCHEN STOP ... Und daraus musste ein Artikel gemacht werden, verstehst du? Da ich einer der Besten da war, hatte mein Chef mir diese wichtige Aufgabe anvertraut. Und so schrieb ich Vallis Artikel.

FOLCO: Er schickte nur die Fakten?

TIZIANO: Ja, und ich machte Artikel daraus. Eines Tages kam er dann, wie immer sehr auffällig gekleidet, in die Redaktion, um mich kennen zu lernen, und zwischen uns entstand eine große Freundschaft. Er ist ein hervorragender Journalist, unerschrocken und zuverlässig, seine Artikel trafen immer rechtzeitig ein. In der Redaktion wird ja auch der Umbruch gemacht, weißt du, abends um neun muss die Ausgabe stehen, und ob der Korrespondent in eine Schießerei geraten ist oder sonst etwas passiert, willst du dann gar nicht wissen – der Artikel muss in den Druck, sonst bleibt die Stelle in der Zeitung leer ... Tja, das war also meine Arbeit in diesen anderthalb Jahren.

FOLCO: Dass du dich noch genau an die Ereignisse jener Zeit erinnern kannst!

TIZIANO: Folco, sollte am Ende gedruckt werden, was ich hier sage, musst du unbedingt die Einzelheiten überprüfen! Ein falsches Detail – und das ganze Projekt verliert seine Glaubwürdigkeit. Du musst dir eine Chronologie jener Jahre besorgen und meine Erzählungen damit abgleichen, denn auch mein Gedächtnis lässt nach. Zum Beispiel diese Sache mit dem Telegramm aus Kairo: Ich habe eben gesagt, das war Nassers Begräbnis, aber wenn es nun Sadats war? Du weißt, das muss um 1970 gewesen sein, denn von '69 bis '71 war ich in Mailand. Du gehst also in die Encyclopedia Britannica auf deinem PC, tippst „Nasser" ein und siehst nach, wann er gestorben ist. So vermeidest du Fehler, die dreihundert Seiten ihre Glaubwürdigkeit nehmen würden. Wenn du ernst genommen werden willst, musst du alles überprüfen. Immer.

FOLCO: Ist das Journalismus?

TIZIANO: Das ist *echter* Journalismus.

FOLCO: Eine richtige Disziplin. Machst du es so?

TIZIANO: So habe ich es mein Leben lang gemacht.

FOLCO: Aber du hast doch ein gutes Gedächtnis?

TIZIANO: Nein, ganz und gar nicht. Das ist unglaublich wichtig, vergiss das nicht: Man braucht Zeit, gesunden Menschenverstand und innere Unabhängigkeit, um zu verstehen, was wirklich vor sich geht. Sonst nimmt man alles für bare Münze.

Papa streichelt das Kätzchen.

Sieh nur, Folco, wie wonnig! Was es für eine Ruhe ausstrahlt! Ist es nicht süß? Es hat sich genau den richtigen Platz gesucht. Die haben einen Instinkt ...

FOLCO: Hmm. Wenn es aufwacht, müssen wir ihm ein Schälchen Milch geben.

Um Journalist zu werden, hast du dann noch eine Prüfung machen müssen.

TIZIANO: Ja. Und danach ging ich zu Pietra, dem Verleger der Zeitung – eine Szene, die ich nie vergessen werde. Denk nur, du warst gerade zwei geworden, Saskia war wenige Monate alt, wir wohnten damals in einer Wohnung im Corso Magenta in Mailand, es war Oktober oder November. „Herr Direktor", habe ich zu Pietra gesagt, „ich fühle mich in der Redaktion nicht wohl. Ich möchte als Korrespondent nach China geschickt werden."

Halb im Spaß und halb im Ernst hat er geantwortet: „Diese Zeitung braucht keine Korrespondenten. Nur in Brescia habe ich noch etwas frei. Da kannst du von mir aus hin – die Füße im Matsch, den Kopf in den Sternen." Was soviel hieß wie: Leider gibt es keinen Platz für dich.

Also habe ich mir mein Gehalt ausbezahlen lassen, einen Schlafsack eingepackt, den Mama aus einem Laken genäht hatte, damit ich bei Freunden übernachten konnte, und bin zu einer Rundreise durch Europa aufgebrochen, um alle großen Zeitungen abzuklappern: *L'Express* und *Le Monde* in Paris, den *Manchester Guardian* von Jonathan Steele in Manchester und am Ende, die Geschichte kennst du, den SPIEGEL in Hamburg. Als ich dort sagte, ich wolle nach Asien ziehen – tättärätäää! –, boten sie mir einen Vertrag als freier Mitarbeiter an. „Geh und schreib! Wir garantieren dir 1500 Mark im Monat."

FOLCO: Und so hast du deinen Weg gefunden.

TIZIANO: Ja. Im Dezember 1971 ließ ich Mama vorläufig mit euch zwei Kleinen in Florenz zurück und reiste los nach Asien, ohne zu wissen, was mich dort erwartete.

VIETNAM

FOLCO: Heute Nacht habe ich *Pelle di Leopardo* zur Hand genommen, dein Buch über Vietnam. Ich hatte es noch nie gelesen und konnte es gar nicht mehr weglegen. Irgendwann habe ich den Hahn krähen hören und mir gesagt: „Ein bisschen muss ich wenigstens noch schlafen!" Du warst jung, als du nach Vietnam gegangen bist, so alt wie ich jetzt, aber das Buch ist schon richtig gut geschrieben. Und wirklich interessant.
TIZIANO: Ja, für jemanden von deiner Generation, der das alles nicht miterlebt hat, der vielleicht nicht einmal weiß, worum es da ging, ist das vermutlich, wie über den Ersten Weltkrieg zu lesen.
FOLCO: Mich interessiert gar nicht so sehr der Krieg an sich, als das, was du auf deinem Weg erlebt hast: Wer warst du damals? Was hast du auf deinen Reisen gesehen? Und wie hat dich das verändert, wie bist du zu dem Menschen geworden, der du jetzt bist? Der Journalismus hat dir die Gelegenheit gegeben, die großen Ereignisse der letzten fünfzig Jahre zu beobachten und manchmal mitten drin zu sein. Und wie ein Detektiv, der kleinsten Indizien nachgeht, um den Mandanten eines geheimnisvollen, allgegenwärtigen Verbrechens aufzuspüren, bist du von den kleinen Ungerechtigkeiten um dich herum ausgegangen, um erst über die Politik, die Ursachen all dieser Kriege, den Fortschritt und schließlich über die Natur des Menschen an sich zu reflektieren. Diese Entwicklung finde ich so interessant, diese Reise des Lebens.
TIZIANO: Hm, das ist meine alte These: Wer das Leben der Ameisen erforscht, der begreift dabei die ganze Welt. Wenn man sich mit Leidenschaft, Liebe und Hingabe irgendeinem Thema

widmet, ganz egal, welchem, dann lernt man dadurch, die Welt zu verstehen. Dazu braucht man gar nicht erst William Blake zu zitieren, „die Welt in einem Sandkorn sehen und die Ewigkeit in einer Stunde". Das ist einfach so. Und mein Studienobjekt waren eben Vietnam, Indochina und überhaupt ganz Asien.

Für mich und meine Generation war Vietnam eine moralische Bewährungsprobe. Ich bin ja mit den Büchern der großen Schriftsteller aus der Generation unserer Väter aufgewachsen. Was hatte ich nicht für Vorbilder! Edgar Snow war in China gewesen, Hemingway und George Orwell im spanischen Bürgerkrieg – meine Herren, die waren doch ein Mythos für mich! Wenn ich die las, dachte ich: „Donnerwetter, so einer könnte ich auch sein!" Als ich dann die Gelegenheit bekam, nach Vietnam zu gehen, war das mein Spanien, mein Bürgerkrieg.

FOLCO: Du warst dreiunddreißig, als du nach Asien gingst.

TIZIANO: Ja. Und da ich nicht nach China konnte – das war unmöglich, China war dicht –, beschloss ich, mich mit der Familie in Singapur niederzulassen und von da aus nach Vietnam und Indochina zu fahren, um über den Krieg dort zu berichten.

Ich kann mich noch genau an die erste Nacht in Singapur erinnern – herrlich! Ich war in dem alten Arab Market abgestiegen, in einer Pension voller zwielichtiger Gestalten. Ah, wie ich so etwas liebte! Es gab mir das Gefühl, eine Figur aus einer ganz anderen Geschichte zu sein. Binnen zehn Tagen hatte ich eins der wunderschönen Häuser der Insel gemietet, ein klappriges Auto besorgt und ein Klavier für Mama. Und ein Büro.

FOLCO: In nur zehn Tagen?

TIZIANO: Ja. Kurz nachdem Mama mit euch beiden nach Singapur gekommen war, im Frühling 1972, begann die letzte Phase des Vietnamkriegs. Wir zogen in unser neues Haus, in Vietnam kam es zu einer Großoffensive und ich fuhr ab.

Das war der Beginn meiner Karriere. Und des interessantesten und für mich damals auch unterhaltsamsten Teils meiner Reise. Vietnam war eine unglaublich fesselnde Erfahrung und bekräftigte mich in der Überzeugung, dass Gerechtigkeit möglich war, dass es möglich war, die Gesellschaft zu verändern.

FOLCO: Bist du deshalb immer wieder hingefahren?

TIZIANO: Zunächst einmal wollte ich den Krieg sehen. Das hatte ich ja noch nie. Ich hatte zwar den Zweiten Weltkrieg miterlebt, aber als Kind, und das war wie ein Spiel gewesen. Wir liefen auf die Felder hinterm Haus und zählten die amerikanischen Bomben, die zwei, drei Kilometer entfernt auf Porta al Prato abgeworfen wurden, den Eisenbahnknotenpunkt Mittelitaliens. Doch Krieg war das nicht für uns. Und die Hinrichtungen, die es damals auch gab, habe ich nicht miterlebt, anders als in Kambodscha, wo ich mit ansehen musste, wie Regierungstruppen einen Gefangenen niedermetzelten.

FOLCO: Wie hat dieser Krieg für dich begonnen? Was ist dir als Erstes passiert?

TIZIANO: Meine Güte, das war eine schreckliche Erfahrung … schrecklich! Ich war damals noch ein richtiger kleiner Prinz … Am Tag meiner Ankunft in Saigon gab es ganz in der Nähe, auf der Straße Nummer Dreizehn, eine Offensive. Alle fuhren hin. Morgens frühstückte man im Hotel Continental und dann stieg man ins Taxi und fuhr an die Front. An meinem Tisch saß ein junger englischer Journalist, und ich fragte ihn, ob wir uns ein Taxi teilen wollten. Dann fuhren wir Richtung Chon Than. Kaum waren wir aus dem Auto gestiegen, wurde schon auf uns geschossen. Die erste Kugel sauste mir, was weiß ich, fünf Zentimeter am Ohr vorbei – psss! War das ein Schock! Und was war meine Reaktion? Der instinktive Wunsch, die B-52 der Amerikaner würden kommen und alle, die auf mich schossen, töten! Doch sofort wurde mir auch klar, dass ich mit einer solchen Haltung nie etwas begreifen würde, dass dieses Wir-Gefühl mich von der anderen Seite trennte. Wer da aus dem Palmendickicht auf mich schoss – ich war kopfüber in einen Graben gesprungen, um mich in Deckung zu bringen – war automatisch zu meinem „Feind" geworden. Aber waren das denn wirklich meine Feinde? Nein. Hätte ich in dieser Haltung verharrt, hätte ich nichts begriffen.

Meine Güte, hatte ich Schiss an diesem ersten Tag! Doch Mut ist, wenn man seine Angst überwindet, du weißt, dass ich das so sehe. Ich ging immer schweren Herzens an die Front, ich musste mich regelrecht dazu zwingen, denn ich hatte schreckliche Angst. Aber ich wollte doch sehen, was passierte! Manchmal war ich bei der Abfahrt an die Front geradezu besessen von der Vorstellung, im Gewehr irgendeines Unbekannten, der gerade durch die Reisfelder stapfte, stecke eine Kugel, die für mich bestimmt sei. Seltsam, nicht, dieser Alptraum, irgendwo warte eine Kugel auf dich?

FOLCO: Wie man sieht, hast du dich geirrt! Doch nachdem du vorher immer nur über Bücher gebeugt gewesen warst, hast du da zum ersten Mal Gewalt und Tote gesehen.

TIZIANO: Stell dir vor, manchmal zählten wir die Leichen am Straßenrand. Und hatten dabei ein seltsames Gefühl von Distanz. Die einzigen Vietcong, die ich sah, waren tot – stinkende, aufgedunsene Leichen in den Straßengräben.

FOLCO: Was hat dieser Krieg für dich bedeutet?

TIZIANO: Mein Werdegang hatte mich dazu gebracht, mich immer spontan gegen jede Art von Unrecht zu stellen. Und auf welcher Seite das Unrecht in diesem Krieg war, sprang einem geradezu in die Augen! So fuhrst du etwa durch die wunderschöne vietnamesische Landschaft mit den tiefgrünen Reisfeldern, sahst die schwarz gekleideten Bauern mit ihren Strohhüten auf dem Kopf, die schlichten Häuser aus Holz und Stroh, die auf dem gestampften Lehmboden standen – und auf einmal sahst du den Krieg kommen, die Panzer.

Was mich so umwarf, war der Widerspruch zwischen der extrem einfachen, ja archaischen vietnamesischen Gesellschaft und der Modernität, die der Krieg ihr aufzwang. Die Waffen, die Panzer, die Bomben passten da überhaupt nicht hin! Sie hatten dort einfach nichts verloren!

FOLCO: Und darüber hast du geschrieben?

TIZIANO: Zweifellos habe ich über diesen Krieg mit einer großen Sympathie für die Vietcong berichtet. Wie konnte jemand, der das Herz am rechten Fleck hatte, denn auch Sympathie für die Amerikaner empfinden? Was hatten die da zu suchen?! Bei diesem Volk von armen Schluckern, die, in Lumpen gehüllt und mit einem Strohhut auf dem Kopf, mit ihren Büchsen gegen die höllische amerikanische Kriegsmaschinerie anschossen! Du konntest gar nicht anders, Folco, als die Eindringlinge zu hassen. Wer die B-52 einmal bei so einem flächendeckenden Bombardement erlebt hatte und an die Bauern da unten in den Dörfern dachte oder meinetwegen auch an die Soldaten, die sich mit den Händen Erdlöcher gegraben, Palmzweige darüber gedeckt und sich darin verborgen hatten, konnte sich einfach nicht auf die Seite der anderen stellen, die aus einer Höhe von mehreren Kilometern auf Knopfdruck Bomben oder – was noch schlimmer war – Napalm abwarfen. Diese Bombardements der B-52 waren entsetzlich, die totale Vernichtung.

Außerdem wurde der Konflikt auf dem Territorium der Vietnamesen ausgetragen – ein altes Problem, das stets von Neuem entsteht, auch jetzt wieder im Irak. Die Vietnamesen waren in ihrer Heimat, die anderen lebten Tausende von Kilometern weit weg und kamen in ein Land, mit dem sie nichts verband, dessen Geschichte und Kultur ihnen vollkommen unbekannt war. Und wozu? Um „den Kommunismus" zu bekämpfen, der war ihr Feind! Da sie sich mit China nicht anlegen konnten – immerhin waren die Chinesen fast eine Milliarde –, hatten sie es mit Korea versucht, wo es ein bisschen weniger Menschen waren, aber richtig glatt war das nicht gelaufen und so hofften sie, dem Kommunismus nun in Vietnam einen ordentlichen Schlag zu versetzen. Nur dass es am Ende mit einer tiefen Demütigung für die Amerikaner endete, die ihnen noch heute zu schaffen macht.

FOLCO: Es war vielleicht die schlimmste, die sie je erlitten haben.

TIZIANO: Ja, es war eine schwere Niederlage, wirklich. Eine halbe Million Soldaten – und trotzdem haben sie es nicht geschafft. Obwohl sie in der südvietnamesischen Marionettenregierung einen Verbündeten hatten. Natürlich gab es Leute, die von den Amerikanern profitierten und die auch bereit waren, für sie ihr Leben zu riskieren. Aber die Bevölkerung – das wurde einem klar, sobald man die Hauptstadt Saigon verließ – konnte nicht für die Amerikaner mit all ihren Panzern und Flugzeugen sein. Man brauchte sich nur diese abgemagerten Männer anzusehen, die nichts als eine Handvoll Reis pro Tag zu essen hatten und sich von den B-52 massakrieren ließen. Natürlich stand die Bevölkerung auf ihrer Seite, das war doch klar.

Wollen wir eine kleine Pause machen und in Ruhe eine Banane essen?

Ich reiche ihm die Obstschale.

Aber dieser Krieg hatte auch etwas Faszinierendes. Denk nur, was es für diese amerikanischen GIs aus Iowa oder sonstwo bedeutete, auf einmal mitten in einer Welt zu sein, wo es Mädchen in Hülle und Fülle gab, die du dir für eine ganze Woche mieten konntest, wenn du von der Front kamst! Neugier, Perversion, Begeisterung! Viele verliebten sich. Viele haben diese Mädchen auch geheiratet und dann nach Amerika mitgenommen.

In Saigon lebte es sich geradezu luxuriös: französische Boutiquen, exquisite Restaurants. Meine Herren! Abends speiste man in Lokalen mit vergitterten Türen, damit keiner reinkommen konnte, um eine Handgranate zu werfen. Dieses Essen, Folco! Himmlisch! Diese unvergesslichen *Crevettes*, um einen Ananasstrunk gewickelte Garnelen. Es gab alles: Fisch, Bier, Frauen – diese hocheleganten Mädchen im *ao dai* –, aufgeblasene Militärs, die in ihren Jeeps mit bewaffneter Eskorte davonjagten.

FOLCO: Im Irak heute ist es bestimmt lange nicht so romantisch.

TIZIANO: Stimmt, das ist etwas völlig anderes. Da gibt es das alles nicht. Und vor allem gibt es keinerlei Kontakt zur Zivilbevölkerung, denn im Irak wirst du gehasst. Die Vietnamesen hingegen waren Ausländer gewöhnt. Die französischen Kolonialherren, die Japaner ... mit wem waren die nicht alles im Bett gewesen!

Für mich waren diese Erfahrungen unglaublich aufregend. Innerlich war ich nie ernsthaft beteiligt, ich bin immer wieder nach Hause zu dem Pflock zurückgekommen, an den ich mich gebunden fühlte, aber zwischendurch habe ich nichts ausgelassen. Ich kannte alle Bordelle Saigons. Eins in der Nähe des Flughafens – es hieß Le Chien Qui Baise, der fickende Hund – war mit lauter Wassermatratzen ausgestattet. Manchmal war da die Hölle los, wenn die Amerikaner, die die vietnamesischen Mädchen besprangen, betrunken waren, wütend auf die Matratzen losballerten und das ganze Wasser herausfloss. Am nächsten Tag kam dann jemand mit Gummiflicken und reparierte sie wieder. Und dann diese Ströme von Bier! Die Amis hatten Riesenvorräte an Budweiser, die sie überallhin mitnahmen.

Und immer wieder ging an diesen Orten dann plötzlich eine Granate hoch – bumm!

FOLCO: Die Vietnamesen wollten sich einfach nicht geschlagen geben.

TIZIANO: Ja, das kann man wohl sagen. Das war ihr Unabhängigkeitskrieg, verstehst du? Schon immer haben sich die Vietnamesen gegen jeden Versuch gewehrt, ihre Halbinsel zu vereinnahmen. Vietnam liegt im chinesischen Einflussbereich, musst du wissen, auch die Sprache ist ein chinesischer Dialekt, bloß die Schrift ist europäisch, das hat ein französischer Missionar damals durchgesetzt. Nur in den vietnamesischen Tempeln sind chinesische Schriftzeichen zu sehen, denn sie sind den Weisen und Gelehrten vorbehalten. In den Mythen der Vietnamesen aber geht es immer um Helden, die sich gegen das chinesische Kaiserreich aufgelehnt haben, und ihre Denkmäler erinnern an tapfere Männer, die im Kampf gegen die Chinesen umgekommen sind. Da gibt es tolle Geschichten, zum Beispiel die von dem großen vietnamesischen Admiral, der den Angriff einer chinesischen Flotte abwehrte, indem er in den Meeresboden Tausende von Pflöcke rammen ließ, deren Spitzen aber unter dem Wasserspiegel verborgen waren, sodass die Chinesen sie nicht sehen konnten. Und als sie kamen – paa! – liefen all ihre Schiffe auf. Schlau, was? Einzigartig, diese Vietnamesen, mit einem unglaublich starken Identitätsgefühl. Wie immer eigentlich, nicht? Um sich zu unterscheiden, streicht man seine Eigenheiten heraus.

Ende des 19. Jahrhunderts, im Zuge der Kolonialisierung, mit der der verfluchte Westen sich überall Ressourcen unter den Nagel riss, die ihm nicht zustanden, kamen dann die Franzosen – und in dem Moment, in dem ihre Schiffe in den Hafen von Hanoi einliefen, begannen die Vietnamesen zu schießen. Gleich am ersten Tag! Sie haben dann nie mehr aufgehört, nie, das muss man sich mal überlegen! Bis 1975, als der Vietnamkrieg zu Ende war.

1954 springen die Amerikaner, diese Heuchler, den Franzosen in Indochina nicht etwa bei, sondern warten ab, bis diese in Dien Bien Phu eine endgültige Niederlage erleiden und gedemütigt abziehen müssen. Dann übernehmen sie die Rolle des „weißen Unterdrückers", aber auf ihre Weise: zunächst nicht mit Hilfe von Truppen, sondern durch ihren Neokolonialismus. Sie unterstützen ein westlich orientiertes Regime im Süden und bringen Kapitalismus und Konsumismus ins Land. Auf der Genfer Konferenz von 1954 war die Teilung von Vietnam und die Durchführung von Wahlen beschlossen worden, die Ho Chi Minh, der kommunistische Präsident Nordvietnams, haushoch gewonnen hätte. Die Amerikaner aber stützten das Regime im Süden und verhinderten auf diese Weise den natürlichen Verlauf der Geschichte.

Dazu muss man wissen, dass Kommunismus und Marxismus-Leninismus in Vietnam mehr noch als in China von den Nationalisten als ideologische Waffe für den Befreiungskampf eingesetzt wurden. Ho Chi Minh war in Paris zum Kommunisten geworden, als er begriff, dass der Marxismus-Leninismus, wie er in den besten Zeiten der Sowjetunion praktiziert worden war – in einem von großem Idealismus geprägten Moment, gleich nach der Revolution –, die Disziplin, die Härte, die ideologische Struktur liefern konnte, die sein Land und seine nationalistische Bewegung in diesem Moment benötigten. Die Vietnamesen als Kommunisten abzustempeln, ist deshalb ein gravierender Fehler. Sie waren vor allem *Nationalisten*. Das ist eine historische Tatsache, die viele meiner Kollegen nie begriffen haben. Sie hielten den Vietnamkrieg für eine Auseinandersetzung zwischen Kommunisten und Antikommunisten, doch darauf darf man ihn nicht reduzieren. Es war vielmehr der letzte große Kampf um die Unabhängigkeit des vietnamesischen Volkes.

Die Unabhängigkeit kommt 1975 mit der Einnahme Saigons. Endlich erfüllt sich Ho Chi Minhs Traum von der Vereinigung und vor allem der Unabhängigkeit Vietnams. Es ist der Höhepunkt in der Geschichte des Landes. Dann kommen die üblichen Tragödien, die Verfolgung der Marionettenregierung und der Kollaborateure. Was ist da nicht alles passiert! Aber wenn man eines Tages mit Abstand auf die vietnamesische Geschichte zurückblicken wird, wird man erkennen, dass dieser Krieg der letzte Unabhängigkeitskrieg der Vietnamesen gewesen ist und dass sie mit der Niederlage der Amerikaner endlich die lang ersehnte Autonomie wiedererlangt haben.

FOLCO: Am Ende haben sie den Sieg davongetragen!

TIZIANO: Wie hätte es auch anders sein können? Die Amerikaner zählten doch nur die Tage, bis sie wieder nach Hause konnten, *„fifty-three days and a wake-up"*. Während die Vietnamesen um ihre Heimat kämpften, wollten die Amerikaner nichts als zurück in die ihre – da ist es doch unmöglich zu gewinnen! Und dieses hochintelligente, teuflische Schlitzohr von Kissinger begreift das plötzlich. Also sagt er 1973 zum amerikanischen Präsidenten: „Am besten, wir behaupten, wir hätten gesiegt, und ziehen ab!" Es folgen das Abkommen von Paris und der Waffenstillstand, und dann nichts wie weg! Die Amerikaner verschwinden aus Saigon, überlassen den Süden des Landes den Südvietnamesen und leiten so die „Vietnamisierung" des Krieges ein.

FOLCO: Die Südvietnamesen haben noch zwei Jahre allein gegen die Kommunisten gekämpft?

TIZIANO: Ja, mit Hilfe der Amerikaner, die das Land weiter von oben bombardierten. Schön, was? Aus drei Kilometern Höhe – bumm! – brachten sie die Leute um.

Kissinger kommt nach Saigon und die Amerikaner stellen eine Marionettenregierung unter Thieu auf die Beine, die foltert, tötet, alles macht, was sie will, um die Kommunisten auszumerzen. Die Amerikaner geben ihnen Waffen und Geld, nur amerikanische Bodensoldaten, GIs, auf die geschossen wird, gibt es keine mehr. Geschossen wird jetzt auf Südvietnamesen.

1975, als das Spiel sich offensichtlich dem Ende zuneigt, geht Thieu in die Zentralbank in Saigon, befiehlt, ihm alles vorhandene Gold auszuhändigen, lässt es in sein Flugzeug laden und fliegt davon. Den Rest seines Lebens hat er dann ungestört und seelenruhig in London verbracht. Dass sein Land in einem totalen Chaos versank, war ihm doch egal.

FOLCO: Wie, er hat sogar die Staatskasse mitgehen lassen? Dass die es aber auch immer schaffen, ungeschoren davonzukommen!

TIZIANO: Thieu war eine widerwärtige Figur. Was die Amerikaner damals mit ihm durchgezogen haben, probieren sie heute im Irak schon wieder. Du wirst sehen: Sie werden versuchen, im Irak eine Militärdiktatur einzusetzen, werden den Schergen Saddams die Folterungen und den ganzen Rest überlassen, sich selbst möglichst raushalten und nur dann militärisch eingreifen, wenn es unbedingt nötig ist.

Aus dem Wald erschallt der Ruf eines Kuckucks.

FOLCO: Und wie waren die kommunistischen Guerillas, die Vietcong? Bist du ihnen jemals begegnet?

TIZIANO: Ja. Wir wussten, dass die Vietcong mit dem Waffenstillstand '73 beinahe bis Saigon vorgerückt waren und große Teile des Mekongdeltas besetzt hatten. Mit Abbas, einem Fotografen, und Jean-Claude Pomonti von *Le Monde* fuhr ich in der Hoffnung los, welche zu treffen. Es wurde ein richtiges Abenteuer. Mit unseren Jeeps – einem mit französischer Flagge und einem mit italienischer – stellten wir uns eines Abends auf eine

Lichtung und warteten, dass jemand zu uns käme, denn die Vietcong von uns aus aufzusuchen, war unmöglich. Endlich tauchte ein alter Mann auf, und Jean-Claude, der gut Vietnamesisch sprach, sagte: „Wir sind Journalisten, wir wollen die Vietcong treffen." Und er antwortete auf Englisch: *„Me no vc!"*

FOLCO: Aber er war einer, oder?

TIZIANO: Klar. Als Erstes sagten sie aber immer: „Ich bin kein Vietcong, mit denen hab ich nichts zu tun!" Doch am Ende gab er ganz genaue Anweisungen für eine Zusammenkunft: Am Kilometer sowieso der großen Straße nach Süden sollten wir in einen Feldweg einbiegen, drei Kilometer weiterfahren, das Auto irgendwo im Schatten verstecken und dabei stets auf der Hut sein, dass die Soldaten der Regierungstruppen uns nicht schnappten oder abschossen und dass ihre Flugzeuge uns nicht bombardierten; schließlich sollten wir einen kleinen Staudamm entlanggehen.

Wir taten, was er gesagt hatte. Es war helllichter Tag und plötzlich kam ein etwa zehnjähriges Mädchen zwischen den Palmen hervor und bedeutete uns, ihr über die kleinen Dämme zwischen den Reisfeldern zu folgen. Da begriffen wir, dass die Verabredung geklappt hatte. Sie brachte uns in ein Dorf und wir wurden begeistert empfangen. „Die internationale Presse!", und so weiter.

FOLCO: Haben sich die Vietcong gefreut, die Presse dazuhaben?

TIZIANO: Und wie! Schließlich hatten sie den Krieg mit Hilfe der Presse gewonnen! Wir blieben, glaube ich, vier oder fünf Tage dort. Wahnsinn! Mit kleinen, leise plätschernden Pirogen glitten wir die abgelegensten Seitenarme des Mekong entlang, durch den zirpenden, quakenden Dschungel voller Mangroven und Krokodile. Wir fuhren von Dorf zu Dorf, und restlos alle waren treue Anhänger der Vietcong. Kinder, blutjunge Frauen mit Gewehren in der Hand! Unser Begleiter hatte einen Sack Reis für uns dabei, denn wir waren ihre Gäste, und so aßen wir diese schönen, runden Reiswaffeln, die aus Reisbrei zubereitet und auf weißen Tüchern in der Sonne getrocknet werden – lecker, aber mit den um Ananasherzen gewickelten Garnelen natürlich nicht zu vergleichen! Du musstest einfach Zuneigung zu diesen Leuten entwickeln, du konntest gar nicht anders.

Jede Nacht schliefen wir in einem anderen Dorf, unter den Mückennetzen, die wir mitgebracht hatten. Eine Stille! Wunderschön, diese Nächte im Mekongdelta!

Nach ein paar Tagen meinten sie, nun würde es allmählich gefährlich, es habe sich herumgesprochen, dass wir dort waren, man habe unsere Autos gefunden und es sei besser, wir führen ab. Also ging es den ganzen Weg wieder zurück. Irgendwann sagten die Vietcong, die uns mit ihren Gewehren begleitet hatten: „Nun müsst ihr alleine weiter gehen.“ Wieder tauchte das zehnjährige Mädchen auf und führte uns über die Dämme bis zur Straße. Unsere Autos standen noch da, und so fuhren wir nach Saigon zurück – die ersten drei Journalisten, die bei den Vietcong gewesen waren!

Wir hatten alles gesehen, fotografiert, mit ihnen gesprochen. Später, als ich 1975 noch einmal nach Saigon kam, waren diese Fotos für mich wichtig. Da ich fürchtete, die Nordvietnamesen könnten mich umbringen, steckte ich mir eines dieser Fotos in die Unterhose, auch wenn das hieß, dasselbe Risiko einzugehen, falls ich Thieus Südvietnamesen in die Hände fiel!

Der Kuckuck ruft noch einmal.

Es war eine schöne Erfahrung. Zu den „Anderen“ zu gehen! Wie sind sie? Was wollen sie? Wie leben sie? Solche Abenteuer öffneten dir Fenster, verstehst du? Fenster auf eine Welt, die keiner von uns kannte. Denn wie ich schon sagte, die einzigen Vietcong oder Roten Khmer, die wir bis dahin gesehen hatten, lagen als Leichen in den Straßengräben. Diese hingegen waren quicklebendig: der politische Kommissar mit seiner funkelnden Pistole, der Militärkommandant, der Chef der Flugabwehr, der Leiter der Theatertruppe, diejenigen, die nachts die Boote mit Lichtern bestückten ... Es war eine gut funktionierende Gesellschaft.

Nur dass ich schon damals fürchterliche Schwierigkeiten mit dem Schreiben hatte, war wirklich ein Drama. Soll ich dir was Lustiges erzählen? Als wir von der Reise wiederkamen, erschien Jean-Claude nach drei Stunden geschniegelt und gebügelt an meiner Tür und fragte, ob ich mit zum Essen käme. Und ich hatte noch keine einzige Zeile geschrieben! Und auch am nächsten und übernächsten Tag bekam ich nicht einen Satz aufs Papier. Drei Tage lang blieb ich im Sarong auf dem Zimmer, starrte auf die Flagge, die die Vietcong uns geschenkt hatten, und versuchte, einen Anfang für meine Geschichte zu finden.

FOLCO: Und Jean-Claude war schon fertig?

TIZIANO: Er hatte schon vier Artikel geschrieben! Nach drei Stunden war der erste fertig, die Einleitung, und an den Tagen danach schrieb er noch vier oder fünf weitere. Ich war verzweifelt. Da hatte ich nun diesen enormen Scoop und außerdem den Abgabetermin für den SPIEGEL, ich *musste* einfach schreiben – und konnte nicht! Ich weiß noch genau, wie ich schließlich brennend vor Scham den ersten Satz formulierte: „Es sind nicht die Fahnen, es ist nicht irgendein x-beliebiges äußeres Anzeichen, nein, es sind die glücklichen Gesichter der Menschen, an denen du merkst, dass du eine Grenze überquert hast ...“

Ein beschissener Anfang, was?

Er lacht.

SINGAPUR

FOLCO: Und wir waren während deiner Abenteuer in Indochina in Singapur.
TIZIANO: Ja, ich pendelte immer hin und her. Zwei oder drei Wochen Vietnam, eine oder zwei Wochen bei euch. Dort schrieb ich dann Artikel über das Leben in Indonesien, über Malaysia oder über Singapur, das geographisch sehr günstig lag, fünfundvierzig Flugminuten von Saigon, wenn ich mich recht erinnere.
FOLCO: Und wieso kamst du immer wieder nach Singapur?
TIZIANO: Wegen euch! Ich hatte euch dort untergebracht, weil das sicherer war. Es wäre mir nicht im Traum eingefallen, euch nach Saigon zu holen, wo täglich Bomben explodierten. Nein, euch ging es besser in dem schönen, ruhigen Haus in Singapur, unserem ersten Haus in Asien, fast auf dem Äquator. Kannst du dich noch an die Ventilatoren mit den großen Flügeln erinnern, die sich immer drehten? Und im Erdgeschoss gab es zur besseren Durchlüftung keine Scheiben, sondern nur Fensterläden. Was haben wir in Asien für schöne Häuser gehabt! Später sind sie alle abgerissen worden. Auch daran sieht man, wie der Orient sich verändert hat.

Schon nach wenigen Monaten ging in Hamburg das Gerücht um, ich sei ein Agent der CIA. Beim SPIEGEL gab es viele, die auch gern nach Vietnam gegangen wären, und so hieß es auf einmal – und ich weiß auch, wer damit angefangen hat: „Dieser seltsame Italiener, der ein bisschen Deutsch spricht und in Amerika Chinesisch studiert hat – wo kommt der eigentlich her? Das muss ein CIA-Agent sein!"

Also kam Dieter Wild, der Chef der Auslandsabteilung, nach

Singapur, um mir auf den Zahn zu fühlen. Während der drei, vier Tage, die er bei uns blieb, sagte er immer wieder: „Hättest du nicht Lust, mit mir nach Taiwan zu kommen, Tiziano? Ich lade dich ein!" Natürlich fand ich den Gedanken ungeheuer verlockend, aber ich dachte, ich könne das nicht annehmen, und so lehnte ich mehrmals ab. Bis Mama die rettende Eingebung hatte: „Er will dich wirklich mitnehmen! Vielleicht will er dein Chinesisch testen." Und so fuhr ich mit. Ich sprach damals ziemlich gut Chinesisch, und wir interviewten den Ministerpräsidenten, den Sohn von Tschiang Kai Tschek, der damals der Parteichef der Nationalisten war. Ich organisierte alles, ich war *neng gan*, wie die Chinesen sagen, ich kannte mich aus, und als Dieter Wild nach Hamburg zurückkam, sagte er: „Der Mann ist in Ordnung."

So wurde ich Korrespondent des SPIEGEL.

FOLCO: Und wie hast du ihn davon überzeugt, dass du nicht für die CIA arbeitetest?

TIZIANO: Wir haben nie direkt darüber gesprochen, aber wenn man zehn Tage zusammen ist und über alles Mögliche redet, merkt man so etwas. Ich jedenfalls spüre, ob jemand ein Agent ist oder nicht, und ich wette, die anderen auch. Aber als Journalist war ich damals noch unglaublich naiv, Folco! Es gibt eine schöne Geschichte darüber, wie Dieter Wild mir mit seinem Durchblick half. Die habe ich noch nie erzählt.

In Kambodscha hatte es einen der üblichen Zusammenstöße gegeben. Das südvietnamesische Heer war vorgerückt, die Nordvietnamesen und die Roten Khmer hatten es zurückgeschlagen, und plötzlich waren fünfzehn oder zwanzig Journalisten verschwunden, die genaue Zahl weiß ich nicht mehr. Einfach verschwunden!

In Singapur wimmelte es damals von Agenten und Geschäftemachern aller Art, denn als Freihafen war es für alle offen und lag noch dazu geographisch günstig, Indochina war praktisch um die Ecke. Eines Tages lernten wir einen Mann mittleren Alters kennen, einen Deutschen mit einer chinesischen Freundin, der wusste, dass ich für den SPIEGEL arbeitete, vielleicht hat sogar er Kontakt zu mir aufgenommen. Er nannte sich Louis von Tohaddy d'Aragon, was natürlich ein Deckname war, und behauptete, Kapitän eines Handelsschiffs zu sein, das zwischen Singapur und China verkehrte. Dabei war China damals noch abgeschottet! Nixon hatte Mao gerade zum ersten Mal in Peking getroffen, aber diplomatische Beziehungen gab es noch nicht.

Dieser „Kapitän" erzählte mir also eines Tages, über seine Kontakte habe er erfahren, dass einer der Journalisten, die an der Grenze zwischen Laos und Kambodscha verschwunden waren, ein österreichischer Fotograf, noch lebte und die Mittelsmänner bereit seien, ihn gegen ein Lösegeld freizulassen.

Ich, ein „großer" Journalist, aber vor allem ein großer Grünschnabel ...

Er lacht.

... interessierte mich sofort brennend für die Geschichte. Wenn einer der Journalisten noch lebte und ich zu seiner Befreiung beitrug – meine Herren, das würde doch ein großartiger Scoop sein! Die Sache zog sich über Monate hin. Ich verlangte ein Foto des Fotografen und einen handgeschriebenen Brief mit einer Reihe von Angaben, die mir beweisen sollten, dass er noch lebte. Irgendwann fehlte dann nur noch das Lösegeld – es war nicht einmal besonders viel –, um mit Louis von Tohaddy d'Aragon nach Laos zu fahren und die Übergabe zu organisieren. Also schrieb ich an den SPIEGEL: „Leute, ich habe einen Scoop, ich bräuchte nur soundso viel Geld ..." Und weißt du, was Dieter Wild mir antwortete? „Vergiss es. Es gibt Dutzende solcher Geschichten!"

FOLCO: War das alles erfunden?

TIZIANO: Ja. Aber damit ist die Geschichte noch nicht zu Ende. Eines Abends gaben wir einen großen Empfang und luden alle Leute, die wir in Singapur kannten, in unseren schönen, hell erleuchteten Garten ein. Ihr wart schon im Bett. Unter den Gästen befanden sich auch zwei Agenten der russischen Botschaft, die wir über Sergej Svirin kennen gelernt hatten, den Korrespondenten der sowjetischen Presseagentur TASS, den wir später an verschiedenen Orten der Welt wiedersehen sollten. Solche Leute waren wichtige Kontakte, denn über die Sowjets, die ja die Nordvietnamesen unterstützten, konnte man versuchen, Verbindung zu den Vietcong aufzunehmen.

Am Ende des Abends lag Louis von Tohaddy d'Aragon stockbesoffen auf dem Rasen unter einem großen Baum, und Sergej Svirin stand über ihn gebeugt und wiederholte ununterbrochen: „Wie heißen Sie? Und wie hieß der Typ aus der Geschichte, die Sie mir vorhin erzählt haben?" Doch Louis war so betrunken, dass er nur noch lallen konnte. Es war unglaublich komisch.

Jahre später haben wir Sergej Svirin in China wiedergetroffen. Er war zum zweiten Mann der sowjetischen Botschaft in Peking aufgestiegen und außerdem natürlich der dortige Chef des KGB.

FOLCO: Der war auch Agent?!

TIZIANO: Sogar ein besonders ausgekochter! Er sprach perfekt Englisch und hatte Lizenz zu töten und ins Bett zu gehen, mit wem er wollte – in der Sowjetunion von damals eine tolle Sache! Später, als wir einmal bei ihm in Peking zum Essen eingeladen waren, fragte ich ihn: „Wie bringt ihr es eigentlich fertig, so viel zu trinken? Denn wenn ihr die anderen betrunken machen wollt, müsst ihr doch mittrinken!" Da verriet er mir das große Geheimnis der sowjetischen Geheimagenten: Bevor sie abends zu einem

Empfang gehen, essen sie ein halbes Paket Butter, die im Magen eine Art Schutzfilm bildet. Auf diese Weise kannst du eine ganze Flasche Wodka trinken, ohne dass er dir zu Kopf steigt!

Mama und ich fanden das alles unglaublich spannend. Stell dir vor, so brave Leute wie wir aus einer so biederen Stadt wie Mailand waren plötzlich in die wildesten Spionagegeschichten verwickelt. Das war doch faszinierend.

Ein aufregendes Leben, oder? Ich kann mich wirklich nicht beschweren!

Aber jetzt machen wir Feierabend, was, Folco?

FOLCO: Willst du die Nachrichten sehen? Sie haben gerade angefangen.

FERNSEHEN: „… die sechs Opfer arbeiteten für eine Tochterfirma von General Electric, die mit der Wiederherstellung einer reibungslosen Stromversorgung …“

TIZIANO: Siehst du? Immer dieselbe Leier.

FERNSEHEN: „… heute Morgen wurde in Bagdad jedoch das Gerücht laut, in Wirklichkeit handle es sich um Agenten der CIA … Schüsse, um die Menge fernzuhalten. Die Lage ist angespannt und insbesondere für westliche Journalisten gefährlich. Es war die sechzehnte Autobombe hier in Bagdad. Ich gebe zurück nach Rom.“

JOURNALISTEN

TIZIANO: Ich möchte, dass du Eines begreifst, Folco: Ein wesentlicher Aspekt meiner Arbeit bestand darin zu lesen, besonders über geschichtliche Themen. Sieh dir meine Bibliothek an, da stehen Unmengen von Büchern über Indochina und die Geschichte der Kolonialisierung, die waren sozusagen mein Kompass. Entweder ich nahm die Bücher auf meine Reisen mit oder ich kam zwischendurch nach Hause und las.

Wer die Fakten von heute nicht in einen größeren Zusammenhang stellt, begreift nichts. Deswegen ist es so wichtig sich vorzubereiten. Verstehst du die Geschichte nicht, verstehst du auch das Heute nicht. Beschränkst du dich auf die aktuellen Nachrichten, dann erzählst du Märchen, denn dann berichtest du, was du unterm Mikroskop siehst, obwohl du eigentlich ein Fernglas bräuchtest. Deswegen halte ich auch nichts von Journalistenschulen. Da lernt man nämlich das Gegenteil von dem, worum es geht, da lernt man die Technik: Wie man einen Artikel anfängt, wie ein guter Schluss aussieht und wie man seine Sachen am schnellsten abschickt. Was man aber wirklich braucht, ist vor allem ein vielseitiges Grundwissen, besonders in Geschichte und Ökonomie, und so etwas kann man sich nur selbst erarbeiten, auf einer Journalistenschule lernt man das jedenfalls nicht. Solche Schulen sind ebenso absurd wie Dichterschulen. Gibt es da etwas zu lernen? Kann einem jemand beibringen, Dichter zu werden?

Was dieses Grundwissen angeht, habe ich immer die Angelsachsen bewundert. Die haben auf diesem Gebiet eine ganz große Tradition, und das gilt nicht nur für Journalisten, sondern auch für Fotografen. Philip Jones Griffiths etwa, mit dem ich in Kambodscha war, hatte alles, was ich gelesen hatte, auch gelesen; alles, was ich wusste, wusste er auch – nicht um zu schreiben, sondern um Fotos zu machen! Großartig! Tatsächlich ist er einer der ganz großen Fotografen gewesen. Denn um die Tatsachen darstellen zu können, muss man begreifen, was dahinter steckt. Ein Foto – klick! – kann jeder knipsen.

FOLCO: Wurde der Beruf des Journalisten zu deiner Zeit ernst genommen?

TIZIANO: Es waren die heroischen Zeiten des Journalismus, Folco … bevor er beim Versuch, das Fernsehen zu imitieren, zum Medienspektakel geworden und zugrunde gegangen ist.

Damals wurde noch richtig geschrieben! Doch dann hat das Fernsehen die Konzentrationsfähigkeit der Menschen dermaßen reduziert, dass auch die Zeitungen nur noch Behälter sind, in denen sich zwar alles Mögliche findet, aber nichts, was mehr als drei Minuten Aufmerksamkeit erfordern würde – die Länge eines Werbespots –, sodass sich schließlich alles zu einem bunten Allerlei zusammenfügt.

Heute werden keine langen Artikel mehr geschrieben. Was zählt, ist Aufsehen zu erregen. Bloß nicht in die Tiefe gehen! Lieber etwas inszenieren: Ein Aufmacher mit Foto, eine spektakuläre Geschichte, Ende der Vorstellung. Natürlich wird der journalistische Auftrag dabei enorm abgewertet. Was ich, was wir alle damals taten, wäre heute, glaube ich, gar nicht mehr möglich: Es gibt keinen Platz mehr dafür.

Stell dir vor, aus Vietnam schrieb ich Artikel für den *Espresso*, die eine ganze großformatige Doppelseite füllten, über meine Eindrücke, über alles, was ich dort erlebte. Von Anfang an hatte ich gelernt, dass man mit einer kleinen Episode eine große Geschichte erzählen kann, denn Geschichten, die auf eigener

Erfahrung beruhen, auf einer kleinen Episode aus dem Leben eines Menschen oder eines Dorfes, sagen viel mehr aus, als wenn du schreibst: „Gestern gab es sechstausend Tote …" Sechstausend Tote kann sich kein Mensch vorstellen, aber *ein* Toter mit seiner Familie, mit seinen Kindern, das erschüttert den Leser!

Ich wollte den Leuten erzählen, was sie nicht sehen, nicht hören, nicht riechen konnten, verstehst du? Denk doch ans Fernsehen, wie wenig es uns beeindruckt, wenn wir da Tote sehen. Sogar das Rot des Bluts wirkt irgendwie unecht. Erzählst du dagegen mit emotionaler Anteilnahme, was du selbst erlebt hast, überträgst du deine Emotionen auf den Leser. Das habe ich schon früh entdeckt. Und auch von den Großen des Metiers gelernt.

Es waren die Jahre, in denen ich meine Vorbilder fand: Bernardo Valli zum Beispiel oder Jean-Claude Pomonti, der in *Le Monde* über Vietnam schrieb und das Land kannte wie kein anderer. Denk nur, Jean-Claude war als Wehrdienstverweigerer nach Vietnam gegangen, sprach perfekt Vietnamesisch, hatte eine seiner vietnamesischen Schülerinnen geheiratet und wohnte bei ihrer Familie. Er lebte *in* dem Land, statt wie ein Fremder mit dem Fallschirm für ein oder zwei Wochen darauf abgesprungen zu sein. Er ist ein bisschen jünger als ich, sympathisch, bescheiden, hatte immer Schlappen an den Füßen. Kein einziges Mal habe ich ihn mit Schuhen gesehen!

Dann gab es Leute wie Martin Woollacott vom *Guardian*, den ich für seine kühle Distanziertheit bewunderte, für seine Art, die Dinge historisch einzuordnen und sich nie gehen zu lassen, nach bester englischer Manier; und einige große amerikanische Journalisten wie David Halberstam und die anderen, die gegen den Krieg Stellung bezogen hatten, darunter auch meinen sympathischen Kollegen und Antagonisten Sydney Schanberg von der *New York Times*. Die Artikel all dieser Männer hatte ich in der Bibliothek der Columbia University verschlungen – und in Vietnam standen sie auf einmal vor mir!

Von jedem gab es etwas zu lernen. Natürlich habe ich im Laufe der Zeit meinen eigenen Stil gefunden, aber an diesen Vorbildern habe ich mich orientiert. Journalist zu sein war, wie mir schien, eine große und wichtige Aufgabe, und das wäre es auch heute noch, wenn echter Journalismus nicht unmöglich geworden wäre.

Als ich zu schreiben begann, in Vietnam und China, hatte man noch die Idee vom „Aufklärungsjournalismus". Beim Militärkommando in Saigon gab es damals jeden Nachmittag etwas, was wir *the five o'clock folly* nannten, den Fünf-Uhr-Irrsinn. Da präsentierte sich ein amerikanischer General, gab einen Bericht über die Ereignisse des Tages ab – hier ein Angriff, dort eine Schlacht mit soundso vielen Toten – und danach gab es zwei Möglichkeiten: Entweder man ging auf sein Zimmer, schrieb, was der General gesagt hatte, und konnte dann den Abend im Lokal verbringen, oder aber man notierte sich den Namen der Ortschaft und fuhr nach der Pressekonferenz los, um zu überprüfen, ob die Geschichte auch stimmte.

Wo gibt es so etwas denn heute noch? Dazu ist gar keine Zeit mehr, und außerdem interessiert es niemanden. Und das will viel heißen.

Ein Journalist muss eine gewisse Arroganz besitzen, muss sich frei fühlen, von jeder Macht unabhängig. Egal, was mir geschah, selbst als ich in China verhaftet wurde, habe ich immer gesagt: „Macht, was ihr wollt! Ich berichte dann darüber." Dieses Gefühl, dass du so etwas wie ein heiliges Recht darauf hast, deine Version der Wahrheit zu erzählen, verleiht dir ungeheure Kraft.

FOLCO: Wie sind denn die Beziehungen der Journalisten untereinander? Tauscht ihr euch aus, diskutiert ihr eure verschiedenen Analysen, gebt ihr einander Informationen weiter?

TIZIANO: Solange man nicht in direkter Konkurrenz zueinander steht, herrscht große Solidarität. Vor allem in Vietnam, in Indochina, verband uns eine regelrechte Kameradschaft. Es war, als gehörten wir alle zu demselben Stamm. Wir hatten ein kollektives Selbstbewusstsein, das es zu verteidigen galt. Ich weiß noch, wie wir auf die Barrikaden gingen, als die CIA Autos mit der Aufschrift *Press* zu benutzen begann: Die Insassen waren als Journalisten oder Fotografen verkleidet, doch statt Kameras steckten in ihren Taschen Maschinenpistolen. Da haben wir bei der amerikanischen Botschaft einen Aufstand gemacht! Wir fühlten uns als Kaste, könnte man sagen.

Die Beziehungen zwischen den einzelnen Personen waren allerdings meist schwierig. Vor allem die Amerikaner standen in ungeheuerer Konkurrenz zueinander, und wenn einer etwas läuten hörte, war er imstande, beim Essen kein Wort darüber zu verlieren. Die Geschichte von Sydney und den Booten macht deutlich, wozu jemand fähig ist, der sich eine exklusive Story sichern will.

Er lacht.

Also, das war so: In der amerikanischen Botschaft von Phnom Penh saßen ein paar eiskalte Mörder, die sogenannte *boxes* in die Landkarte Kambodschas einzeichneten. Wenn es zum Beispiel hieß, „an dem und dem Punkt im Dschungel befindet sich eine Kompanie Roter Khmer", zeichneten sie dort ein Rechteck ein, das die amerikanischen B-52 flächendeckend zu bombardieren hatten. Nie wurde dabei überprüft, ob im Bereich dieser Kästen vielleicht Dörfer lagen. Dann kamen die Flugzeuge und warfen über dem ganzen Kasten ihre Bomben ab. Es gab ein furchtbares, fünf endlos lange Minuten andauerndes Bombardement, und danach war nichts mehr übrig als verbrannte Erde – kein Dschungel, keine Bäume, keine Dörfer, nichts.

Einmal bombardierten die Amerikaner statt einer Truppe Roter Khmer aus Versehen ein regierungstreues Dorf. Entweder war ihnen bei der Beschreibung des Kastens ein Fehler unterlaufen, oder die B-52 hatten die Karte falsch gelesen, jedenfalls töteten sie alle, restlos alle. Es war ein entsetzliches Blutbad!

Ich weiß nicht genau, wie Sydney davon Wind bekommen hatte, vielleicht über einen Trick, den auch ich manchmal anwandte. Die Kommunikation lief damals nicht wie heute über Satelliten, sondern über ein kleines amerikanisches Flugzeug, einen sogenannten Spotter, der relativ tief flog und den Piloten der B-52 die Befehle übermittelte. Irgendeiner der Journalisten hatte die Frequenz entdeckt, auf der dieser Spotter mit den Piloten und der Botschaft kommunizierte, denn die Transistoren, mit denen wir BBC hörten, hatten dieselbe Wellenlänge. Auf diese Weise erfuhren wir einiges, was nicht für uns bestimmt war. Möglicherweise hatte Sydney den Mann im Spotter rufen hören: „Um Gottes willen, ihr habt ein Massaker angerichtet! Ihr habt euch geirrt!"

Der bombardierte Ort lag auf einer kleinen Insel circa hundert Kilometer den Mekong hinunter. Als Sydney mitbekam, dass etwas Schreckliches geschehen war, fuhr er sofort an den Fluss, mietete ein Boot und zahlte all die anderen Fährmänner aus, damit sie Feierabend machten und die anderen Journalisten ihm nicht folgen konnten. So sicherte er sich eine exklusive Story!

FOLCO: Bist du auch hingefahren, um dir das anzusehen?

TIZIANO: Ja, aber als ich an den Fluss kam, waren die Boote schon weg.

Er lacht.

Die Geschichte des „Massakers von Neak Leong" erschien in allen Zeitungen der Welt. Sydney war wirklich ein Fuchs!

Wenn ich mir heute im Fernsehen die Pressekonferenzen im Pentagon ansehe, wird mir ganz übel angesichts der rückgratlosen Unterwürfigkeit dieser sogenannten Journalisten. Tag für Tag sitzen sie in ihren Sesseln und warten nur darauf, dass Rumsfeld und die anderen Machthaber hereinkommen und sie alle namentlich begrüßen: „Hallo Al, Sam, Bob …“, als seien es alte Freunde. Sydney hingegen ließ keine Gelegenheit aus, bei den Pressekonferenzen in der amerikanischen Botschaft aufzustehen, unangenehme Fragen zu stellen und die Generäle als Lügner zu entlarven, wenn sie uns wieder einen Bären aufzubinden suchten. Für die Botschaft war das oft peinlich, weil er die Heuchelei der Amerikaner aufdeckte. Es war wirklich ein schmutziger Krieg …

FOLCO: Die Amerikaner erzählten euch Lügenmärchen?

TIZIANO: Und ob! Während des Kriegs in Kambodscha, das muss 1973/74 gewesen sein, versuchten sie der westlichen Presse weiszumachen, dass die drei berühmten Anführer des kambodschanischen Widerstands, drei Intellektuelle namens Khieu Samphan, Hou Yuon und Hu Nim, und ein vierter, der Saloth Sar hieß und hinterher als Pol Pot bekannt wurde, sogenannte *ghosts* waren und in Wirklichkeit gar nicht existierten. Sie behaupteten, das seien nur erfundene Figuren und nicht etwa Menschen, die Widerstandsbewegungen anführten. Wenn die Person, die einen dieser Namen führte, umgebracht wurde, nehme einfach ein anderer deren Namen an. Dasselbe wurde übrigens von dem nordkoreanischen Präsidenten Kim Il Sung behauptet.

FOLCO: Toll! Über die fünf Saddams gab es eine ähnliche Story!

TIZIANO: Nur dass ich damals mit dem Bruder von Khieu Samphan gesprochen und der mir gesagt hatte: „Mein Bruder existiert wirklich, das schwöre ich dir.“ Verstehst du? Die Amerikaner logen das Blaue vom Himmel herunter! Schon damals erfanden sie all diese Lügen, in denen sie es heute zu wahrer Meisterschaft gebracht haben, und am Ende glaubten wir ihnen gar nichts mehr, nicht einmal das, was leider stimmte, nämlich dass die Roten Khmer entsetzliche Blutbäder anrichteten. Die Roten Khmer waren tatsächlich Mörder.

FOLCO: War diese Arbeit nicht manchmal sehr mühsam?

TIZIANO: Weißt du, im Grunde war das nie im engeren Sinne „Arbeit" für mich. Ich tat, was mir gefiel, und bekam auch noch Geld dafür! Nie habe ich meine Arbeit als Last oder Entfremdung empfunden, als verkaufte ich meine Tage, als wäre das Gehalt ein Ausgleich für gestohlene Zeit. Journalist zu sein war für mich immer auch ein Vorwand zu tun, was mir Spaß machte.

FOLCO: In den Ländern, in denen du lebtest, hast du Freundschaften geschlossen, die Sprache gelernt und dich auch oft gekleidet wie die Leute vor Ort. In China bist du wie ein Chinese herumgelaufen, in Indien wie ein Inder. Warum eigentlich?

TIZIANO: Weil ich nicht zu „den anderen" gerechnet werden wollte. Ich wollte kein Eindringling sein, der mit dem Fallschirm abspringt, kein Tourist, der kommt, hier und da ein wenig nascht, ein Foto schießt, vielleicht ein Geschenk abgibt und dann wieder verschwindet. Ich wollte mich auf das Land und die Leute einlassen. Du kannst dir gar nicht vorstellen, wie ... Einmal, weißt du, sind Mama und ich nach Peschawar gefahren, an die afghanische Grenze. Ich liebte es, Teppiche zu kaufen. Beim Handeln lernst du den Verkäufer kennen, nach einer Weile lädt er dich nach Hause zum Abendessen ein, und auf diese Weise kannst du unglaublich viel über sein Land lernen. Schon die Suche nach dem richtigen Teppich ist etwas Herrliches. Du sagst, was du dir wünschst, die ganze Stadt macht sich auf die Suche und dann werden die staubigen Teppiche mit Kamelen herbeigeschleppt, abgeladen und begutachtet. Das ist ein Weg, Kontakt zu dem Land aufzunehmen, verstehst du? So bekommt es ein menschliches Gesicht. Als Journalist unterwegs zu sein, heißt ja nicht nur, nach irgendwelchen Fakten Ausschau zu halten, aus denen man eine Story machen könnte. Es ist auch eine Art, das Leben zu sehen. Wenn du wüsstest, wie wunderbar es ist, die Zuneigung der ganzen Familie zu gewinnen, von der du den Teppich kaufst! Natürlich verfolgt jeder dabei auch sein Interesse: Ich bekomme einen herrlichen Teppich und sie das Geld. Aber daneben entwickelt sich eben auch eine menschliche Beziehung. Um den afghanischen Teppich zu kaufen, habe ich stundenlang mit dem Händler in seinem Keller gesessen und Tee getrunken, bis er uns eines Abends zu sich nach Hause einlud. Mama wurde sofort von den Frauen in Beschlag genommen. Sie holten sie zum Essen auf ihre Zimmer und erzählten ihr die interessantesten Geschichten – Geschichten muslimischer Frauen. Sie wurde überhaupt nicht wie eine Fremde behandelt. Und währenddessen unterhielten wir uns unter Männern.

So etwas erlebst du nicht, wenn du nur zwischen fünf und sechs im Diplomatendress und mit Eskorte erscheinst. Ein gewisser Chamäleoneffekt ist unglaublich hilfreich. Denn die meisten Leute sind zunächst misstrauisch. „Wer ist das? Was will der überhaupt? Er redet anders, verhält sich anders als wir …“ Lernst du aber, sie zu begrüßen – du ahnst ja gar nicht, wie sehr die Muslime es schätzen, wenn du sie mit „Salam aleikum“ begrüßt! –, dann wirst du gleich ganz anders eingeordnet. Es entsteht eine viel direktere Beziehung. Es geht darum, das Vertrauen der Menschen zu gewinnen, und das geht nicht, wenn du mit dem Fallschirm abspringst oder einen neuen Fernseher mitbringst.

Meine These ist: Wenn du einen roten Faden hast, wie etwa ich mit meinen Teppichen, begreifst du hundertmal mehr als wenn du den Politikern zuhörst. Als unser Hund Baolì uns in Tokio entlief, hat mich die Suche nach ihm mehr über Japan gelehrt als die gesamten fünf Jahre, die ich in dem Land verbracht habe: über die Bürokratie, die Organisation, die Perfektion, die Grausamkeit dort. Und mit unserer Gesellschaft ist es im Grunde genauso. Möchtest du Italien begreifen, setzt du dich ja auch nicht vor die Glotze und hörst dir den immer gleichen Unsinn an, den die Politiker verzapfen. Das ist doch nicht Italien! Fährst du dagegen durchs Land, zeigt es sich dir wie es wirklich ist. Deswegen hatte ich immer das Bedürfnis zu reisen, hierhin, dorthin!

FOLCO: Das wahre Wesen eines Ortes zu begreifen, ist nicht einfach.

TIZIANO: Weißt du, wenn ich ehrlich bin, habe ich den Anspruch der Angelsachsen auf Objektivität immer lächerlich gefunden. So ein Quatsch! Ich persönlich habe nie vorgegeben, objektiv zu sein, denn ich bin es nicht. Keiner ist es, und wer es behauptet, lügt. Wie könnte man auch objektiv sein? Das ist doch völlig unmöglich. Kurosawa hat das in seinem Film *Rashomon* eindrucksvoll gezeigt: Wenn sechs verschiedene Personen dieselbe Geschichte erleben, wird sie zu sechs verschiedenen Geschichten, denn die Art, etwas zu beobachten, die Details, die du dir herauspickst, die Gerüche, die du wahrnimmst, sind deine persönliche Auswahl von Einzelheiten, die natürlich auch dein Urteil beeinflussen.

Und überhaupt, zu welchem Zweck sollte ich Objektivität vorgeben? Welchen Wert hätte sie? Der Leser soll ruhig wissen, was du denkst. Mein erstes Buch, *Pelle di Leopardo,* war ein ganz persönliches Zeugnis meiner Ansichten und Stimmungen, meiner Gefühle aus dem Krieg. Natürlich enthält es auch Fakten, aber wie ich sie erlebe, ist eben auch selbst schon ein Fakt.

Wenn du willst, dass die Vietcong und nicht die Amerikaner den Krieg gewinnen, ist es ehrlicher, deine Parteinahme zuzugeben und die Gründe dafür zu erklären, als dir eine unrealistische Objektivität anzumaßen.

FOLCO: Moment, diese Unmöglichkeit, objektiv zu sein, würde ich gern genauer verstehen.

TIZIANO: Manchmal erlebst du Schreckliches. Unter den Fotos in den Kartons sind ein paar, die ich Jahre später in Birma aufgenommen habe. Für zwei oder drei ganz dramatische habe ich das Teleobjektiv benutzt, sonst hätten die Wachen auf mich geschossen. Darauf ist eine Gruppe junger Männer in Ketten zu sehen, die in einem Flussbett Steine schlagen. Das waren Studenten, Dissidenten, die zu Zwangsarbeit verurteilt worden waren und nun im Straßenbau schuften mussten. In Ketten! Die Ketten zeigen, was für ein schreckliches Militärregime das war. Als ich zu ihnen hinging, sah ich, dass fast alle Malaria hatten. Sie waren ganz gelb und fiebrig und stanken.

FOLCO: Was hatten sie denn angestellt?

TIZIANO: Es waren einfach Dissidenten von der Universität. Sie hatten protestiert. Und darüber willst du objektiv berichten?

Stell dir den englischen Reporter vor. Er geht zu den Soldaten und fragt: „Wer sind diese jungen Leute in Ketten?"

„Die haben sich gegen die Regierung aufgelehnt."

Dann geht er zu den Dissidenten. Sie sagen: „Dreihundert von uns sind schon an Malaria gestorben."

Also geht er zum General zurück: „Sie behaupten, dreihundert hätte die Malaria dahingerafft."

„Unsinn! Das waren höchstens zwanzig, und außerdem hatten sie die Ruhr."

Der Journalist schreibt alles auf und fertig ist der Artikel. Objektiv? Ich bitte dich!

FOLCO: Du meinst, so ein Artikel sagt nichts aus?
TIZIANO: Er sagt *nichts* aus, oder? Das ist doch nicht objektiv.
FOLCO: Also, objektiv ist es schon, aber das löst das Problem nicht.
TIZIANO: Es ist auch nicht objektiv.
FOLCO: Doch, in gewisser Weise schon. Der Artikel berichtet, was die einen und die anderen gesagt haben.
TIZIANO: Ja, aber daraus ergibt sich ein völlig verzerrtes Bild der Wirklichkeit, verstehst du? Die Wahrheit liegt ja nicht in den Worten, die gesagt werden. Die Soldaten müssen sagen, wofür sie bezahlt werden, sonst kommen sie hinter Schloss und Riegel. Und die anderen müssen sagen: „Alles wunderbar, danke, die Suppe ist vorzüglich", sonst kriegen sie eins übergebraten, sobald du weg bist. Und du meinst, du hättest ihre Geschichte erzählt? Nichts hast du erzählt!

Lange Pause. Ich bin noch nicht wirklich überzeugt und hake noch einmal nach.

FOLCO: Wie erzählt man ihre Geschichte dann?
TIZIANO: Mit dem Herzen. Mit Anteilnahme. Indem man sich in die jungen Männer in den Ketten hineinversetzt. Und dann muss man sich die Frage stellen, ob es für das Militärregime in Birma nicht eine Lösung gibt – allerdings eine andere als in Thailand.

Sieh dir doch an, wie die Medien über den Irakkrieg berichten! Ist das vielleicht objektiv? Nein. In den Fakten findest du keine Antwort. Die steckt in einer viel tieferen Schicht, in der Geschichte, in der Kultur. Deshalb hatte ich auf meinen Reisen immer so viele Bücher von Leuten dabei, die vor mir dort gewesen waren, oft von Jesuiten, die im Land gelebt hatten, um seine Seele zu begreifen.

Später ist mir dann klar geworden, dass die Fakten mich nicht mehr interessierten. Da habe ich mit dem Journalismus abgeschlossen.

FOLCO: Du wolltest nicht mehr hinfahren, um zu sehen, was geschah?
TIZIANO: Nein. Es ist doch immer nur dasselbe, Folco. Wenn du heute, dreißig Jahre später, in den Irak fährst – ich selbst bin nicht dort gewesen, aber ich lese ja, was meine Kollegen schreiben – siehst du, dass dort genau das Gleiche geschieht wie damals in Vietnam. Jemand beruft eine Pressekonferenz ein und sagt: „Alles Feinde! Heute haben wir vierundzwanzig Schurken umgebracht! Wir haben versteckte Waffen sichergestellt und dazu eine Million Dinar ... " Genau wie vor dreißig Jahren, Wort für Wort!

Und das interessiert mich einfach nicht mehr. Der gleiche Krieg, die gleichen Reden, die gleichen Toten. Und die gleiche absurde Entschlossenheit ... Man sieht es ja gerade wieder, die amerikanischen Generäle sagen genau das Gleiche wie früher in Vietnam. Wortwörtlich.

Ich muss lachen.

Und um das zu beschreiben, soll ich dort hinfahren? Nein danke!
FOLCO: Stimmt, wenn es wirklich nur darum geht, immer genau dasselbe zu beschreiben, dann verstehe ich dich.
TIZIANO: Alles wiederholt sich, Wort für Wort! Und das interessiert mich einfach nicht mehr. Wenn du plötzlich eine Erleuchtung hast und das begreifst, wie kannst du dann noch über die Schlachten von Falluja oder Nassiriya schreiben? Nach zehn Jahren wirst du dich nicht einmal mehr daran erinnern können. Doch dann wird es neue Schlachten geben, und alles wird wieder genauso sein, in Timbuktu oder sonst wo.

Ich muss lachen.

Es wird einen amerikanischen General geben, der sagt: „Heute haben wir dreißig Feinde umgebracht. Hier sind ihre

Ohren." In Vietnam haben sie das getan! „Hier sind ihre Ohren, zum Beweis, dass wir sie umgebracht haben."

So ist es doch, oder? Was gäbe es von der Schlacht von Nassiriya schon Besonderes zu berichten? Denk doch mal an all die blutigen Schlachten von früher, bei Kuang Tri, bei Hué. Die einen fliehen, die anderen verfolgen sie und ermorden so viele wie möglich, es gibt Berge von Toten, und am Ende kommen die Bagger und schaffen die Leichen fort. Heute in Nassiriya und in zehn Jahren anderswo. Dann wird es wieder einen amerikanischen General geben, der sagt: „Heute haben wir fünfzig Feinde umgebracht. Alles Terroristen. Es war eins ihrer Hauptquartiere ..."

Das ist doch lächerlich! Lächerlich! Und die Journalisten hören aufmerksam zu, machen sich Notizen und fragen: „Sind Sie sicher, dass es keine Hochzeit war?"

„Nein, nein, eine Hochzeit war es bestimmt nicht, jedenfalls gab es keine Braut!"

Ich lache.

Na ja, Folco, so ist es doch.

Wir lachen beide.

Weißt du, diese Pressekonferenzen im Weißen Haus, zu denen der Sprecher mit Make up erscheint, damit seine Stirn nicht glänzt ...

FOLCO: Du nimmst diese Leute nicht sehr ernst.

TIZIANO: Nein, ich nehme gar nichts mehr ernst. Ich kann darüber nur noch lachen. Aber irgendwie tun mir diese Leute auch leid, weil ihnen etwas ganz Wichtiges abhanden gekommen ist: die Phantasie.

Papa denkt eine Weile nach.

Deswegen habe ich irgendwann alles an den Nagel gehängt. Mit meinem Buch *In Asien* habe ich mit dem Journalismus abgeschlossen. Es war eine Art Testament, mit dem ich klarstellte:

„In jener Phase meines Lebens und in jener Ecke der Welt habe ich auf diese Weise Journalismus betrieben: ohne Anspruch auf Objektivität." Und damit war ich mit dem Journalismus fertig. Fertig.

Danach kamen die *Briefe gegen den Krieg*. Da bin ich schon nicht mehr gereist wie die anderen Journalisten, mit Satellitentelefon und digitaler Kamera. In den *Briefen* ist nur noch ein letzter Nachhall von Journalismus zu spüren. Was du da liest, ist alles wahr, soweit ich es nachprüfen konnte. Wie ein Reporter besuche ich die bombardierten Orte in Afghanistan, aber in Wirklichkeit in dem Versuch zu begreifen, was dahinter steckt, und was ich eigentlich immer zu erklären versucht habe: die Gründe der anderen. Daher sind die *Briefe* kein Buch eines Journalisten. Sie sind das Buch eines Pazifisten, der seine gesamte Munition auf den Krieg abfeuert. Als Journalist musst du kühl bleiben und Tatsachen berichten – die dann zu nichts nutze sind. Man liest sie, blättert um, trinkt seinen Cappuccino aus und wendet sich etwas anderem zu. Wenn du aber mit einer Episode Emotionen weckst, Empörung, und *erklärst*, was da passiert, kannst du, glaube ich, vielen Menschen die Augen öffnen und verstehen helfen. „Verstehen, was *du* meinst", magst du einwenden. Ja, aber ich sage es auch klipp und klar: „Ich denke darüber so und so. Du kannst dich frei entscheiden. Aber dies ist meine Ansicht und ich maße mir nicht an, objektiv zu sein."

Das ist wichtig, verstehst du?

FOLCO: Ja.

TIZIANO: Und jetzt würde ich gern ein bisschen Zeitung lesen. Ich fühle mich ... Danke. Entschuldige ...

Ich will schon gehen, halte aber noch einmal ein.

FOLCO: Papa? Worin hat dein Beruf also bestanden?

TIZIANO: Das ist doch sonnenklar. Ein guter Freund von mir,

Salomon Bouman, den ich zu meiner Olivetti-Zeit in Den Haag kennen gelernt habe, ein Jude, der dann als Journalist nach Israel ging, hat das mit einem Satz formuliert, der mich mein Leben lang begleitet hat: „Auf der Suche nach der Wahrheit durch die Welt zu reisen – das ist Journalismus."

Das habe ich mit großer Überzeugung getan, und auch mit großer Begeisterung. Ich habe die Wahrheit gesucht: in der Geschichte, in der Exaktheit der Fakten. „Wie viele Tote dort?" – „Um wie viel Uhr?" – „Wer hat als Erster geschossen?"

Manchmal war das mühsam. Manchmal lagen ihre Lügen auf der Hand, dann bohrtest du auf der Suche nach der Exaktheit der Fakten immer weiter nach, als wäre das das Wichtigste von der Welt.

Später habe ich begriffen, dass Lügen zwar schrecklich sind und nichts bringen, aber dass die Exaktheit der Fakten genauso unnütz ist, denn die Wahrheit, nach der ich suchte, liegt nicht in den Fakten, sondern dahinter. Oder sogar noch hinter dem Dahinter.

Und da habe ich einen ganz anderen Weg eingeschlagen.

KAMBODSCHA

TIZIANO: Parallel zur Geschichte Vietnams verlief die Geschichte von Kambodscha und Laos. Aber bevor ich dir das erzähle, trinke ich ein Gläschen von diesem Vinsanto.
FOLCO: Papa, der wird dir nicht bekommen.
TIZIANO: Wie Vietnam haben auch Kambodscha und Laos für ihre Unabhängigkeit gekämpft. Die Vietnamesen betrachten die beiden anderen Länder Indochinas ein bisschen wie ihre Spielwiese, denn die Grenzen zwischen den dreien sind nicht im Laufe der Geschichte entstanden, sondern während der Kolonialzeit. Laos wurde von den Franzosen „erfunden“, auf dem Reißbrett, ähnlich wie in Afrika: Wenn man eine Karte des heutigen Afrika betrachtet, springt ins Auge, dass die Grenzen nicht historisch gewachsen und nach Flüssen oder Bergketten ausgerichtet sind, sondern mit dem Lineal gezogen wurden. Irgendwann haben zwei aneinander geratene Kolonialmächte gesagt: „Komm, wir schließen Frieden. Wir ziehen eine Linie und jeder bekommt eine Hälfte.“ So einfach war das.

Auf ähnliche Weise hat man Pakistan und Afghanistan getrennt und dabei das Volk der Paschtunen auseinander gerissen. Die Teilung ist Werk eines englischen Obersts namens Mr. Durand, der in die Gegend geschickt wurde, als dem sogenannten Indischen Reich die Unabhängigkeit zugestanden und Afghanistan dafür von Pakistan abgespalten werden sollte. Noch heute teilt die Durand-Linie das Volk der Paschtunen, zu dem Mullah Omar wie auch die Taliban gehören. Oft wurde so vorgegangen, daher gibt es heute überall Kriege zwischen ethnischen Minderheiten. Die sind auch das Erbe der Kolonialregime.

Doch zurück nach Indochina. Damals entdeckte ich also Laos, ein unwahrscheinlich schönes Land, das „Reich der Millionen Elefanten", das es heute nicht mehr gibt. Die flächendeckenden Bombardements haben es komplett zerstört.

FOLCO: Und Kambodscha? Bist du da nicht einmal fast erschossen worden?

TIZIANO: Eigentlich erzähle ich die Geschichte nicht so gern, weil ich am Ende als Held dastehe, während viele Journalisten in ganz ähnlichen Situationen nicht mit dem Leben davongekommen sind, sehr viele sogar, in Kambodscha mindestens fünfunddreißig, darunter auch der Sohn von Errol Flynn. Ich habe unglaubliches Glück gehabt und erzähle dir die Geschichte nur, weil ich ihre „Moral" mag.

Also: Nachdem es mir in Vietnam schließlich gelungen war, Kontakt zu den Vietcong aufzunehmen, träumte ich davon, auch die Guerillas von Kambodscha, die Roten Khmer, zu treffen. Auch die sahen wir gewöhnlich nur als Leichen.

FOLCO: Und? Hat es geklappt?

TIZIANO: Nein, bis zum Schluss nicht – zum Glück, sonst könnte ich dir diese Geschichte nicht erzählen, denn alle, die es versucht haben, wurden umgebracht.

FOLCO: Auch die Journalisten?

TIZIANO: Alle! Wer auch immer hinter die Linien zu gelangen suchte, wurde abgeschlachtet. Marc Filloux zum Beispiel, einer meiner Freunde, denen ich das Buch *In Asien* gewidmet habe. Er hatte auf die Hilfe einer laotischen Freundin gebaut, die sehr gut Khmer sprach. Wie später herauskam, wurde er mit einem Knüppel erschlagen, als er kambodschanischen Grund und Boden betrat.

FOLCO: Wollten sie nicht, dass man ihre Geschichte erzählte?

TIZIANO: Nein, es interessierte sie nicht einmal, dass man für sie warb. Wir waren einfach nur ihre Feinde. Sie identifizierten uns mit all dem, was sie hassten, vor allem mit denen, die sie von oben bombardierten, und brachten alle Journalisten um, ausnahmslos. Von Ishihara, einem netten japanischen Kollegen, der Edgar Snow bewunderte und ein Buch mit dem Titel *Roter Stern über Kombodscha* schreiben wollte, hieß es, er hätte eine Weile bei ihnen gelebt. Hin und wieder wollte ihn jemand von weitem auf einem Fahrrad gesehen haben. Aber das stimmte nicht. Ich bin sicher, dass auch er sofort abgeschlachtet wurde, wie all die anderen. Die Nordvietnamesen und die Vietcong haben keinem einzigen Journalisten auch nur ein Haar gekrümmt, aber jeder, der den Roten Khmer in die Hände fiel, wurde umgebracht. Nicht mal die Leichen wurden gefunden. Die Leute verschwanden einfach.

FOLCO: Dann kamen die Roten Khmer an die Macht.

TIZIANO: Am 17. April 1975 nahmen die Roten Khmer Phnom Penh ein. Ich hatte Kambodscha kurz zuvor verlassen, und im Grunde war das ein Glück, denn sonst hätte ich nicht wenige Tage später das Ende des Vietnamkriegs miterlebt. Mein Freund Sydney Schanberg zum Beispiel saß in der kambodschanischen Hauptstadt fest und war in Saigon dann nicht dabei.

FOLCO: Beim Fall Phnom Penhs warst du nicht in Kambodscha?

TIZIANO: Nein, ich habe ihn aus Thailand mitverfolgt, aus der kambodschanischen Botschaft. Da gingen die letzten verzweifelten Anrufe von Leuten ein, die fliehen wollten. Die meisten wurden umgebracht, viele wurden einfach auf der Straße erschossen.

Es gab auch eine Funkverbindung zum Pressebüro, der einzigen Regierungsstelle in Phnom Penh, die noch geöffnet war. Da saß ein guter Freund von mir, ein dicker kambodschanischer Journalist, Mondgesicht genannt, dessen letzte Worte ich durch das in jenen Tagen laut knisternde Radio hörte: „Sie kommen, sie kommen, da sind sie! Gott helfe uns ...“ Bumm! Ende.

Phnom Penhs Fall war hochdramatisch. Sofort war klar, dass dort Schreckliches geschah. Ich war verzweifelt: Da ich an der Reihe gewesen war, als „Brieftaube“ nach Bangkok zu fahren, um all unsere Artikel loszuschicken, hatte ich Sydney und die anderen in Phnom Penh zurückgelassen und verpasste nun einen der ganz großen Momente, an denen Geschichte geschrieben wird! Aber ich war doch Journalist! Ich konnte mir das einfach nicht entgehen lassen!

Plötzlich hatte ich eine völlig verrückte Idee: Da es nicht mehr möglich war, nach Phnom Penh zu fliegen – der Flughafen war geschlossen, und die Roten Khmer hatten bereits begonnen, die Stadt zu evakuieren – würde ich ganz früh am nächsten Morgen ein Auto mieten und zur kambodschanischen Grenze fahren. Dort würde ich das Auto stehen lassen, die Eisenbahnbrücke nach Poipet überqueren, das die Roten Khmer noch nicht eingenommen hatten, und von dort nach Phnom Penh weiterreisen, um mich den übrigen Journalisten anzuschließen. Nichts hatte ich von den Roten Khmer begriffen, nichts!

Es war schockierend. Kaum war ich in Poipet angelangt, kamen mir Hunderte von Bussen entgegen, die mit Flüchtlingen aus der Hauptstadt voll gestopft waren, dazu Panzerwagen der Regierungstruppen mit Soldaten, die sich die Uniformen vom Leib rissen und die Waffen wegwarfen, und Frauen und Kinder, die das letzte Stück Straße zur Grenze zu Fuß zurücklegten, um über die Brücke nach Thailand zu fliehen. Sie schrieen mir zu: „Lauf, lauf! Kehr um!“ Doch ich Schwachkopf ging weiter die Straße entlang, als würde mich in meinen weißen Kleidern niemand erkennen!

Irgendwann kamen die ersten Roten Khmer. Sofort sperrten sie die Brücke, damit die Leute nicht mehr fliehen konnten, und begannen, die Stadt auf der Suche nach ihren Feinden, den Soldaten von Lon Nol, zu durchkämmen. Ich hatte keine Angst. Ich sagte: „Ich bin Journalist", ging seelenruhig herum und fotografierte. Bis mich eine Truppe von blutjungen Soldaten bemerkte. Da sah ich sie zum ersten Mal. Sie waren grau – nicht dunkelhäutig wie das Volk der Khmer, sondern grau: vom Dschungel, von der Malaria, von ihren Mauselöchern, wo sie sich vor den Bombardements verbargen. Und sie hatten einen seltsamen, unmenschlichen Blick! Als sie mich auf der anderen Straßenseite sahen, fingen sie an zu schreien: „Ameriki, Ameriki, CIA, CIA!", und nahmen mich gefangen.

Zunächst hatte ich keine Angst. Noch immer glaubte ich, als Journalist Immunität zu genießen. Doch dann brachten sie mich zum Markt und stellten mich an die Wand. Ihr Anführer, der nicht älter als achtzehn gewesen sein konnte, befahl ihnen, mich nicht aus den Augen zu lassen, das verstand ich. Einer der Knaben, ein etwa Sechzehnjähriger, zog seine chinesische Pistole und begann, sie mir mit ungeheurer Neugier und Sorgfalt übers Gesicht wandern zu lassen und mir damit in die Augen zu stechen. Das regte mich unheimlich auf! Plötzlich hatte ich das Gefühl, sie wollten mich auf der Stelle erschießen. Wieder sollte ich mich an die Mauer stellen, und sie schrieen: „CIA, CIA, Ameriki!" Da habe ich angefangen zu lachen – und das ist eine ganz große Lektion, die ich dir später weitergegeben habe: Wenn einer auf dich zielt, lächle ihn an! –, habe meinen Pass aus der Tasche gezogen und auf chinesisch, weiß der Himmel warum, gerufen: „Nein! Ich bin Italiener! Italienischer Journalist!"

Und wieder einmal habe ich Glück gehabt. Der Markt in Poipet war groß und voller Leute – wahrscheinlich hatten sie keine Angst vor den Khmer, weil sie mit ihnen Handel trieben – und auf einmal trat ein Chinese auf mich zu. Auf Chinesisch erklärte ich ihm, dass ich nicht Amerikaner war, sondern Italiener, und dass ich gekommen war, um Zeugnis über „den großen Sieg der Khmer“ abzulegen, die ihr Land endlich zurückeroberten. Das übersetzte er diesen Dummköpfen, und einer von ihnen meinte, mich zu töten sei eine zu große Verantwortung, vielleicht warteten sie besser einen Anführer ab.

Ohne Essen und Trinken, mit diesem Jungen, der sich mit seiner Pistole ständig an mir zu schaffen machte, vergingen Stunden, bis nachmittags – diese Szene werde ich nie vergessen – eine Gruppe von Anführern kam, keine Halbstarken, sondern Kommandanten der Roten Khmer. Ohne mich auch nur eines Blickes zu würdigen, als sei ich nichts als eine lästige Fliege an der Wand, ließen sie sich von den Jugendlichen erzählen, was geschehen war. Und endlich sagte einer, der schielte, auf Französisch zu mir: „*Vous êtes le bienvenu dans le Cambodge libéré!*“

Mein Gott, ich war im befreiten Kambodscha willkommen!

Er meinte, er wisse es zu schätzen, dass ich versuchte, den Kampf der Roten Khmer zu verstehen, und nun solle ich nach Hause fahren und dem Rest der Welt meine Geschichte erzählen. Mit seinen Schergen begleitete er mich zur thailändischen Grenze, öffnete den Stacheldraht, ließ mich über die Brücke gehen und grinste den internationalen Journalisten freundlich zu. Ein erster Anfang von Öffentlichkeitsarbeit!

Nach mir waren noch dutzende Journalisten an die Eisenbahnbrücke gekommen. Die gesamte internationale Presse – soweit sie nicht in Phnom Penh festsaßen – hatte sich dort versammelt, um sich eine Vorstellung davon zu machen, was jenseits der Grenze vor sich ging. Längst hatte die Runde gemacht, dass dort ein Ausländer festgehalten wurde. Als ich dann kam, von diesen Schurken begleitet, standen alle da, filmten die Szene, stellten mir unendlich viele Fragen und streckten mir dabei ihre blöden Mikrofone ins Gesicht.

Aber natürlich habe ich ihnen meine Erlebnisse nicht erzählt, meine Geschichte wollte ich doch selber schreiben! Ich stieg in mein Auto, das noch da stand, fuhr wie ein Teufel – nicht nur, weil ich meine Story schreiben wollte, sondern auch weil ich mir fast in die Hosen machte vor Angst – und war bereits nach zwei Stunden in Bangkok. Als Erstes rief ich in Florenz an, und was sagte meine Mutter? „Wir haben dich im Fernsehen gesehen! Du warst auf allen Sendern. Richtig schön hast du ausgesehen und so nett gelächelt! Man sah dir an, wie gut es dir geht!" Nichts hatte sie begriffen ... Aber sie hatte ihren Sohn in den Nachrichten gesehen und in Florenz wollte das etwas heißen! Auf einmal war ich ein Star!

Ist das nicht ein schönes Ende für diese Geschichte? Während ich die schlimmsten Ängste ausstand, hatte eure Großmutter sich damit vergnügt, mich im Fernsehen zu betrachten; eure Mutter hatte in der Veranda gesessen und Tagebuch geschrieben, Ah Chin hatte euch zum Abendessen Kartoffeln geschält und ihr hattet im Park der Winchester Road Ball gespielt. Und in dem Moment hätte euer Vater – peng! – einfach so verschwinden können.

Er lacht.

Die Welt lief auf völlig unterschiedlichen Gleisen.

FOLCO: Wie war das, dem Tod ins Auge zu schauen?

TIZIANO: Wenn du dem Tod ins Auge schaust ... ich weiß nicht warum, aber ... leiden tust du jedenfalls nicht. Dir ist völlig klar: Pa, pa, pamm! – und du bist nicht mehr. Das Einzige, was mich schrecklich belastete, und das hat mich noch lange verfolgt, war der Gedanke an den Moment, an dem man euch die Nachricht überbringen würde. Ein Freund und Kollege von mir würde Mama beiseite nehmen und sagen: „Weißt du, gestern ist es passiert ... " Das belastete mich! Denn ich begriff, wie leichtsinnig ich gewesen war. Mich belastete der Gedanke, jemand würde euch erzählen müssen, dass ich wegen eines Bravourstücks umgekommen war. Aber so ist das Leben.

FOLCO: Diese Episode hat dich traumatisiert.

TIZIANO: Es war die dramatischste meines Lebens. Tagelang konnte ich nicht mehr richtig schlafen. Jedes Mal, wenn ich endlich eingeschlummert war, wachte ich gleich wieder schweißgebadet auf und schrie: „Ich bin Italiener, Italiener!" Auch Mama litt. Sie begriff, dass ich einen Schock erlitten hatte.

FOLCO: Ich habe das zu spüren bekommen! Denn einmal habe ich dir eine Spielzeugpistole ins Gesicht gehalten und „Bumm!" geschrieen und du bist entsetzlich wütend geworden. Du warst außer dir, und ich musste bis ganz hinten in den Garten flüchten, um mich vor dir in Sicherheit zu bringen. Dabei war das doch nur Spaß gewesen!

TIZIANO: Für dich, Folco! Aber als Journalist an die Wand gestellt zu werden – und jeder von uns hat so etwas einmal erlebt –, weißt du, was das für mich bedeutete? Es hatte mir vor Augen geführt, wie sinnlos diese waghalsigen Aktionen sind, und wie wenig Wert es hat, sagen zu können: „Ich war dabei!" Wie lächerlich das im Grunde ist, wenn du überlegst, dass danach womöglich jemand zu deiner Frau sagen muss: „Er ist auf dem Markt in Poipet an die Wand gestellt und erschossen worden."

Erschossen zu werden, weil du versucht hast, Thieu umzubringen, das wäre etwas anderes, das ist mir auch mal durch den Kopf gegangen ...

FOLCO: Was?! Du wolltest Thieu ermorden, den Präsidenten von Südvietnam?

TIZIANO: Klar. Du sagst, du willst ihn interviewen, gehst rein und – bumm!

FOLCO: Dass du mit dem Gedanken gespielt hast, wusste ich nicht!

TIZIANO: Bumm! Manchmal überkommen dich solche Versuchungen einfach. Als Journalist genießt du dermaßen viele Privilegien, dass du manchmal denkst: „Scheiß drauf, jetzt zeig ich's euch!" Weißt du, was Thieu mit den Vietcong machte? Er ließ sie in Tigerkäfige sperren, in enge Löcher mit einem Holzrost darüber, durch den Kalk hineingeworfen wurde, um sie sauber zu halten. Darin mussten sie elendiglich verrecken. Einmal habe ich gesehen, wie so ein Loch geöffnet wurde – furchtbar!

Krieg ist wirklich etwas Schreckliches. Diese sinnlose Gewalt, diese Unmenschlichkeit …

FOLCO: Bist du erschöpft? Möchtest du dich ein bisschen ausruhen?

TIZIANO: Nur ein paar Minuten. Und zur Stärkung gibst du mir noch einen Tropfen Vinsanto und zwei von diesen Keksen. Und dir selbst nimmst du auch zwei, dann sind sie alle. Wenn wir das nächste Mal zu Bettina gehen, müssen wir daran denken, neue zu kaufen.

Das Telefon klingelt. Ich gehe hin, spreche aber nur kurz.

FOLCO: Es war Mara. Sehr diskret. Eine Umarmung und Schluss. Sie hat nicht mal gefragt: „Wie geht es ihm?"

TIZIANO: Gut.

Wir trinken zusammen den Vinsanto.

GESCHICHTE

TIZIANO: Nach dem Fall Phnom Penhs und meiner Begegnung mit den Roten Khmer fuhr ich schwer traumatisiert nach Singapur zurück.

Saigon fiel eine Woche später, aber ich wollte nicht hinfahren. Ich hatte Angst. Gerade war Paul Léandri von der AFP umgebracht worden, ein Freund von mir. Er war nachts an eine Straßensperre gekommen, und da er ein ziemlicher Hitzkopf war, hatte er dem Offizier wahrscheinlich eine pampige Antwort gegeben und der hatte seine Pistole gezogen und ihn – bumm! – abgeknallt.

FOLCO: Deshalb hat Mama dich zum Flughafen gefahren …

TIZIANO: … und mich ins letzte Flugzeug nach Saigon gesetzt. Sie sagte, es wäre besser, ich würde gefangen genommen, als sich jahrelang anhören zu müssen: „Das wäre meine Story gewesen und ich habe sie verpasst!" Denn Kambodscha war Sydneys Story gewesen, aber Vietnam war meine, verdammt noch mal!

So konnte ich den Fall Saigons miterleben. Denn alles, was ich geworden bin, alles, was ich getan und mitunter wieder verworfen habe, ist mit dem Segen eurer wunderbaren Mutter geschehen, dank ihrem Verständnis und ihrer Großmut. Nie, nie, nie hat sie gefragt „Warum?", immer hat sie es von selbst begriffen. Nicht ein einziges Mal hat sie mir Schuldgefühle gemacht – „Warum willst du das tun? Und ich? Wozu habe ich dich überhaupt geheiratet?" –, immer hat sie mir unglaublich viel Freiheit gelassen. Oder Unfreiheit, wie damals, als sie mich ins letzte Flugzeug nach Saigon setzte, wodurch ich endgültig zum Journalisten wurde.

FOLCO: Bei der Befreiung Saigons warst du also mit dabei.

TIZIANO: Ja. In der Nacht, als klar wurde, dass die Stadt umzingelt war und nicht mehr länger standhalten würde, war mir schlecht vor Angst, Folco, und ich fragte mich, wie ich mich schützen konnte. Ich ging in all die leeren Zimmer des Hotels – die meisten Journalisten waren an jenem Morgen in fliegender Hast abgereist, nur etwa zwanzig von uns waren dageblieben – und nahm die Matratzen mit, nicht um darauf zu schlafen, sondern um im Fall von Raketeneinschlägen darunter zu schlüpfen und mich so wenigstens vor den Splittern zu schützen.

Die Kommunisten, die Vietcong, begannen, in Saigon einzumarschieren. Die Amerikaner flohen in ihren Hubschraubern mit den großen Scheinwerfern, viele Leute klammerten sich an die Kufen, wurden aber abgeschüttelt. In der amerikanischen Botschaft herrschte Chaos.

In jener Nacht konntest du die Geschichte spüren, Folco.

Als ich die ersten Panzer in die Stadt einfahren sah, als ich den ersten Mannschaftswagen voller Vietcong-Rebellen die Rue Catinat herunterkommen sah und sie *giai phong!* – Freiheit! – riefen, war das für mich einer der Momente, die Geschichte schreiben.

Ich brach in Tränen aus.

Nicht nur, weil der Krieg nun aus war, sondern weil ich den Puls der Zeit spürte. Das war ein historischer Moment. Wenn du dreißig Jahre später darüber nachdenkst, hat jener Tag tatsächlich die Geschichte Indochinas verändert. Du kannst sagen, was du willst, die Kommunisten mögen Schlimmes angerichtet haben, darüber kann man gern diskutieren – aber das war Geschichte.

Das habe ich immer so empfunden.

Er ist bewegt, wie ich ihn selten erlebt habe, und wirkt gleichzeitig unglaublich lebendig. Er senkt die Stimme, als wolle er mir ein Geheimnis anvertrauen.

TIZIANO: In so einem Moment ist nicht einmal wichtig, wer der Gewinner und wer der Verlierer ist: Das ist einfach Geschichte!

Wieder unterbricht er sich.

Nein, das war ... Weißt du, so etwas kannst du ganz unterschiedlich erleben. Zum Beispiel als Journalist, der sich Notizen macht, einen Film dreht, alles sorgfältig aufzeichnet. Wir hatten ein paar sehr gute, mutige Leute dabei, etwa einen Italiener vom Fernsehen, der gerade erst angekommen und immer mit mir zusammen war. Für den hatte das alles keine tiefere Bedeutung. Er filmte und schickte seinen Beitrag ab, war innerlich aber überhaupt nicht beteiligt.

FOLCO: Er spürte nichts.

TIZIANO: Nein. Für mich hingegen war das ein umwerfendes Ereignis, ich spürte, dass es ein ganz großes Glück war, das miterleben zu dürfen. Verstehst du, was ich meine? Diesem Journalisten bedeutete es nichts, er wollte nur seine Arbeit erledigen und dann so schnell wie möglich zurück nach Rom. Tatsächlich flog er ab, sobald der Flughafen wieder geöffnet wurde. Ich blieb drei Monate. Meine Güte, das „Kind“ war endlich geboren, ich wollte doch sehen, wie es aussah!

FOLCO: Die Geschichte ... Das ist, was dich in deinem Leben am stärksten bewegt hat, nicht?

TIZIANO: Ja, immer. Und ich muss sagen, mein Instinkt war mir immer behilflich, sie zu spüren. Ich spüre sie. Achtung, da ist sie!

In meinem ganzen Leben als Journalist habe ich das große Glück gehabt, die Geschichte – die in Großbuchstaben – zu spüren. Wenn ich irgendwo hinkam, merkte ich sofort, ob es sich um eine außergewöhnliche Situation handelte oder um alltägliche Ereignisse.

Auch fünfzehn Jahre später, als ich mit sowjetischen Journalisten, lauter Trunkenbolden, auf der *Propagandist* über den Fluss Amur schipperte und in der BBC vom Staatsstreich gegen Gorbatschow hörte! Da begann man, vom Ende des Kommunismus zu sprechen. Meine Güte, ich war... ich war ... ich fühlte mich wie eine Ratte auf einem untergehenden Schiff. Ich wollte weg, ich wollte sehen, was geschah! Da war sie wieder, die GESCHICHTE!

Ich verlasse also Hals über Kopf die Expedition, und es beginnt ein unglaubliches Abenteuer, wobei ich übrigens fast einen Riesenfehler begangen hätte, denn idiotischerweise wollte ich nach Moskau, wo alle waren. Doch die sowjetische Ineffizienz rettete mich. An jenem Nachmittag sollte ein Flugzeug nach Moskau in Blagovescensk zwischenlanden. Es hatte schon zur Landung angesetzt, doch wegen irgendwelcher Reparaturarbeiten stand eine Dampfwalze mitten auf der Landebahn, und so flog es weiter. Aus der Traum von Moskau! An jenem Abend wurde mir in meinem Spatzenhirn klar, dass das der Glücksfall meines Lebens gewesen war. Denn in Moskau wäre ich einer von drei- oder vierhundert Journalisten gewesen, die sich in einem Hotel zusammengepfercht die Pressekonferenzen anhörten. Hier aber war ich der Einzige!

Und wieder habe ich die Geschichte gespürt, und wie! Ich habe das erste Lenindenkmal Zentralasiens unter dem Ruf *Allahu akbar, Allahu akbar!* – Allah ist groß – fallen sehen. Und heute haben wir es mit al-Qaida zu tun. Siehst du die Verbindung? Nur wer dumm und kurzsichtig ist, verkennt den Zusammenhang zwischen dem Ende des Kommunismus als Ideologie der Unterdrückten, wie ich es dir im Zusammenhang mit Mao und Ho Chi Minh erläutert habe, und dem islamischen Fundamentalismus von heute.

Wenn man das nicht kapiert, kapiert man nichts.

FOLCO: Der islamische Fundamentalismus wäre also der neue ...

TIZIANO: Er hat die Stelle des Marxismus-Leninismus eingenommen. Wer früher für eine andere, bessere Welt kämpfen wollte, gegen den westlichen Kapitalismus, verschrieb sich dem Marxismus-Leninismus, der war die Waffe der Zeit. Das ist wie beim Krieg: Heute benutzt man ganz andere Waffen als vor hundert Jahren, als es noch keine Repetiergewehre gab und man nach jedem Schuss nachladen musste. Für viele nationalistische Unabhängigkeitsbewegungen Asiens war der Marxismus-Leninismus eine ideologische Waffe, die eine gewisse Disziplin garantierte, eine Struktur, an die man sich anlehnen konnte.

Und als diese Waffe überholt war, ist eine neue entstanden.

Wenn du das nicht begreifst, begreifst du nichts, vor allem nicht al-Qaida.

FOLCO: Interessant.

TIZIANO: Weißt du, die Menschheit hat mich immer brennend interessiert. Was ist der Mensch nur für ein Wesen? Und so bin ich am Ende bei der vielleicht törichten, aber doch enorm wichtigen Frage angelangt, die sich letztendlich alle stellen: Wer bin ich? Wer sind wir? Der Mensch, die Menschheit … die hat es mir angetan. Wohin treibt sie? Was tut sie? Bessert sie sich oder eher nicht?

Das ist GESCHICHTE, oder?

FOLCO: Und diese Momente, in denen du die Geschichte gespürt hast …

TIZIANO: … diese Momente hatten etwas von Ekstase.

FOLCO: Welche Momente waren das in deinem Leben?

TIZIANO: Bestimmt der Fall von Saigon. Bestimmt der Fall der Sowjetunion. Da entdeckte ich vieles, was ich nicht geahnt hatte. Dir ist das vielleicht nicht so bewusst, weil du zu jung bist, aber wir waren in der Vorstellung aufgewachsen, hier ist Westeuropa, da ist die Mauer und *hic sunt leones*, die Sowjet-

union. Die Sowjet*union*, in der alle gleich sind. Und dann fällt die Mauer und du fragst dich: Wo bitte ist denn diese Sowjetunion?! Hier sind die Mongolen, dort die Uiguren, dort die Kasachen, dort die Muslime, und alle sind untereinander verfeindet … Meine Güte, was kam da nicht alles an den Tag!
FOLCO: Das war ein anderer großer Moment für dich. Gab es noch mehr?
TIZIANO: Hm, da muss ich überlegen.
FOLCO: Vielleicht mit dem Alten im Himalaja?
TIZIANO: Ja, natürlich, richtig! Auch da habe ich etwas Großes gespürt, das mich streifte. Gute Frage, darüber muss ich nachdenken. Da gibt es noch so einiges.
FOLCO: Es gibt solche besonderen Momente, die du hinterher ganz klar umreißen kannst. Ich weiß genau, was du in diesen Momenten spürst, im Angesicht dieses Großen, Unermesslichen, das dich anweht. Ich habe das gespürt, als … Nein, für mich war das nicht die Geschichte. Im Grunde waren es ein paar besondere Begegnungen mit Menschen. Ein paar Mal die Liebe. Und der tibetische Lama, bei dem ich minutenlang mein normales Bewusstsein verloren hatte. Und Mutter Teresa und ihr Hospiz in Kalkutta. Das waren die Momente des Unermesslichen in meinem Leben, wo ich dieses Etwas gespürt habe, das mich tief berührte, wo ich mich verloren habe und mich doch plötzlich ganz lebendig fühlte.
TIZIANO: Ja, das lässt dich leben. Und es ist jenseits von aller Moralität. Weißt du, natürlich hätte man sagen können: „Was? Du bist fünfunddreißig, hast eine Familie, kannst mehrere Sprachen, hast zwei Universitätsabschlüsse, könntest Rechtsanwalt oder Abgeordneter sein, und stattdessen fährst du an die Front, wo du jederzeit abgeknallt werden könntest? Bist du nicht bei Trost?“

Doch das hätte es nicht getroffen. Es sind zwei vollkommen verschiedene Sprachen. Zwei grundverschiedene Welten, die sich nicht einmal berühren.

Du sagst, was ich im Angesicht der Geschichte spüre – das, was ich GESCHICHTE nenne –, kann man auch auf andere Weise spüren. Ich verstehe sehr gut, was du damit meinst, und ich glaube, du hast recht. Vielleicht sind religiöse Erfahrungen manchmal ganz ähnlich, nicht? Und große mystische Erfahrungen. Im Angesicht einer großen mystischen Erfahrung gibt es *nichts* mehr, keine Hierarchie, keinen Priester oder Kardinal, der sagen könnte: „Nein, du darfst keine direkte Verbindung zu Gott haben!" All das verschwindet, weißt du, es zählt einfach nicht mehr, denn du hast so einen Moment – wiiiuuu!

Er ahmt das Geräusch einer Rakete nach, die an ihm vorbeizischt.

FOLCO: Nimmst du dieses Vorbeiziehen der Geschichte wie einen Schatten wahr? Wie einen Geist?

TIZIANO: ...

Er seufzt. Ihm fehlen die Worte.

NACH DEM KRIEG

TIZIANO: Mit dem Vietnamkrieg geht eine Phase meines Lebens zu Ende. Die Vietcong hatten den Sieg davongetragen, wie ich es mir immer gewünscht hatte. Doch ich beschäftigte mich weiter mit Indochina, und auch nach Vietnam bin ich noch oft gefahren. Mein Buch *Giai Phong!* war ins Vietnamesische übersetzt worden und wurde in der Schule gelesen. Jahrelang war es die offizielle Version von der Einnahme Saigons, und als ich im Jahr darauf nach Hanoi kam, wurde ich wie ein Held empfangen.

Ich war nun eine Persönlichkeit – aber ich blieb auch, was ich immer gewesen war: ein Skeptiker, der sich an keine Ideologie und keine Partei gebunden fühlt. Und so wurde mir schon im Jahr nach der Befreiung klar, dass die Dinge nicht so liefen, wie sie sollten. Ich begann, die Schattenseite zu sehen.

FOLCO: Zum Beispiel?

TIZIANO: Das Schlimmste war der Besuch eines Lagers, in das die Vietcong, meine alten Freunde, die Offiziere des abgesetzten Regimes gesteckt hatten. Natürlich waren das Mörder, die furchtbare Verbrechen begangen hatten, aber ich kann nicht anders: Wenn ich ein Gefängnis betrete, stelle ich mich spontan auf die Seite derer, die hinter den Gittern sitzen, und hasse die Kerkermeister.

Man lud mich also in dieses Lager ein, damit ich sah, wie gut die Insassen es hatten, und dann spielten die ehemaligen Offiziere ein Mozart-Quartett für mich. Da fielen mir die KZ der Nazis ein, in denen die Gefangenen für die Besucher musizieren mussten, und als der Lagerkommandant sagte: „Fragen Sie ruhig, wie es ihnen geht und ob sie ordentliches Essen bekommen!", rief ich nur: „Meine Herren, wie ist das Wetter heute?"

Am traurigsten war, als ich am Ausgang etwas ins Goldene Buch schreiben sollte und die Kommentare der kommunistischen Journalisten aus Polen sah, die vor mir da gewesen waren und dieses „Vorbild an demokratischer Freiheit" in den höchsten Tönen priesen. Ich konnte es mir nicht verkneifen, etwas ganz Böses in das Gästebuch zu schreiben und groß „Tiziano Terzani" darunter zu setzen. Das hat sie ganz schön in Rage versetzt.

Ich muss lachen.

Meine Enttäuschung und meine Wut wurden immer größer, und schließlich schrieb ich einen langen Artikel, in dem ich das alles kritisierte, ohne jedoch die historische Befreiung vom 30. April 1975 in irgendeiner Weise in Frage zu stellen. Sofort kam ich auf die schwarze Liste. Ich war zum Feind geworden.

Doch dann änderte sich die Situation wieder. Nach zwei, drei Jahren wurde ich erneut eingeladen, und diesmal schrieb ich einen sehr positiven Artikel. Ich war gerührt von diesem heruntergekommenen, schmutzigen, armen Hanoi, wo die Leute abends bei einer Funzel ihren *pho*, die vietnamesische Suppe, löffelten und manche einen Holzfisch darauf legten, weil sie keinen echten Fisch hatten.

Irgendwie hatte ich das Gefühl, zwischen den Fronten zu stehen: Auf der einen Seite war das Volk, für das ich große Sympathie verspürte, die Armen, die im Regen Hanois ums Überleben kämpften, in ihren ewig feuchten Hütten, ohne Essen, ohne Heizung, ohne Kleidung – und auf der anderen das kommunistische Regime, das sich bedroht fühlte und immer autoritärer wurde.

Diese Ambivalenz machte mir schwer zu schaffen, und wie ich später erfuhr, war es Edgar Snow ähnlich ergangen, als er 1970 nach China zurückkehrte und merkte, dass da etwas nicht stimmte, dass da Millionen von Menschen vor Hunger starben. Er fasste es nicht, dass unter Mao so etwas geschehen konnte, unter seinem Mao, den er zu Recht so bewundert hatte und der im Krieg so groß gewesen war. Aber statt einfach zu sagen „Das kann einfach nicht wahr sein", stellte er sich diesem Problem.

Auch ich habe immer diese Ambivalenz verspürt. Wenn du mich fragst, was ich heute über Vietnam denke, muss ich sagen: Was 1975 geschehen ist, die Befreiung Saigons und die Wiedervereinigung des Landes, heiße ich gut, ohne Wenn und Aber; aber danach haben die Kommunisten eine enorme Chance vertan, denn mit etwas mehr Großmut und Umsicht hätten sie diesem Land mit seinem enormen Potential zu großer Blüte verhelfen können.

Wenn ich daran denke, wie die Dinge in Vietnam und vor allem in Saigon heute liegen – vor ein paar Jahren war ich noch einmal dort –, geht mir manchmal ein schrecklicher Gedanke durch den Kopf, der übrigens auch für das heutige China gilt: Vielleicht wäre es besser gewesen, die anderen hätten gewonnen! Denn sie verstehen es einfach besser, diese Art von Gesellschaft aufzubauen. Wenn es darum geht, mit kommunistischem Autoritarismus den Kapitalismus durchzusetzen, dann ist es sinnvoller, man lässt gleich die Kapitalisten ran.

Der Traum von einer gerechteren, menschlicheren Gesellschaft, wie sie die Revolution, an die ich glaubte, hätte hervorbringen sollen, hat sich nicht erfüllt. Dann hätten doch besser gleich die anderen gewonnen, oder? Thieu hätte direkt nach dem Sieg vielleicht mehr Menschen umgebracht und die Tigerkäfige hätten sich gefüllt. Aber auch die Kommunisten haben viele Menschen umgebracht. Sie haben sie ins Gefängnis geworfen und ihnen alle Rechte genommen. Wer hat die Boatpeople, die in Massen flüchteten, denn hervorgebracht? Die Kommunisten!

Damals habe ich begriffen, was sich auch jetzt im Irak wieder zeigt: Kriege zu gewinnen, ist relativ einfach; Frieden zu schaffen, der das Land wieder aufblühen lässt, ist viel schwerer. Und dabei hätte ein bisschen mehr Großmut genügt. Man hätte die Leute überzeugen können. Überlässt man die Gesellschaft den Geheimdiensten, lässt man zu, dass überall Spitzel hocken und jemand, der „Verdammte Kommunisten!" sagt, in der Nacht darauf verschwindet, dann funktioniert nichts mehr, dann hat man schon verloren.

Als die Nordvietnamesen und die Vietcong in Saigon einmarschierten, konnten sie auf einen unglaublichen Vertrauensvorschuss zählen. Außerdem verhielten sie sich wirklich beispielhaft. Viele hatten ein schreckliches Blutbad gefürchtet, doch Exekutionen gab es nicht, niemand wurde aus Rache umgebracht, überleg dir das mal! Dieses Kapital hätte man nutzen müssen.

Jemandem wie Ho Chi Minh wäre das vielleicht gelungen. Man hätte sagen müssen: „Jetzt ist der Krieg vorbei, jetzt sind wir alle Brüder. Verratet uns nicht, sonst verratet ihr unser Volk und unsere Geschichte. Lasst uns gemeinsam die Ärmel hochkrempeln!" Viele hätten für solche Werte den Gürtel enger geschnallt, davon bin ich überzeugt.

Doch die Kommunisten hielten sich für etwas Besseres. Sie wollten für die Opfer, die sie gebracht hatten, entschädigt werden und betrachteten alle anderen als Verräter. Doch die anderen hatten meist gar nicht frei entscheiden können. Wenn du in einem geteilten Land mit zwei gegensätzlichen Systemen lebst, kannst du dir ja nicht aussuchen, auf welcher Seite du geboren wirst. Man hat nicht immer die Wahl, wenn du verstehst, was ich meine.

Da wurden gravierende Fehler gemacht.

FOLCO: Nach dem Krieg lief in Vietnam also längst nicht alles gut.

TIZIANO: Aber was in Kambodscha geschah, war noch viel schlimmer. Dort hatten die Roten Khmer die Macht ergriffen, solche wie die, die mich gefangen genommen hatten. Sie wollten eine ganz neue Gesellschaft errichten, eine Gesellschaft von Gleichen. Sie wollten einen neuen Menschen schaffen. Das ist ein ganz wichtiger Punkt, den es immer wieder zu unterstreichen gilt, dessen Wahnsinn es zu verstehen gilt. Doch man muss sich auch klarmachen, was hinter diesem Horror stand.

Pol Pot, dem Anführer der Roten Khmer, war bewusst geworden, dass das antike Kambodscha, das Kambodscha von Angkor Wat, das der großen Krieger und der einzigartigen Tempel, wirkliche Größe besessen hatte. Doch dann war das Volk der Khmer von den Thai geschlagen worden und in den Dschungel geflohen und hatte seine große Vergangenheit vergessen. Bis ein französischer Entomologe sie eines Tages wieder entdeckte: Er ging in den Dschungel, um Schmetterlinge zu jagen, und stand auf einmal vor dem wunderbaren Gesicht Jayavarmans VII., mit seinem in Stein gemeißelten Lächeln, das noch tiefer und geheimnisvoller ist als das der Mona Lisa. So entdeckten die Khmer ihre Vergangenheit.

Pol Pot, ein glühender Nationalist, der in Paris den Marxismus entdeckt hatte, wusste, dass man das Proletariat nur an die Macht bringen kann, indem man das Bürgertum vernichtet. Doch es reichte ihm nicht, wie die französischen Intellektuellen in den Pariser Cafés zu sagen: „Ah, il faut détruire la bourgeoisie!", nein, er wollte die Bourgeoisie *wirklich* vernichten!

Dahinter steckte durchaus eine Logik. Pol Pot stellte fest, dass die Stadt die Perversion des Khmer-Bauern war. Warum stand dieser Bauer nicht in den tausendjährigen Reisfeldern und säte? Was hatte er in der Stadt zu suchen? Warum schob er seinen Karren zum Markt, um Waren zu tauschen, warum schmuggelte er sie nach Thailand? Das war doch kein echter Khmer! Denn der war im Laufe der Geschichte zu einem Waschlappen geworden, den hatten seine Feinde, die Thai, zum Schatten seiner selbst gemacht.

Was tat Pol Pot also, als er an die Macht kam? Er schottete das Land ab, ließ niemanden mehr rein oder raus und fing an, die Städte auszuradieren. Er vernichtete sie einfach. Binnen vierundzwanzig Stunden ließ er Phnom Penh evakuieren, Folco! Alle Krankenhäuser leer! Die Familien schoben ihre Angehörigen, die noch am Tropf hingen, in den Betten auf Rollen vor sich her. Weg mit allen Städtern, weg! Weg mit Millionen von Menschen! Hunderttausende sind dabei umgekommen.

Dieses Projekt ist an eine Weltanschauung gebunden, die auch Mao mit seiner Kulturrevolution verwirklichen wollte, nur ist Pol Pot in seinem Fanatismus noch weiter gegangen. Wir haben ja schon von jener damals sehr verbreiteten Auffassung gesprochen, man könne Gesellschaften mit Hilfe von Techniken konstruieren, indem man ähnlich wie in der Chemie Reaktionen erzeugte. Pol Pots Ziel war es, eine völlig neue Gesellschaft zu schaffen, einen völlig neuen Menschen, ohne Erinnerung, ohne Bezug zur antisozialistischen, unmenschlichen bürgerlichen Kultur der Vergangenheit.

Alles, was aus den Städten kam, wollten die Roten Khmer ausmerzen. Du hast studiert? Weg mit dir! Du trägst eine Brille? Weg mit dir! Die Leute mussten sich in einer Reihe aufstellen und eine Kokospalme hinaufklettern. Wer es schaffte, galt als Landmensch; wer nicht, als Städter, als Postbeamter oder Händler, der für zehn kauft und für elf weiterverkauft. Und diese Leute wurden umgebracht, denn um die neue Gesellschaft zu errichten, mussten die Keime des Überkommenen restlos erstickt werden. Aus demselben Grund wurden die buddhistischen Bibliotheken zerstört und die Mönche umgebracht. Um den neuen Menschen zu schaffen, musste man den alten töten.

FOLCO: Interessant.

TIZIANO: Ein frevelhaftes und doch auch faszinierendes Projekt. Weißt du, manche sagen, alle Diktatoren sind verrückt, aber das stimmt nicht. Hitler war nicht verrückt, Mao war nicht verrückt und auch Pol Pot war es nicht. Was er tat, hatte eine Logik, die es zu begreifen gilt, sonst ist die Geschichte Kambodschas nicht zu verstehen.

Ich habe ihn zu Gesicht bekommen, diesen neuen Menschen, den Pol Pot erschaffen wollte: es waren die Jugendlichen, die mich gefangen nahmen, fünfzehn, sechzehn Jahre alt, aschgrau, ohne ein Lächeln auf dem Gesicht, die nichts kannten als Krieg, Gewalt und Hunger. Stell dir vor, Pol Pot ließ auch alle Kochtöpfe des Landes zerstören, denn der Kochtopf steht für Familie, für eine Gruppe, die sich versammelt, für einen Ort, wo jemand flüstern könnte: „Weg mit den Roten Khmer". Er lehrte die Kinder, ihre Eltern zu bespitzeln und zu denunzieren, und die wurden dann abgeholt und in den „Killing Fields" umgebracht.

Die Kochtöpfe zerstören – verstehst du, dass dahinter eine Logik steht? Nichts geschieht einfach so. Du darfst dich nicht darauf beschränken, die Tageszeitungen zu lesen. Du musst sie lesen, um den großen Zusammenhang zu erkennen, das Gewebe, durch das sich die Fäden der Ereignisse ziehen.

Der These, dass alle Diktatoren verrückt sind, werde ich stets widersprechen! Saddam ein Verrückter? Von wegen! Ein Sadist, ein Mörder, was immer du willst, aber verrückt – nein! Mit seinem totalitären Regime hat er das Land jahrzehntelang zusammengehalten, und kaum ist dieser Leim weg, zerfällt es, wie man sieht; ein Land, dem es lange gelungen war, den islamischen Fundamentalismus zu vermeiden, ein Land, das das weltliche,

*anti*religiöse Bollwerk des Nahen Ostens war! Nein, Saddam war nicht verrückt. Sein Projekt mag Hunderttausende das Leben gekostet haben, aber es hatte seine Logik.
FOLCO: Die aber äußerst fragwürdig war!
TIZIANO: Natürlich! Fragwürdig, verwerflich, furchtbar. Ich meine nur, dass es sich nicht um Verrückte handelt, die eines Morgens aufwachen und sagen: „So, jetzt bringen wir zehntausend Menschen um", verstehst du? In dem Wahnsinn von Menschen wie Mao, Stalin oder Pol Pot steckte System.

Was die Roten Khmer nach ihrer Machtergreifung taten, war schier unfassbar. Viele kambodschanische Intellektuelle waren während des Kriegs ins Ausland geflohen und Ärzte, Zahnärzte oder Professoren geworden, waren dabei aber immer Nationalisten geblieben und hielten zu den Roten Khmer, wenn es darum ging, zwischen einer Marionettenregierung und der Guerilla zu wählen. An all diese appellierten die Roten Khmer zurückzukommen, um sich am Wiederaufbau des Landes zu beteiligen. Hunderte folgten dem Appell. Doch als sie aus dem Flugzeug stiegen, begriffen sie, dass sie in die Falle gegangen waren. Sie wurden gepackt und mitsamt ihren Familien auf die tödlichen Reisfelder gebracht. Alle.

Eine schreckliche Geschichte. Schrecklich. Eine Überlebende hat ein bewegendes Buch über diesen bodenlosen Verrat geschrieben.

Schweigen.

Jetzt hören wir auf.
FOLCO: Warte, ich finde das gerade unglaublich spannend. Mir wird auf einmal ein Stück Geschichte klar, das ich nie begriffen hatte. Wie lange hat Pol Pots Regime sich gehalten?
TIZIANO: Von 1975 bis 1978. Ende '78 marschierten die Vietnamesen in einer Blitzaktion in Kambodscha ein, stürzten die Roten

Khmer und besetzten das Land. Die Zivilisten, die mit den Roten Khmer kollaboriert hatten, flohen zur thailändischen Grenze, um sich in Sicherheit zu bringen. Oft brachen sie nach vielen Tagesmärschen unter der brennenden Sonne im Dschungel irgendwo zusammen, ohne Wasser, ohne Essen, von der Malaria geschwächt.

Ich hielt mich damals in Thailand auf, in Aranjaprathet, nahe der kambodschanischen Grenze, um mir von dem, was da vor sich ging, ein Bild zu machen, und eines Tages stieß ich vielleicht fünfhundert Meter von der Grenze entfernt auf ein paar Frauen, die auf einer Lichtung lagen, die Augen und Münder voller Fliegen. Sie sahen tot aus, aber sie atmeten noch. Es waren Rote Khmer, die Mörder von gestern.

Ich war in furchtbarer Verlegenheit. Was sollte ich tun? Sollte ich zählen, wie viele es waren, und dann weitergehen? Oder sollte ich mein Notizbuch wegstecken und versuchen, die Sterbenden zu retten?

Ich weiß noch, als wäre es heute, wie ich mir eine dieser mit Kot besudelten Frauen über die Schulter warf – ich wie immer in sauberen, weißen Kleidern – und losmarschierte, wobei ihr baumelnder Kopf mir bei jedem Schritt gegen den Rücken schlug – bumm, bumm, bumm. Ich trug sie zur Straße, wo das Rote Kreuz eine Erste-Hilfe-Station eingerichtet hatte, ging zurück und holte die nächste. Und habe dadurch mehrere Mörderinnen gerettet.

Und das soll objektiv sein?

Natürlich ist ein Journalist zu so etwas nicht verpflichtet, und ich finde, da wird die Absurdität der angelsächsischen Vorstellung von Objektivität ganz gut deutlich. Da liegen ein paar Frauen, die vermutlich ganz schlimme Schergen gewesen sind, im Sterben und du musst entscheiden, ob du sie rettest oder nicht. Wo ist da, bitteschön, die Objektivität?

Natürlich sind solche Episoden unbedeutend, aber sie zeigen, dass das Leben voller Alternativen ist, voller Entscheidungen, die du treffen musst, um hinterher in Frieden mit dir selbst zu sein.

Es scheint, als sei er fertig.

Aber dann, abends ...

Da gab es eben auch diesen anderen Aspekt, das darf man nicht verschweigen. Diese ... wie soll ich sagen ... diese Lust am Abenteuer. Du kommst abends ins Hotel zurück, in eine dieser Absteigen voller Nutten wie die Pension „Zur schwangeren Zwergin" ...

FOLCO: Die hieß aber nicht wirklich so, oder? Den Namen hast du erfunden?

TIZIANO: Ja, natürlich. Weil die Besitzerin, eine Hure, unglaublich klein war und einen riesigen Bauch hatte! Du kommst also abends in die Pension zurück, duschst, und ständig klopft jemand an die Tür, um dir eine Massage oder allerlei sonstige Dienste anzubieten. Und dann gehst du hinunter, bestellst dir ein schönes, kühles Bier und fühlst dich unglaublich leicht. Du weißt, dass die Khmer-Frau im Krankenhaus liegt, während im Dschungel Dutzend andere verenden, bist dir deiner guten Tat bewusst, sitzt da und freust dich, dass dir jemand so eine wichtige Rolle zugedacht hat. Verstehst du, was ich meine? Also, das hatte schon auch etwas Perverses ...

In jener Zeit sind all diese Geschichten über mich entstanden. Man erzählte sich, Terzani sei in die Pension Zur schwangeren Zwergin gekommen, ganz in weiß gekleidet und mit einer roten Rose im Knopfloch, sei auf eine umgestülpte Kiste gestiegen, habe mit abgeschirmten Augen nach der kambodschanischen Grenze Ausschau gehalten und gerufen: „Ich sehe keinen Furz von Geschichte am Horizont."

Ich muss lachen.

Wir schweigen eine Weile. Aus dem Ort im Tal klingt Glockenläuten herauf. Es ist zehn Uhr morgens.

Ein Jahr später gehörten Nayan Chanda von der *Far Eastern Economic Review* und ich zu den Ersten, die wieder nach Kambodscha durften. Die Vietnamesen, die Kambodscha besetzt hatten und zu denen wir seit der Befreiung Saigons gute Kontakte hatten, vertrauten uns, das heißt, sie wussten, dass wir keine Agenten der Amerikaner waren, und so erteilten sie uns die Erlaubnis, nicht nur nach Kambodscha einzureisen, sondern *durch* Kambodscha zu reisen.

Als wir in Phnom Penh ankamen, sagte der Chef des vietnamesischen Geheimdienstes: „Eine Eskorte kann ich euch leider nicht geben, denn ich habe keine zur Verfügung. Aber wenn ihr wollt, mietet euch ein Auto, besorgt euch Benzin und fahrt durchs Land."

Und das haben wir getan, leichtsinnig wie wir waren. Ohne Eskorte. Himmel, sind wir ein Risiko eingegangen! Doch das haben wir erst später begriffen.

Wir fuhren durch ein gespenstisches Land. Die Städte waren verlassen, Trinkwasser gab es nicht, denn die Brunnen waren voller Leichen. Man konnte kein Feld überqueren, ohne auf Knochen und Schädel zu treten. Und auf dem Land war es extrem gefährlich, denn da trieben sich noch immer Banden Roter Khmer herum.

Wir fuhren über menschenleere Landstraßen, und kamen wir in ein Dorf, traten die abgemagerten, schmutzigen Bewohner aus den Häusern und sahen uns teilnahmslos an. Sie hatten seit Ewigkeiten nichts zu essen. Wir kampierten in verlassenen Hütten und kochten uns etwas Reis, den wir mitgenommen hatten.

FOLCO: Nicht einmal zu essen konnte man bekommen?

TIZIANO: Wie denn?! Restaurants gab es nicht. Alle waren geflohen. Die Roten Khmer hatten alle umgebracht.
FOLCO: Die totale Verwüstung.
TIZIANO: Ja. Wir fuhren durch ganz Kambodscha. Und dann geschah etwas Wunderbares: Wir kamen nach Angkor. Meine Güte, war das beeindruckend! Ein riesiger Friedhof, alles leer, verlassen, nur der Geruch von Fledermauskot in den Gewölben dieser herrlichen Tempel ließ auf Leben schließen. Aber Menschen gab es keine. Und auf einmal hatte ich eine Eingebung: Die kilometerlangen Reliefs von Angkor waren im Grunde eine Prophezeiung! Sie zeigten alles, was später passiert war, alles: das Gemetzel, Menschen, die mit Knüppeln erschlagen oder den Krokodilen vorgeworfen wurden, aufgeschlitzte Bäuche. Als hätte der Khmer tausend Jahre zuvor gespürt, dass etwas Wahnsinniges geschehen würde.
FOLCO: Eine Prophezeiung?
TIZIANO: Eine in Stein gemeißelte Prophezeiung.

Tief aufgewühlt kamen wir von dieser Reise zurück. Es schien undenkbar, dass diese Kultur sich je wieder erholen konnte. Wie sollte das vor sich gehen?

Doch dann hatte ich noch einmal eine wunderschöne Vision. Das Leben steht nie wirklich still. Du kannst Napalm abwerfen oder Salz streuen, du kannst alles Leben vernichten und eine Weile ist nichts mehr zu sehen, doch plötzlich – plopp! – kommt auf einmal irgendwo ein Pflänzchen durch den Boden. Ein kleiner Markt wird aufgemacht, zwei Menschen verlieben sich und das Leben kehrt zurück. Dieser ungeheure Lebenshunger war damals ganz deutlich zu spüren.
FOLCO: War das deine erschütterndste Reise?
TIZIANO: Ja, sie war erschütternd. Das alles hat mich tief getroffen. Das war nicht normal.

Alles vergessen, vergessen.

FOLCO: Du hast das vergessen?

TIZIANO: Nein, nicht ich, die Öffentlichkeit. Hunderttausende sind umgekommen, und die Überlebenden betreiben jetzt vielleicht ein Khmer-Restaurant im Pariser Chinaviertel.

Es war ein Jahrhundert schrecklicher Enttäuschungen. Auch deshalb herrscht heute diese völlige Orientierungslosigkeit. Es gibt nichts mehr, woran man sich festhalten könnte.

VERBOTENE SPIELE

FOLCO: Weißt du, was mich interessieren würde? Was du als Zehnjähriger werden wolltest! Kannst du dich daran noch erinnern?
TIZIANO: Ich erfand Berufe, die es nicht gab, aber besondere Träume für die Zukunft hatte ich eigentlich nicht. Ich sah zu, dass ich zurechtkam. Doch ich wollte auch etwas tun, um die Dinge zu ändern, weil ich mich in meiner Umgebung eingeengt und fehl am Platze fühlte.
FOLCO: Du sagst immer, du seiest so anders gewesen als die Menschen in deinem Umfeld. Wie hast du dich dabei denn gefühlt?
TIZIANO: Wie ein Ausbrecher.

Schweigen.

Das Ausbrechen war meine Natur. Das hatte einen positiven Aspekt, aber auch einen negativen, weil ich mich dadurch vor allen möglichen Arten von Verantwortung drückte, auch der politischen. Aber eine politische Karriere zu machen, was ohne Zweifel möglich gewesen wäre, lag mir einfach nicht.

Meine allererste Flucht war, wenn du so willst, die vor dem Bild, das meine Mutter von mir hatte. Ich habe dir ja erzählt, dass sie mir die ersten drei, vier Jahre immer Mädchenkleider anzog. Vor denen wäre ich am liebsten weggelaufen!

Und dann durfte ich mich nie schmutzig machen. Dabei liebte ich es, in der Küche zu hantieren, Gemüse zu schnippeln, Tomatensoße zuzubereiten. Am liebsten kochte ich Gemüsesuppe, und so lief ich, sobald ich konnte, von zu Hause weg zu meiner anderen Großmutter, Nonna Eleonora, die drei Häuser weiter wohnte, da durfte ich soviel herumschmieren, wie ich wollte.

Diese Lust auszubrechen und wegzulaufen, mich jeder Kontrolle zu entziehen, war eine Konstante in meinem Leben. Von meinem Abenteuer in der Schweiz habe ich dir ja schon erzählt. Im Grunde ist mein ganzes Leben ein einziges Weglaufen gewesen – auch im negativen Sinne.

FOLCO: Aber irgendwann musst du doch gemerkt haben, dass du es geschafft hattest! In Asien warst du doch entkommen?

TIZIANO: Aber bis es soweit war! Sieh dir nur die Fotos aus meiner Olivetti-Zeit an, in Anzug und Krawatte. Meine Güte! Vom ersten Moment an hatte ich nichts anderes im Sinn, als auszubrechen.

FOLCO: War dieses Ausbrechen und Weglaufen die Antriebsfeder deines Lebens?

TIZIANO: Ja, das war es wohl. Ich wollte immer weiter, alles sehen, was es zu sehen gab. Diese Neugier auf alles, was anders war!

Das Andere hat mich immer interessiert. Nur wo hätte dieses Interesse in Florenz Nahrung finden sollen? Es war ja keine intellektuelle Neugier, im Gegenteil, die Intellektuellen empfand ich als Last, sie schienen mir die Welt nur noch komplizierter zu machen. Das habe ich immer so empfunden: Die Intellektuellen komplizieren, was einfach ist, und die Journalisten vereinfachen, was kompliziert ist.

Ich bin nie ein Intellektueller gewesen, niemals. Meine Neugier war manchmal ganz körperlich. Indochina habe ich mit jeder Faser meines Körpers genossen – die Hitze, die Stille, die Sonnenuntergänge. Weißt du, ein Sonnenuntergang vom Wat Pusi aus gesehen, wo der Mekong mit dem kleineren Fluss von Luang Prabang zusammenfließt, womöglich in einem dieser antiken Tempel in Laos mit leise klingelnden Glöckchen … das war Ekstase. Ekstase!

Selbst der Krieg, gegen den ich später einen regelrechten Kreuzzug unternommen habe ... Mit seiner ständigen Alternative von Leben und Tod übte er auch eine gewisse Faszination aus, das ist gar nicht zu leugnen. Denn in der Tiefe des menschlichen Wesens gibt es auch ein Bedürfnis nach Gewalt. Mein Herz hat das dann mit aller Entschiedenheit zurückgewiesen, aber trotzdem, da war etwas ...

Er senkt seine Stimme zu einem Flüstern.

Wenn man zur Front aufbrach und nicht wusste, wie es ausgehen würde – viele kamen ja nicht mehr zurück – das war eben auch ein großes Abenteuer. Morgens mit einem blutjungen Chauffeur ins Ungewisse zu fahren, ohne zu wissen, ob er mit seinem alten Mercedes nicht vielleicht in einem Graben landen oder in einen Hinterhalt geraten würde, aus dem man kaum Chancen hatte zu entkommen, wo die Karre doch allein zehn Minuten brauchte um anzuspringen.

FOLCO: Du bist viel gereist, manchmal warst du wochenlang weg. War dir das nicht eine Last?

TIZIANO: Keineswegs, im Gegenteil! Ich fand es herrlich, Neues zu entdecken! Mich mit allem zu beschäftigen, was anders war. Aus der Reihe zu tanzen. Das Reisen war unglaublich wichtig für mich, diese Abenteuerlust war mein Leben, darin ließ ich mich von nichts und niemandem aufhalten. Die Familie ... du weißt ja, die war der Pflock, an den ich mit einem seidenen Faden gebunden war, wie ein bengalischer Dichter so schön sagt. Aber es gab eben auch viel anderes. Immer bin ich an diese Familie gebunden geblieben, nie habe ich sie verraten, nie den Kopf verloren wie andere, die auf einmal mit einer Sängerin aus Pleiku davongingen; und doch – ein Teil von mir genoss auch dieses Freisein, wie du es nennst.

FOLCO: Auch auf Kosten eines gewissen Risikos.

TIZIANO: Ach, weißt du, wirkliche Risiken bin ich eigentlich nie eingegangen, auch weil ich ein furchtbarer Angsthase bin. Ich hatte immer Schiss, deswegen sage ich ja, dass ich im Grunde nicht besonders mutig war. Andere hatten keine Spur von Angst. Neil Davis, ein wunderbarer Kameramann, ist beim Staatsstreich in Bangkok umgekommen, weil diese Vollidioten von Putschisten, die auf dem Panzer vorbeikamen, seine Kamera für eine Bazooka hielten. Und so hat er seinen eigenen Tod gefilmt. Er hat die laufende Kamera vor sich hingestellt und seinen eigenen Tod gefilmt!

Neil Davis war wirklich unglaublich mutig. Wenn du an die Front gingst und die Spähtrupps sagten: „Vorsicht, da hinten sind Rote Khmer! Hundert Meter weiter ist eine Bazooka auf uns gerichtet", dann stand Neil Davis garantiert noch fünfzig Meter vor dir und filmte.

Schweigen.

Ah! Dieses Spiel mit dem eigenen Leben, hatte schon etwas ... Das muss ich zugeben, das ist einfach so. Wozu sollte ich den Puritaner oder Moralisten spielen.

Ich denke da zum Beispiel an unsere dummen Vergnügungen im Mekong in Kambodscha. Wir waren wirklich völlig verrückt! Wir zogen uns aus, wickelten uns in einen Sarong und an der Stelle, wo in Phnom Penh das Kasino des Prinzen Sihanouk liegt, sprangen wir ins Wasser. Dann ließen wir eine Luftblase unter den Sarong gleiten und trieben diesen riesigen Fluss kilometerweit hinunter, den Kanonendonner in den Ohren. Und unsere Chauffeure mussten nachkommen, um uns flussabwärts aufzulesen und ins Hotel zurückzubringen.

FOLCO: Gab es da keine Krokodile?

TIZIANO: Nein, dort nicht. Wir trieben bei Sonnenuntergang gemächlich im Wasser dahin und sahen dabei die Jagdflugzeuge auf die Stadt hinabstoßen. Und dann ging's nach Hause, um im Café de la Poste Schokoladensoufflee zu essen. Eines Abends knallte Al Rokoff dort eine Handgranate auf den Tisch und meinte, wenn das Soufflee diesmal nicht locker genug sei, würde er das ganze Lokal in die Luft jagen.

FOLCO: Wer war denn Al Rokoff?

TIZIANO: Ein amerikanischer Fotograf, ein toller, absolut verrückter Kerl, der immer Unmengen von Handgranaten dabeihatte. Ich weiß noch, wie wir eines Tages im Hôtel Le Phnom zusammensaßen und plötzlich der Hoteldirektor kam und meinte: „Monsieur Rokoff, leider haben Sie zu viele Handgranaten auf dem Zimmer. Es wäre besser, Sie würden sich eine andere Unterkunft suchen."

Er lacht.

Und dann diese Abende, an denen man bis spät nachts mit irgendwelchen merkwürdigen Kollegen zusammensaß und die Engländer Heldengeschichten erzählten. Tim Page zum Beispiel hatte sich für das Umschlagfoto seines neuen Buchs auf die Schienen der kambodschanischen Eisenbahn gelegt, als der Zug schon ganz nah war. Und irgendjemand hatte ihn tatsächlich so fotografiert.

Und dann die sogenannten „Pensionen", in denen wir abstiegen – wie ich die liebte! Die Zimmer waren wenig mehr als Bretterverschläge, und manchmal waren Poster über die größeren Astlöcher geklebt, damit die, die im Nachbarzimmer vögelten, nicht bei dir hineinsehen konnten.

Was einen so packte, war diese bunte Mischung – Tod, Journalismus, vergeudete Leben, diese fünfundvierzig, fünfzig Jahre alten Männer, die in einer letzten Aufwallung von Jugend ihre Frauen, mit denen sie nach Asien gekommen waren, sitzen ließen und sich mit blutjungen Mädchen davonmachten.

Ich hatte nie eine vietnamesische Geliebte, aber mit einer verband mich eine schöne Freundschaft. Ich weiß gar nicht, ob ich dir das je erzählt habe? Sie war Stewardess bei der Air Vietnam. Hin und wieder trafen wir uns und ich lud sie zum Essen ein. Als das neue Regime nach dem Krieg alle Frauen, die solche Positionen bekleidet hatten, zur Umerziehung in Lager steckte, begegnete ich ihr noch ein letztes Mal in der Rue Catinat. Ich tat so, als würde ich sie nicht kennen, um sie nicht in Verlegenheit zu bringen, doch sie lief auf mich zu, schlang mir die Arme um den Hals und flüsterte, sie wolle nur noch mal kurz hinter meinen Ohren schnuppern. Lustig, oder? Tief bewegt verabschiedeten wir uns voneinander. Sie ging nach Hanoi und ich blieb in Saigon. Verstehst du, was für außergewöhnliche Beziehungen das waren? Ich glaube kaum, dass es heute im Irak auch nur eine einzige Frau gibt, die Lust hätte, die Ohren eines GI zu beschnuppern.

Jetzt habe ich Hunger! Ich habe seit gestern zum ersten Mal Lust, etwas zu essen.

FOLCO: Seit gestern hast du nichts gegessen?

TIZIANO: Nein. Dabei fühle ich mich viel besser, wenn ich etwas zu mir nehme, das gibt mir Energie.

FOLCO: Hm, kein Essen, keine Energie. Da kommt man dann schnell ins Phantasieren.

TIZIANO: Wenn es abends dunkel wurde, gab es im Hôtel Le Phnom draußen an den Tischen um den Swimmingpool exquisite Pfeffersteaks, und dann stiegen alle, bereits etwas angeheitert, in die *cyclopousses,* die Fahrrad-Rikschas, die am Hoteleingang warteten, und fuhren in den Puff. Und wer das nicht wollte, ging Opium rauchen.

FOLCO: Diese Zeit gehört zu den schönsten deines Lebens, nicht wahr?

TIZIANO: Und zu den aufregendsten. Auch weil alles so neu war. Stell dir doch mal vor, woher ich kam! Hast du das Foto von mir in Mailand gesehen, das mit der Fliege um den Hals? Und auf einmal findest du dich in diesem ganzen Schlamassel wieder, ohne dass dir irgendjemand gesagt hätte: „Falls jemand auf dich schießt, reagierst du am besten so und so."

FOLCO: Bei allen, die dabei waren, scheint diese Zeit in Indochina einen ganz besonderen Platz im Leben eingenommen zu haben. Deine wichtigsten Freundschaften gehen auf diese Zeit zurück. Diese Erfahrung scheint euch alle geprägt zu haben.

TIZIANO: Ja, irgendetwas daran war magisch. *Who was in Vietnam and who wasn't* – die Leute teilten sich tatsächlich in diese zwei Gruppen. Wir waren jung, weißt du, jung und voller Energie. Für viele meiner Kollegen hieß Indochina Mädchen, Bordelle …

FOLCO: … und Opium.

TIZIANO: Ja, Opium. Das war auch für mich eine fesselnde Erfahrung. Mädchen und Bordelle hingegen nicht so, die interessierten mich nicht. Lieber verbrachte ich den Abend in einem kleinen Fischrestaurant am Mekong, trank mit einem Freund Bier und blickte auf das Artilleriefeuer in der Ferne. Natürlich bin ich auch mal im Bordell gewesen, ich wollte ja sehen, wie das war, wie das alles funktionierte, aber sonst …

FOLCO: Und das Opium?

TIZIANO: Also, das war eine unglaubliche Erfahrung. Kambodscha, Kambodscha …

Sein Blick verliert sich in den Bergen.

In Kambodscha war Opium etwas völlig Natürliches. Es war überall zu haben, es gehörte zum täglichen Leben, und als ich nach Phnom Penh kam, gab es dort bereits Opiumhöhlen von ausgesuchter Eleganz.

Für mich aber gab es nur eine. Ich habe auch woanders geraucht, in Vientiane zum Beispiel, in Laos; trotzdem war Opium für mich nur ein Ort: eine Pfahlbauhütte aus Holz und Stroh in einem kleinen Teich, die Hütte von Madame Chantal.

Madame Chantal war eine Sino-Khmer, also eine hellhäutige Kambodschanerin. Sie hatte in einem der größten Bordelle Indochinas gearbeitet, das vor allem von französischen Generälen besucht wurde, und sich dann selbständig gemacht. Sie betrieb die spartanischste Opiumhöhle, die du dir denken kannst, etwas außerhalb vom Zentrum und abseits von den Hauptverkehrsstraßen. Nur mit dem *cyclopousse* kam man dorthin. Trotzdem war Madame Chantal allseits bekannt.

Wenn man ankam und klopfte, lugte sie durch ein Fensterchen, um zu sehen, wer da war. „Ah, Monsieur Moustache!" So hat sie mich immer genannt, Monsieur Schnurrbart. Du zogst dich nackt aus, wickeltest dir einen Sarong um und wurdest in einen kleinen Raum geleitet, in dem eine schöne, bunte kambodschanische Strohmatte lag, sonst nichts. Da legtest du dich hin, und dann kam sie, nahm den Lotussitz ein und begann mit ihrer geradezu esoterischen Zeremonie der Vorbereitung der Pfeifen. Dick, weißhäutig und nur von ihrer magischen Lampe beleuchtet, wirkte sie wie eine Priesterin. Sie bewegte sich mit den Schatten, feierlich, abwesend, wie eine Gottheit. Mit zwei Nadeln zog sie das allerfeinste Opium auf und verbrannte es auf ihren magischen Lämpchen. Es war ein richtiger Ritus.

Schließlich nahmst du eine dieser langen Pfeifen und begannst zu rauchen. Und dann überkam dich dieses Gefühl von Schwerelosigkeit, das ich auch beim Meditieren manchmal empfunden habe. Wenn du dein Gewicht verlierst und ganz leicht wirst. Dabei ist dein Geist … nicht getrübt … aber irgendwie anders. Dein Bewusstsein verschwimmt nicht wie beim Haschisch, überhaupt nicht! Du bist präsent. Aber in einer Art … träger Glückseligkeit.

Bald stellte ich fest, dass ich nicht der einzige Stammgast war. Es gab dort jede Menge Journalisten, Botschaftsleute …

Er lacht.

Es war, wie ich merkte, das Deux Magots von Phnom Penh. Hier traf man die wichtigen Leute. Es herrschte eine ganz eigene Atmosphäre, es war reizvoll, über die Ereignisse des Tages zu plaudern, über den Krieg. Faszinierend! Und kurz vor Mitternacht, wenn die Ausgangssperre begann und die Maschinengewehre zu knattern anfingen, ging es mit den *cyclopousses*, die draußen auf uns gewartet hatten, wieder zurück.

Hatte die Ausgangssperre bereits eingesetzt, radelten die Fahrer – die inzwischen auch ein wenig berauscht waren, weil Madame Chantal ihnen den *dross*, das schwarze Zeug, das in den Pfeifen zurückblieb, gab – mitten auf der Straße, damit die Soldaten uns gleich sahen und nicht für Guerillas hielten. Kamen wir an die Straßensperren, riefen wir laut: *„Presse, presse! Journaliste!"* und steckten den Wachen ein paar kambodschanische Piaster zu. Manchmal schossen sie in die Luft – tatatatata! – um uns Angst einzujagen und den Preis zu erhöhen. *„He, journaliste, journaliste!"* Und dann ab nach Hause.

Wenn ich abends meinen Artikel geschrieben hatte oder mit meinen Notizen fertig war und aus dem Hôtel Le Phnom trat, standen die *cyclopousse*-Fahrer schon da und riefen „Monsieur Moustache! Monsieur Moustache!" Sie wussten, wohin es ging. Und stell dir vor, als Mama zum ersten Mal nach Phnom Penh kam und ich ihr die Welt zeigen wollte, in der ich lebte, und wir zur Pfahlhütte kamen, ging das Fensterchen auf, Madame Chantal sah uns an und sagte: *„Ah, Monsieur Moustache et … Madame Monsieur Moustache!"* Da hatte auch sie ihren Namen weg!

Mehrere Jahre lang ging ich zu Madame Chantal, während des ganzen Kriegs. Und doch bin ich dem Opium nie verfallen. Ich meine, für mich war das Rauchen an eine ganz bestimmte Atmosphäre gebunden, und am Ende interessierte mich der Rausch an sich gar nicht mehr so sehr. Deshalb bin ich nie über eine vernünftige Anzahl von Pfeifen hinausgegangen, während andere auf dreißig, vierzig täglich kamen, abhängig wurden und schon morgens als Erstes zu Madame Chantal mussten. Für mich war das mehr der Cocktail zum Sonnenuntergang.

Ja, das Opium war diese Atmosphäre – Chantal, ihre magische Lampe und, das habe ich zu erzählen vergessen, das Konzert der *crapeaux*.

FOLCO: *Crapeaux*, Raben?

TIZIANO: Nein, das waren große Frösche, die unter der Hütte im Teich saßen und „Quahhh, quahhh, quahhh" machten.

Mit tiefer, rauer Stimme ahmt er das Quaken perfekt nach.

Du rauchtest und hörtest draußen dieses „Quahhh, quahhh, quahhh". Das war Opium für mich.

An den illegalen Opiumhöhlen in Singapur hatte ich nicht das geringste Interesse. Andere hingegen wurden verrückt, wenn sie keinen Stoff bekamen. Ich kannte einen Diplomaten, der die Zeiten, in denen er nicht in Phnom Penh war, mit Opiumtabletten überbrückte. Er hatte immer einen Vorrat dabei und nahm sie ein, als wären sie ihm vom Arzt verordnet. Ohne konnte er nicht leben.

FOLCO: Als guter Diplomat hatte er seinen Vorrat sicher in seinem hübschen Diplomatenkoffer versteckt.

TIZIANO: Ich hatte nie eine Abstinenzkrise, ich brauchte das Opium nicht. Bei meiner Rückkehr nach Singapur war ich wie immer, ging mit euch in den Zoo oder ans Meer, lebte unser ganz normales Familienleben. Aber kaum war ich wieder in Phnom Penh, ging es abends wieder los!

FOLCO: Gingst du oft Opium rauchen?
TIZIANO: Fast jeden Abend.

Seine Stimme verrät falsche Scham.

FOLCO: Wirklich? Das wusste ich ja gar nicht!
TIZIANO: Fast jeden Abend.
FOLCO: Und wieso interessiert dich das jetzt nicht mehr?
TIZIANO: Das Opium ist an eine ganz bestimmte Atmosphäre gebunden, weißt du? An eine besondere Welt. Manche Dinge kann man nicht aus ihrem Kontext reißen und mitnehmen, wie den Sonnenuntergang. Es gab Leute, die das Opium ihr Leben lang mitgeschleppt haben, wohin sie auch gingen; die Pfeifen, die Lampen. Einige haben sich sogar eine richtige Opiumhöhle eingerichtet, um in der gewohnten Atmosphäre rauchen zu können. Ich nicht. Ohne Chantal rauchte ich nicht.

Lange blickt er auf den Bergkamm, hinter dem die Sonne untergeht.

Jahre später, als die Vietnamesen Pol Pot stürzten und ich nach Kambodscha zurückkam, fuhr ich abends als Erstes los, um zu sehen, was aus Chantal geworden war. Ich erkannte die Gegend kaum wieder. Es hatte dort eine kleine Zapfsäule gegeben, nach der man in die dritte oder vierte Querstraße links einbiegen musste. Sie war nicht mehr da. Die ganze Gegend war abgebrannt und dem Erdboden gleichgemacht worden.

Er senkt die Stimme.

Überall waren die Häuser ausgebrannt, seit vier oder fünf Jahren wohnte dort niemand mehr. Es hat mich tief bewegt zu sehen, wie die ersten Kambodschaner, die nach Phnom Penh zurückkehrten, in den Resten ihrer alten Häuser ums offene Feuer saßen. Die Stadt war von den Roten Khmer evakuiert worden. Alle raus! Und wer nicht gehen konnte – peng! Auf der Straße vor der Zentralbank lagen Haufen unbenutzter Münzen. Unglaublich.

Wir alle fragten uns, was aus Chantal geworden war. Man erzählte sich die erstaunlichsten Geschichten. Die Roten Khmer seien gekommen und hätten sie vor ihrer Hütte geköpft; nein, die Roten Khmer seien gekommen und hätten ihre Hütte in Brand gesteckt; nein, die Roten Khmer seien gekommen, aber ihr sei es gelungen, verkleidet nach Vietnam zu fliehen …

Jahrelang blieb Chantals Schicksal ein Geheimnis, bis einer der früheren französischen Plantagenbesitzer erzählte, was wirklich geschehen war. Als die Roten Khmer kamen, nahm Madame Chantal ein Messer, schnitt an mehreren Stellen die Haut ihrer fetten Arme auf, füllte die Diamanten, die sie beiseite gelegt hatte, hinein, nähte die Haut wieder zu und machte sich in einem der zahlreichen Flüchtlingstrupps auf nach Vietnam. Nach einiger Zeit setzte sie sich mit dem Pflanzer in Verbindung, und er half ihr auszureisen. Chantal lebt noch. Sie besitzt heute ein Restaurant in Südfrankreich.

Eine schöne Geschichte, nicht? All diese Diamanten…

Er lacht.

Mein Leben war wirklich voller Abenteuer, das steht fest. Wobei man ihnen gar nicht immer einen moralischen oder politischen Wert zu geben braucht. Das Abenteuer hat auch einen Wert an sich.

ZWISCHENSPIEL

Eines Morgens ruft ein Freund aus England an. Er hat gehört, dass es Papa nicht gut geht, und kündigt an, ihn in drei Tagen besuchen zu kommen. Ich wiederhole mein Sprüchlein, nämlich dass Papa niemanden mehr empfängt. Doch er lässt sich nicht darauf ein. „Wenn er mich nicht sehen will, verfolge ich ihn bis ins Paradies, um ihm einen ordentlichen Tritt in den Hintern zu verpassen, bestell ihm das." Das tue ich, und Papa wirkt richtig froh, für einen alten Kollegen aus Vietnam eine Ausnahme zu machen.

TIZIANO: Lieber Martin, willkommen! Stell dir vor, ich sehe niemanden mehr, ich gehe nicht einmal mehr ans Telefon. Ich habe mich ganz in mich selbst zurückgezogen. Hast du das Schild am Tor gesehen? „Jeder Besuch ist unwillkommen. Ausnahmslos."

MARTIN: Ich war mir nicht ganz sicher, welches euer Haus war, aber als ich das Schild sah, habe ich gedacht: „Es kann nur dies hier sein!"

FOLCO: Und wenn du dich geirrt hättest? Und einer mit dem Stock gekommen wäre und gebrüllt hätte: „Können Sie nicht lesen?"

TIZIANO: Zuerst hatten wir ein anderes Schild, ein freundlicheres, wie das am letzten Haus von Hemingway: „Unangemeldete Besuche sind am wenigsten erwünscht."

FOLCO: Freundlicher und daher lange nicht so wirkungsvoll. Aber das jetzige funktioniert. Nicht einmal die Carabinieri kommen mehr auf einen Kaffee vorbei. Nur Hirsche, Wildschweine, ein Fuchs, ein Dachs und das Stachelschwein, das unsere Schwertlilien frisst.

TIZIANO: Aber als Folco mir sagte, du wolltest kommen, Martin, war das eine große Versuchung. Wir haben eine lange gemeinsame Geschichte. Vor ein paar Tagen hat Folco mich gefragt, welche Journalisten meine Vorbilder waren. Martin Woollacoot vom *Guardian*, natürlich! Als ich dann nach Saigon kam und dich in Fleisch und Blut vor mir sah, war ich wie vom Donner gerührt.
MARTIN: Also, wie geht es dir?
TIZIANO: Bestens! Ich bin in einer wunderbaren Verfassung. Alles was ich beim Warten auf mein Ende sehe, schließt den Kreis. Weißt du, als ein berühmter Zen-Meister einmal gefragt wurde: „Was ist der Sinn von alledem?“, nahm er einen chinesischen Pinsel, tauchte ihn ins Tintenfass und malte einen Kreis. Das ist mein Traum. Schön, nicht? Den Kreis zu schließen.

Er lacht.

Und dass bloß kein Freund oder Journalist später schreibt: „Er war grandios! Bis zum letzten Tag hat er gegen den Krebs gekämpft …“ Das stimmt nämlich nicht. Gekämpft habe ich dagegen nie.

Möchtest du einen Gin Tonic mit einer Scheibe Zitrone?
MARTIN: Nein, lieber Whisky, wenn du welchen hast.

Ich hole den Whisky aus dem Schrank.

TIZIANO: Das Schöne an Momenten wie diesem ist, dass du dich hinsetzen und zurückblicken kannst. All diese Gestalten, auch die, die nicht mehr dabei sind … Diese Erinnerungen genieße ich in vollen Zügen. Der Tag, an dem Bob Shaplen die knarrende Treppe im Hôtel Continental herunterkam, die Zigarre in der Hand, die ihn schließlich umgebracht hat … Das Leben kommt mir vor – wie soll ich sagen? – wie ein großer Film der indischen Epik, der Mahabarata.

Er lacht.

Komm, ich zeige dir dein Zimmer. Wir haben allerdings ein Problem mit dem fließenden Wasser, denn die Wildschweine haben die Rohre kaputtgemacht.

Am Abend wirft Martin einen Köder aus. Er will über Politik reden, wie sie es immer getan haben, über die Tagesereignisse, die Kriege, gemeinsam erlebte und zukünftige. Mir hatte Papa gesagt, über Politik wolle er nicht mehr reden. „Ich weigere mich! Das ist banales, vergängliches Zeug." Mit seinem alten Kollegen aber gibt er seinen Widerstand auf. Stundenlang sitzen die beiden zusammen, trinken Whisky und diskutieren. Am nächsten Morgen verabschieden sie sich zum letzten Mal, und Martin fährt wieder ab.

ANKUNFT IN CHINA

TIZIANO: Heute geht es mir gut. Wir könnten eine Stunde plaudern.
FOLCO: Da ist ja das Kätzchen.

Es wird von dem riesigen Schäferhund unserer Nachbarn verfolgt.

TIZIANO: Weg mit dir! Ich will hier keine Hunde.

Der Hund verschwindet. Mit einem Buckel bleibt das Kätzchen vor der Haustür stehen.

TIZIANO: Siehst du, es hat Angst.
FOLCO: Ich glaube eher, die beiden spielen.

Also, nach Ende des Vietnamkriegs zog unsere ganze Familie für ein paar Jahre nach Hongkong, um auf dein wahres Ziel zu warten …

TIZIANO: … China!

China war wirklich ein ungeheures Abenteuer. Mama und ich hatten uns sorgfältig darauf vorbereitet, hatten Chinesisch gelernt und viel gelesen. Aber bevor wir in das Land kamen, das mich so faszinierte und das ich unbedingt sehen und begreifen wollte, haben wir lange warten müssen. Überleg mal: Schon 1967 in New York war es unser Wunschziel gewesen, aber erst 1980 durften wir einreisen.

Als wir in Hongkong lebten, wussten die Chinesen bereits, dass die Volksrepublik China sich in absehbarer Zeit öffnen würde, und überlegten, welche Journalisten sie ins Land lassen wollten. Sie befürchteten, eine Horde von Agenten würde versuchen einzureisen, um sie zu kritisieren und zu entlarven. Ich gebe zu, dass ich alles tat, um mich ihnen als das zu präsentieren, was ich ehrlich zu sein glaubte: ein Freund Chinas.

Tatsächlich war ich keiner von denen, die nur auf Chinas Zusammenbruch lauerten. Ich war dem Land ehrlich zugetan, ich verspürte große Sympathie mit den Leuten und der langen kommunistischen Geschichte, die 1921 begonnen hatte, einer blutigen Geschichte mit unglaublich viel Leid. Die Kommunisten hatten Fürchterliches durchgemacht, das darf man nicht vergessen. Heute gibt es einen internationalen Skandal, wenn im Irak jemand geköpft wird; in den Straßen von Schanghai sind die Kommunisten zu Hunderten geköpft worden.

FOLCO: Von wem?

TIZIANO: Von den Nationalisten. Sie stellten sie in eine Reihe und pa-pa-pa! Es gibt Fotos mit lauter Köpfen, die auf der Straße liegen! Alles wiederholt sich, weißt du, und doch ist es stets, als habe die Geschichte gestern erst begonnen, als habe die Menschheit kein Gedächtnis.

Mao starb 1976. Während der Gedenkfeiern in der Bank of China in Hongkong, an denen außer mir nur ganz wenige Ausländer teilnahmen, lernte ich ein paar einflussreiche chinesische Kommunisten kennen, die mich mit einem wichtigen Mann des chinesischen Geheimdienstes in Hongkong bekannt machten. Zum Glück haben sie aber nie versucht, mich zu rekrutieren, und wir wurden schließlich sogar richtige Freunde.

Als es dann darum ging, die ersten Journalisten nach China einreisen zu lassen, gehörte ich dazu. Der SPIEGEL wusste das zu schätzen, denn uns wurde das erste Interview mit Maos Nachfolger, dem Präsidenten Hua Guofeng, gewährt, über den Mao gesagt haben soll: „*Ni ban shi, wo fang xing*“ – mit dir am Steuer kann ich beruhigt sein.

Im Gegensatz zu Mao war dieser Hua Guofeng aber ein kleines Würstchen. Als Rudolf Augstein, der Herausgeber des SPIEGEL, auf dem Weg zum Interview mit mir durch den Großen Volkspalast in Peking schritt, war er regelrecht nervös. Es war immerhin beinahe so, als würde er mit dem „Kaiser" von China sprechen! Doch Hua Guofeng war noch aufgeregter: Als ich vor ihm stand, um Fotos zu knipsen, fiel mir auf, wie er vor lauter Nervosität hektisch mit seinen Füßen in den weißen Socken und schwarzen Baumwollschuhen wippte.

Wie ich es geschafft habe, dieses Interview zu organisieren, weiß ich selbst nicht mehr so genau. Aber es war mal wieder ein Riesenglück, denn danach bekam der SPIEGEL die Erlaubnis, ein Büro in Peking zu eröffnen.

FOLCO: Das muss eine interessante Zeit gewesen sein.

TIZIANO: Alles war völlig neu, verstehst du? Seit 1949 waren keine Journalisten mehr in China gewesen.

Ich fuhr also nach Hongkong zurück, packte meinen Koffer und dann brachte Mama mich nach Lo Wu, an die Grenze zwischen Hongkong und China. Dort überquerte man zu Fuß eine Brücke, die nach China führte, und stieg in einen Zug mit diesen netten, jungen Schaffnerinnen, die noch gekleidet waren wie zu Maos Zeiten und an jedem Bahnhof, bevor die Passagiere einstiegen, die Türklinken putzten. Alles war ordentlich und perfekt durchorganisiert.

Eine Weile lebte ich allein in Peking. Dann kamt ihr nach.

FOLCO: Ja, nach China hast du uns alle mitgenommen. Nach den Annehmlichkeiten der kolonialen Welt war das eine echte Reise ins Ungewisse!

TIZIANO: Allein die Geschichte unserer ersten Wohnung in Peking! Voller Begeisterung war ich nach China gekommen, alles war – wow! Doch von Anfang an begegneten wir auch dem anderen Aspekt. Dir wird eine Wohnung zugewiesen, du ziehst ein – und stellst auf einmal fest, dass du nicht allein Fahrstuhl fahren kannst: Immer fährt eine Frau mit, die Bericht erstatten muss, in welcher Etage du aussteigst, bei wem du warst und so weiter. Dann merkst du, dass dein Koch ein Spitzel ist, dass dein Chauffeur ein Spitzel ist, dass der Koch wiederum den Chauffeur bespitzelt – zum Verrücktwerden!

Der Höhepunkt war, als wir während des Umzugs eine dieser Deckenlampen abnehmen wollten, die so ein ungemütliches Licht verbreiten. Als ich im Wohnzimmer das Kabel durchschnitt, um es zu verlegen, tauchten sofort die Verantwortlichen des Wohnungsamts auf und machten mir einen regelrechten Prozess! „Wie kannst du dir erlauben, einfach das Kabel durchzuschneiden? Diese Wohnung ist chinesisches Volkseigentum!"

Am Ende kam heraus, dass in der Lampe das Mikrofon versteckt war, mit dem all unsere Gespräche abgehört wurden! Eine schöne Geschichte, was? Da fragst du dich natürlich: Wohin bin ich nur geraten?

Wir waren seit Jahrzehnten die erste Gruppe von Journalisten, die die Erlaubnis bekamen, China zu bereisen, doch wie nach dem Krieg in Vietnam hatte ich auch hier das Gefühl, an der Nase herumgeführt zu werden – nur dass es in China noch viel ausgeprägter war. Mir wurde klar, dass vieles extra für uns inszeniert wurde.

Kennst du den Ausdruck „Potemkinsches Dorf"?

FOLCO: Nein.

TIZIANO: So hießen in der Sowjetunion Dörfer, die eigens dazu da waren, sozialistisch gesinnte Besucher aus Europa oder Amerika zu beeindrucken. Es waren „Attrappen", in denen Theater gespielt wurde, mit Leuten, die den Part der Bauern übernahmen und die Partei in den höchsten Tönen lobten, mit blitzblanken Fabriken und adretten Arbeitern, die in ordentlichen Kantinen aßen, und so weiter. Diese Tradition ging auf die Zarenzeit zurück und wurde unter dem Kommunismus fortgesetzt. Man lud die ausländischen Journalisten ein, zeigte ihnen lauter wundervolle Dinge, und wenn sie nach zwei Wochen wieder abfuhren, schrieben sie womöglich noch ein Buch darüber.

Ich merkte sofort, dass auch die Chinesen solche Potemkinschen Dörfer besaßen. Was mich daran interessierte, war die Logik der totalitären Regime. Die weckte meine Neugier. In meiner ganzen Zeit in China war ich geradezu versessen darauf, kleine Episoden zu entdecken, die von dieser Mentalität zeugten; denn mit welcher Regierung auch immer ich es in meinem Leben zu tun gehabt habe – führte man mir stolz etwas vor, argwöhnte ich immer, es sei nicht echt.

In China hat sich dieser Verdacht immer mehr bestätigt. Sie erzählten einem wirklich, was sie wollten! Bei einem offiziellen Besuch in der Provinz Xinjiang zum Beispiel hatte man für uns einen Besuch bei einem Uiguren-Stamm organisiert. Die Uiguren sind Moslems und hassen die Han-Chinesen. Trotzdem behaupten diese immer steif und fest, die Uiguren anständig zu behandeln. Man brachte uns also in eines dieser Jurten-Dörfer, wo zwischen malerischen Zelten Kamele und Pferde grasten und Kinder Fußball spielten, und der Vorsitzende der mongolischen Partei erzählte uns, wie wunderbar die chinesische Partei war ... Und was tat ich? Ich hob eine Ecke des Teppichs, auf dem wir saßen, ein wenig an – und entdeckte darunter grünes Gras! Der Teppich war am Abend zuvor dort hingelegt worden!

Um solche Lügen aufzudecken, braucht man den Spürsinn eines Detektivs, verstehst du? Und eine Einstellung von der Sorte: Mich verschaukelst du nicht! Diese Einstellung hat mein Leben in China bestimmt – und war dann sicherlich auch einer der Gründe für meine Ausweisung.

Ich lache.

FOLCO: In deinen Artikeln konntest du darüber natürlich nicht schreiben. Aber uns hast du diese Geschichten erzählt, wenn du von deinen Reisen wiederkamst.
TIZIANO: Ja, euch und meinen Kollegen, beim Abendbrot.

Wir Journalisten durften also durch China reisen. Zwar nur mit offizieller Begleitung, aber immerhin. Hielt unser Bus irgendwo, stand immer schon ein lokaler Parteifunktionär da: „*Ni hao, ni hao, ni hao! He cha, he cha, he cha!*", und dann wurde im Empfangssaal Tee gereicht. Und ich? Ich verdrückte mich schleunigst hinter den Bus und verschwand in der Stadt. Natürlich wurde ich schon bald wieder aufgegabelt, denn spätestens nach einer Viertelstunde fiel auf, dass dieser seltsame Italiener, der für eine deutsche Zeitschrift schrieb und sich wie ein Chinese kleidete, verschwunden war. Dann wurde ich ins Gästehaus der Partei zurückgebracht und es hieß: „Bitte, trinken Sie doch noch eine Tasse Tee!"

So war ich eben. Auch später in Tibet. Auch da gehörte ich zu den Ersten, die eingelassen wurden ...

Papa wühlt in einem Haufen Fotos auf dem Tisch und fischt eines heraus.

Das ist Tibet. Mein geliebtes Tibet! Jahrelang war es hermetisch abgeschlossen gewesen. Keiner wusste, was geschehen war. Nur vom Hörensagen wusste man, dass die Chinesen alles zerstört hatten, auch die großen Klöster wie Ganden oder Sera.

Mit einer kleinen Gruppe von Journalisten fuhr ich für etwa zehn Tage nach Lhasa. Am ersten Tag blieb ich im Bett, denn in solchen Höhen verhält man sich anfangs am besten ganz ruhig. Als die Kopfschmerzen am nächsten Tag nachließen, hatte ich einen genialen Einfall. Ich hatte eine Polaroidkamera im Gepäck, denn ich wusste, dass man sich damit bei den Leuten leicht beliebt machen konnte, vor allem bei den Kindern. Ich nahm sie mit zum Markt und fand einen nepalesischen Händler, der sich auf ein Geschäft mit mir einließ: Du bekommst meine Polaroid mit vier, fünf Filmen und ich bekomme dafür drei, vier Tage lang dein Fahrrad. Hinterher gebe ich es dir wieder zurück.

Und so war ich frei!

Ich brannte darauf, Sera zu besichtigten, eines der größten und schönsten Klöster etwa zehn Kilometer von Lhasa entfernt, doch die Chinesen hatten uns die nötige Erlaubnis verweigert. Also behauptete ich eines Morgens, als die anderen ins Museum der Revolution oder so gingen, ich fühlte mich nicht gut, ich hätte Durchfall, doch sobald sie weg waren, stieg ich auf mein Fahrrad und – hui! – ab ging's zum Kloster Sera.

Eine Ruine! Und keine Menschenseele. Ich sammelte ein paar alte, bunte Scherben auf. Die Roten Garden hatten das Kloster komplett zerstört. Doch meine Anwesenheit war bemerkt worden: In einem Fenster tauchte ein alter Mann auf. Er konnte Chinesisch, und wir unterhielten uns eine volle Stunde. Er erzählte mir, was geschehen war. Ich bin als Einziger von uns dort gewesen, habe als Einziger das zerstörte Kloster gesehen und mit einem Augenzeugen gesprochen. Das war typisch für mich: diese Neugier, Dinge aufzuspüren, die nicht sofort ins Auge fallen.

Der Alte verriet mir auch den Ort der Himmelsbestattungen. Denn wie du weißt, verbrennen die Tibeter ihre Toten nicht, sondern schneiden sie in Stücke und werfen sie den Geiern zum Fraß vor. In Lhasa tun sie das auf einem großen Felsen. Und auch dahin fuhr ich mit meinem Fahrrad. Mehrere Stunden saß ich etwas entfernt in einem Versteck, erlebte verschiedene Bestattungen mit und machte Fotos mit dem Teleobjektiv.

FOLCO: Wollten die Chinesen nicht, dass man diesen Riten beiwohnte?

TIZIANO: Nein, sie hielten das für Barbarei. Die Besucher so etwas sehen zu lassen, hätte geheißen, die tibetische Kultur offiziell zu akzeptieren. Und die Chinesen sind schreckliche Rassisten. Alle, die keine Han sind, halten sie für Untermenschen.

Eigentlich sind alle Menschen Rassisten. Bei uns äußert sich das heute vor allem den Arabern gegenüber. „Die stinken nach Knoblauch, die waschen sich nie …" So entstehen Bilder eines Volks und einer Kultur, die später Gewalt rechtfertigen. Der erste Schritt in den Krieg ist immer die Entmenschlichung des Feindes, vergiss das nicht! Der Feind ist kein Mensch wie du, deshalb hat er auch nicht dieselben Rechte.

Eine andere verrückte Idee kam mir, als wir den Potala besichtigten, den Palast des Dalai Lama. Der Potala ist eins der erstaunlichsten, mächtigsten, magischsten Bauwerke der Welt, eine Burg aus Stein und Stroh auf einem Felsen mitten in der unendlichen Ebene Lhasas.

Endlich sagten die Kommunisten also: „Heute besichtigen wir den Potala." Wir waren sieben oder acht Journalisten und hatten einen unmöglichen chinesischen Führer, der absolut nichts über den Potala wusste. Natürlich nicht: Zum Marxismus-Leninismus erzogen und dann nach Lhasa geschickt, um als Spitzel, Touristenführer oder Polizist zu arbeiten, hatte der Ärmste keine Ahnung von Tibet. Die endlosen Flure der früheren Residenz des Dalai Lama waren mit herrlichen Fresken geschmückt, und wenn du fragtest, was sie darstellten, antwortete er nur: „Götzen." Die Chinesen kannten nicht einmal die Namen der tibetischen Götter. Nichts, gar nichts.

Wir blieben mehrere Stunden dort. Sie zeigten uns auch die unterirdischen Gemächer voller Bücher und machten sich über die tibetischen Mütter lustig, die ihre Kinder dort hinbrachten und die Regale entlang führten, damit sie etwas von der Weisheit und Heiligkeit der Bücher abbekamen. Ich fand diesen Brauch wunderschön.

Als unsere Gruppe die große Treppe hinunterging, um zum Bus zurückzukehren, kam mir auf einmal die Idee, mich im Potala zu verstecken. Und als das große Tor zuschlug, war ich drinnen.

Mein Gott, ganz allein! In diesem wunderschönen Palast.

Es war Abend, die Sonne stand nur noch knapp über dem Horizont. Ich stieg immer weiter nach oben – denn wo das Zentrum ist, spürt man – und gelangte schließlich auf die höchsten Zinnen. Unter mir erstreckte sich ewig weit die Hochebene von Lhasa, einer jener Orte, an denen man das Göttliche in sich spürt, oder es zumindest als großes Privileg empfindet, zu einer Menschheit zu gehören, die so etwas geschaffen hat. Die Ebene von Lhasa war einfach umwerfend. Später haben die Chinesen auch sie zerstört, haben sie mit ihren Supermärkten chinesisiert, aber damals war sie noch atemberaubend schön. Da lag die Altstadt mit all ihrem Gold, da standen noch die alten Häuser, deren Bewohner aus großen Töpfen aßen. Dort oben erlebte ich einen Moment tiefen Glücks. Stell dir vor: allein von der höchsten Zinne des Potala den Sonnenuntergang über dieser Ebene zu bestaunen!

Plötzlich hörte ich Schritte. „Verflixt", dachte ich, „wer kann das sein?"

Es war ein Tibeter, ein Wächter der Gemächer des Dalai Lama. Er konnte Chinesisch und lud mich auf sein Zimmer zu einem *tsampa* ein, dem fürchterlichen tibetischen Gerstentee. Natürlich konnte ich nicht Nein sagen. Zwei, drei Stunden blieb ich bei ihm. Er saß auf seinem *kang*, einem Bett aus Backsteinen, die man erhitzen kann und auf denen statt einer Matratze ein ganzer Stapel Teppiche liegt. Der oberste war ein klassischer Teppich mit Pfingstrosen, nichts Besonderes.

Ich fragte ihn: „Würden Sie mir den verkaufen?"

Und er: „Na ja …"

Am Ende einigten wir uns auf hundert Dollar. Wahnsinn! Ich gab ihm das Geld und wir rollten den Teppich zusammen. Als es richtig dunkel war, öffnete er mir das Tor des Potala und ich ging mit meinem Teppich unterm Arm die große Treppe hinunter.

Er lacht.

Und da muss mich jemand gesehen haben, irgendein Spitzel, wie sich bei den Verhören vor meiner Ausweisung herausstellte.

Als ich mit dem Teppich ins Hotel kam – den ganzen Weg zu Fuß! – war ich überglücklich. War das nicht eine tolle Geschichte? Und der Teppich war das Symbol dafür. Ich fühlte mich aber nicht als sein Eigentümer, eher als sein Hüter. Das habe ich dem Dalai Lama später auch gesagt. „Wenn Ihr nach Tibet zurückkehrt, gebe ich Euch den Teppich Eures Wächters zurück."

Er lachte. Er hat natürlich Tausende solcher Teppiche.

Diese Geschichte verdeutlicht meine Haltung dort in China ganz gut. Ich habe den armen Chinesen wirklich eine Menge Kopfzerbrechen bereitet!

SCHULE IN CHINA

Heute ist es herrlich sonnig und wir sitzen wieder im Garten. Saskia ist uns für ein paar Tage besuchen gekommen und sitzt mit dem kleinen Nicolò im Arm in einem Liegestuhl.

FOLCO: Jetzt, wo Saskia dabei ist, könnten wir doch über die chinesische Schule reden.

TIZIANO: Gute Idee. Da fragt ihr sicher gleich: Warum um alles in der Welt hast du uns eigentlich auf die chinesische Schule geschickt? In Hongkong waren wir auf einer herrlichen internationalen Schule gewesen – und plötzlich steckst du uns in diese triste kommunistische Anstalt?

Die Entscheidung war vor allem ideologisch bedingt und hatte einen ganz einfachen Grund. Als wir nach China gingen, war Mao gerade gestorben und das Land gegen Ausländer noch weitgehend abgeschottet. Die Ausländer lebten auf einer Art Insel – alles war auf Hochglanz poliert und perfekt organisiert. Man wohnte in Wohnkomplexen, die für Ausländer reserviert und von Mauern und Stacheldraht umgeben waren, mit bewaffnetem Wachpersonal am Eingang. Wer essen gehen wollte, ging in den International Club, wer reisen wollte, stieg in die Abteile für Ausländer mit den weichen Sitzen. Am Ende blieb man meistens unter sich, die Italiener aßen ihre Spaghetti und die Engländer ihr Roastbeef.

Hätten wir uns so verhalten wie die anderen wohlhabenden Ausländer aus der Ersten Welt, jedenfalls die allermeisten, hätten wir in China leben können, ohne China je kennen zu lernen. Wir hätten euch auf die französische oder amerikanische Schule geschickt, und ihr hättet mit dem Sohn des Botschafters von

Timbuktu und der Tochter des Generalsekretärs der Deutschen Botschaft gespielt, wärt zu ihren Kindergeburtstagen gegangen und hättet China nie zu Gesicht bekommen. China wäre für euch „draußen“ gewesen und die Chinesen arme Teufel, die alle die gleichen Klamotten trugen.

Wir aber waren ... Wo ist eigentlich mein Kissen? Ach da, danke.

Papa hat heute Probleme mit seinem Magen.

Wir aber waren mit einer ganz anderen Absicht nach China gekommen. Wir wollten dort nicht zwei oder drei Jahre luxuriös unter Ausländern leben, als handelte es sich um eine Karrierestufe, die dazu diente, sich Washington oder Paris „zu verdienen“. Für uns war China etwas ganz anderes. Wir wollten uns auf das Land einlassen, wir wollten es kennenlernen. Wie du weißt, faszinierte mich damals das maoistische Experiment und ich hätte es nie verwunden, vom Leben der Chinesen ausgeschlossen zu sein. Dass Mama und ich beide Chinesisch konnten, war uns dabei eine große Hilfe. Hätten wir euch auf die internationale Schule geschickt, hättet ihr von China möglicherweise gar nichts mitbekommen.

FOLCO: So hingegen haben wir gelernt zu marschieren, die Fahne zu grüßen und chinesische Handgranaten zu werfen.

TIZIANO: Ja, das war waschechter Kommunismus! Alle in Reih und Glied! Ihr habt gelernt, wie man marschiert und Klosetts saubermacht, und den Horror des Kommunismus entdeckt. Nun seid ihr gegen den Kommunismus geimpft. Donnerwetter, ihr habt begriffen, was China ist! Es ist ja kein Zufall, dass ich euch beiden die italienische Ausgabe meines Buchs *Fremder unter Chinesen* gewidmet habe: „Für Folco und Saskia, denen ich meine Liebe zu China aufgezwungen habe“. Ja, ich habe euch zu China regelrecht gezwungen, allerdings in der festen Überzeugung, euch etwas Gutes damit zu tun, nämlich euch die Gelegenheit zu geben, eine ganz neue, fantastische Erfahrung zu machen, die euer Leben bereichern würde.

FOLCO: Ehrlich gesagt, war ich damals alles andere als begeistert.

TIZIANO: Ja, das glaube ich. Mein Gott, ich wäre …

FOLCO: Ich empfand es damals als eine der schlimmsten Erfahrungen meines ganzen Lebens, das weiß ich noch genau. Oft weinte ich, wenn ich aus der Schule kam. Später hingegen …

TIZIANO: Später fühltest du dich fast ein wenig privilegiert gegenüber den anderen Kindern, die auf normale Schulen gingen, stimmt's?

Ich wende mich an meine Schwester, die gerade mit dem Stillen fertig ist.

FOLCO: Hat dir die chinesische Schule gefallen, Saskia?

SASKIA: Ich habe mich weniger dagegen aufgelehnt als du.

TIZIANO: Du warst auch kleiner. Wie alt warst du, Folco? Elf?

FOLCO: Ja. Diese ganze Starrheit und Strenge sagten mir überhaupt nicht zu. In der Schule haben wir gelernt, dass Kommunismus alles andere als lustig ist, aber auch sonst fand ich das Leben in China ziemlich trist. Dass es solch ein System überhaupt gab, unter dem es den Leuten so schlecht ging! Das ihnen alle Lebenslust nahm. Alles war grau und öde. Die Chinesen unterdrückten und bespitzelten sich gegenseitig, überall war Polizei. Ich fragte mich wozu? Welche Perversion brachte die Leute dazu, sich so zu verhalten?

TIZIANO: In der chinesischen Schule bist du zu einem glühenden Antikommunisten geworden, glaube ich. Womöglich war das von Vorteil!

Er lacht.

FOLCO: Es mag ja einen revolutionären Moment geben, in dem die Leute entflammt sind, bloß ist der bald vorbei.

TIZIANO: Da hast du recht. Du hast die Wirklichkeit nicht durch eine ideologische Brille gesehen, sondern wie sie war – und wie auch ich sie bald wahrnahm –, und das hat dich zum Antikommunisten gemacht.

FOLCO: Ja, denn wir glauben immer, Freiheit sei etwas Selbstverständliches, aber plötzlich merkt man, dass manche Systeme die Macht an sich reißen und vierzig, fünfzig, ja hundert Jahre lang ein ganzes Volk terrorisieren. Und das macht mir Angst. In China wurden die Menschen vom System erdrückt. Alles war geheim, alles war verboten. Unsere chinesischen Schulkameraden durften nicht einmal zu uns nach Hause kommen. Immer musste man befürchten, belauscht zu werden. Es gab einfach keine Freiheit.

TIZIANO: Du hast vollkommen recht. Über das Problem der Freiheit haben wir oft gesprochen. Aber Freiheit ist ein schwammiger Begriff. Was du jetzt meinst, ist die grundsätzliche Freiheit, die tägliche Freiheit, in Frieden leben zu können. Hinter dem maoistischen Wahnsinn hatte ursprünglich eine Idee gestanden, die jedoch richtiggehend pervertiert worden war.

FOLCO: Als wir in China waren, war sie, glaube ich, bereits müde und krank. Zwar wiederholten die Leute noch die Slogans und fegten noch die Straßen, aber ohne den geringsten Enthusiasmus.

SASKIA: Denn was man tun musste, war oft vollkommen unnütz. Ich weiß noch genau, dass manchmal während der Sandstürme aus der Wüste Gobi, die einem den Sand nur so ins Gesicht peitschten, die Straßen gefegt werden mussten! Das war so beschlossen worden, und dann wurde es auch gemacht!

FOLCO: Genau, ein sehr gutes Beispiel. Oft musste man tun, was zwar theoretisch sinnvoll, praktisch aber kompletter Unsinn war. Und so fehlte die Überzeugung; niemand hatte mehr das Gefühl, an einem großen Projekt mitzuarbeiten.

TIZIANO: Ja, das war eindeutig vorbei. Das Bild des heroischen, arbeitsamen Landes zeigte überall tiefe Risse.

Auch mir war klar, dass die chinesische Schule nicht einfach für euch war, dass man euch Dinge beibrachte, die meinem Wertesystem diametral entgegengesetzt waren. Die Klassenkameraden verpetzen, zum Beispiel, oder Fische vivisezieren, was dich total schockte, Saskia. In der Biologiestunde musstet ihr lebendigen Fischen die Flossen abschneiden! Dagegen entsprach es durchaus meiner Vorstellung von einer neuen Welt, die Klosetts zu putzen. Warum sollten das nur die anderen tun und wir nicht? Ich war damals noch ziemlich ideologisch eingestellt, immer sah ich alles in einer politischen, historischen Perspektive.

Doch auch wenn das alles nicht einfach war, machte ich mir keine Sorgen um euch. Ich wusste, dass ihr den Umstieg vom westlichen Schulsystem auf die „Schule des Duftenden Grases" schon überstehen würdet.

FOLCO: Stimmt, wer in so einer Situation durchhält, ist hinterher überzeugt, mit allem fertig zu werden.

TIZIANO: Hm, das dachte ich eben auch.

FOLCO: Was hast du denn in der chinesischen Schule gelernt, Saskia?

SASKIA: Mathematik, die brachten sie einem sehr gut bei. Und dann herrschte eine Disziplin, wie es sie in den Schulen, die wir kannten, schon lange nicht mehr gab: Zum Antworten stand man auf, beim Sitzen verschränkte man die Hände hinter dem Rücken, und dann wurde immerzu marschiert. Solche militärischen Verhaltensweisen missfallen Kindern ja keineswegs, sie machten uns sogar Spaß! Außerdem wurde alles Mögliche organisiert: Es gab Wettbewerbe im Singen oder im Drachensteigen, und man wurde zu guten Taten angehalten, zum Beispiel einer alten Frau über die Straße zu helfen, wie unser Vorbild, der Soldat Lei Feng. So etwas gibt Kindern ein Gefühl von Zugehörigkeit und gesellschaftlicher Verantwortung.

TIZIANO: Eine schöne Figur, dieser Lei Feng! Selbst wenn er erfunden sein sollte – ist es für ein Kind nicht besser, den Soldaten Lei Feng nachzuahmen, als davon zu träumen, Fußballstar zu werden, zweihundert Tore zu schießen und 400 Millionen Euro dafür einzukassieren? Dies war wirklich eine vollkommen andere Welt, und ich war froh, sie euch zu zeigen.

Immer wieder wurde ich gebeten: „Schreib doch mal darüber, wie deine Kinder China erleben!" Aber ich sah gar nicht ein, warum ich das tun sollte. Es war doch viel besser, ihr schriebt selbst! Was dabei herauskam, war unglaublich interessant, denn ihr habt eure Eindrücke auf eure eigene Weise beschrieben, jeder in seiner eigenen Sprache, und die beiden Aufsätze waren so spontan und echt, dass der SPIEGEL sich entschloss, sie zu veröffentlichen. Nichts wirkt mehr als die Sprache der Wahrheit.

Außerdem verdanke ich euch meinen ersten Scoop! Eines Tages kamt ihr aus der Schule und erzähltet: „Papa, aus allen Klassen sind die Porträts von Hua Guofeng verschwunden." Hoppla, dachte ich, das ist ein ganz wichtiges Signal. Ich begriff, dass der Vorsitzende des Zentralkomitees der kommunistischen Partei, den ich vormals interviewt hatte, abgesetzt worden war.

Plötzlich atmet Papa ein paar Mal tief durch.

FOLCO: Musst du aufstoßen?

TIZIANO: Ja, wie der kleine Nicolò!

Euch auf die chinesische Schule zu schicken, hieß, euch mit China zu konfrontieren. Ihr würdet Chinesisch sprechen und chinesische Kinder kennen lernen. Diese Entscheidung war ein Teil unserer ganzen Einstellung: Wir reisten mit der Eisenbahn oder mit dem Fahrrad, und wir unterhielten uns unterwegs mit den Leuten. Das taten nur die wenigsten Ausländer, die meisten fuhren Auto.

Versteht ihr, was ich meine? Ich war überzeugt – und auch alle späteren Einsichten über den Maoismus und den Kommunismus haben daran nichts geändert –, dass China eine ganz große Kultur war, eine der wenigen wirklich bedeutenden Kulturen der Menschheit. Gut, es hatte Babylon gegeben, Ägypten ... aber eben auch China!

Als wir dann begannen, durch China zu reisen, indem wir unsere Fahrräder in den Zug luden, um auch kleine, versteckte Orte erreichen zu können, war es von großem Vorteil, dass ihr euch mit den Leuten unterhalten und vergnügen konntet, das müsst ihr zugeben!

SASKIA: Ja, wir waren sehr stolz, akzentfrei zu sprechen, das weiß ich noch.

TIZIANO: Ihr habt gelernt, in dem Land zu leben, nicht? Statt im Extrawaggon für Ausländer saßen wir im schmuddligen Speisewagen und aßen *baozi*, die chinesischen Graubrotfladen, wie alle anderen Leute auch. Das war doch schön, oder? Das war Leben!

Wir fanden damals, es reiche, wenn ihr euch später beim Studium eine solide Bildung zulegtet; solange wir in China waren, war es in unseren Augen wichtiger, dass wir alle zusammen zehn Tage lang mit dem Fahrrad durchs Land radelten, als dass ihr in der Schule Mathematik pauktet. Das konntet ihr immer noch tun, wenn es regnete!

Saskia und ich lachen.

FOLCO: In Amerika war ich einmal zu Besuch bei einem Physiker, der den Nobelpreis bekommen hatte, und als ich ihn fragte: „Wie hast du es eigentlich geschafft, so viel besser zu werden als alle anderen? Hast du an der Uni mehr gelernt?“, antwortete er: „Nein. Während die anderen immer nur paukten, ging ich am Wochenende bergsteigen oder tauchen. Dabei habe ich das gelernt, was mich von den anderen unterscheidet.“

TIZIANO: Toll!

FOLCO: Leider habe ich ihn erst kennengelernt, als ich mit der Uni schon fertig war, sonst wäre ich seinem Rat gefolgt!

TIZIANO: Ja, das ist genau der Punkt. Auch ich habe das gespürt. Was man ist, wird man nicht nur durch seine Geburt, sondern auch durch das Leben, das man führt. Wisst ihr noch, als wir mit dem Fahrrad in Qufu waren, der Stadt von Konfuzius? Da gab es doch eine Menge zu lernen! Erinnert ihr euch noch an das Grab von Mengzi? Dort in Shandong?

FOLCO: Wer war denn Mengzi?

TIZIANO: Einer der großen chinesischen Philosophen, ein Nachfolger von Konfuzius. Er lebte im vierten Jahrhundert vor Christus. Könnt ihr euch noch an die Segelräder auf der Straße zu seinem Grab erinnern?

FOLCO: Nein.

TIZIANO: Die Fahrräder waren mit Segeln ausgestattet, um den Anhänger leichter transportieren zu können. Und Pingyao, kannst du dich daran noch erinnern, Folco?

FOLCO: Ja, Pingyao, die Stadt mit den alten Stadtmauern, deren Einwohner noch nie einen Ausländer gesehen hatten. Das war unglaublich beeindruckend.

TIZIANO: Eigentlich besaßen wir gar nicht die Erlaubnis, diese Stadt zu besuchen. Aber zum chinesischen Neujahrsfest waren wir nach Taiyuan gefahren und ich wusste, dass Pingyao, eine der wenigen antiken Städte, die noch von einer Stadtmauer umgeben waren, nur etwa hundert Kilometer entfernt lag. Pater Pieraccini, ein alter Missionar aus der Toskana, der seit seiner

Ausweisung aus China im Jahre 1949 in Hongkong lebte, hatte mir erzählt, das sei vormals seine Diözese gewesen. Ich konnte der Versuchung, dorthin zu fahren, einfach nicht widerstehen. Also ließen wir Mama und Saskia in Taiyuan, gingen als Chinesen gekleidet zum Bahnhof, kauften uns Fahrkarten und fuhren nach Pingyao.

Eine wunderbare Stadt, schmutzig, völlig verraucht, aber richtig antik mit ihren uralten Türmen und Mauern. An einigen Hauswänden entdeckten wir Kreidekreuze: Offenbar gab es dort immer noch Christen, auch wenn sie offiziell verboten waren.

Wir liefen durch die Straßen, ich fotografierte – und irgendwann wurden wir von der Polizei aufgegabelt. Natürlich waren wir aufgefallen, man sah ja, dass wir Ausländer waren. Vier oder fünf sehr freundliche Polizisten brachten uns zur Parteizentrale, „*He cha, he cha, he cha*“, und boten uns die unvermeidliche Tasse Tee an. Sie erklärten uns, da wir keine Reiseerlaubnis für Pingyao besäßen, müssten sie uns in den nächsten Zug setzen. Wir taten erstaunt. „Ach ja? Entschuldigung, das wussten wir ja gar nicht, das tut uns aber leid!“

Wir wurden zum Bahnhof gebracht, und als der Zug bereits angefahren war, sahen wir plötzlich, wie ein Mann sich aus der Menge löste, auf unser Fenster zustürzte und auf Lateinisch rief: „Pater, Pater, gib mir deinen Segen!“ Das war offenbar einer der Untergrundchristen, die die Kreidekreuze gemalt hatten. Er dachte anscheinend, ich sei ein Priester, denn die einzigen Ausländer, die vor dem Jahre 1949 in der Stadt gelebt hatten, waren Priester gewesen. Und nun wollte er, dass ich ihn segnete. Ich zauderte nicht lange, schob das Fenster herunter und segnete ihn: „*In nomine Patris et Filii ...*“, während er an dem fahrenden Zug entlang rannte und sich bekreuzigte.

Ein paar Monate später besuchte ich Pater Pieraccini in Hongkong. Ich erzählte ihm die Geschichte, wobei ihm vor Lachen die Tränen übers Gesicht rannen, und bat ihn um Verzeihung.

„Das hast du gut gemacht“, sagte er.

Und er vergab mir die Sünde, mich in Pingyao als Priester ausgegeben zu haben.

NEUES CHINA, ALTES CHINA

FOLCO: Du bist nicht mehr heiser, Papa!

TIZIANO: Stimmt, mit dem Sprechen habe ich keine Probleme mehr, Folco. Aber da ist etwas anderes: Ich habe das Gefühl, meine Speiseröhre ist verstopft. Weißt du, „mein Freund" frisst sich wieder ein Stückchen weiter vor. So kann ich nichts essen.

FOLCO: Tut es weh?

TIZIANO: Nein, aber ich habe es ausprobiert. Erst rutscht es ganz gut, aber hier bleibt der Bissen dann stecken, genau hier. Es ist, als ob sich da etwas zusammenkrampfte.

FOLCO: Ist das ein neues Gefühl?

TIZIANO: Ja. Vorher hat es nur manchmal ein bisschen gebrannt … Aber jetzt ist es immer da.

FOLCO: Tut es weh oder …

TIZIANO: Nein, richtig weh tut es nicht. Nun ja, man wird sehen …

FOLCO: Aber morgens verbringst du noch ein paar ruhige Stunden?

TIZIANO: Ja, heute Morgen habe ich eine ganze Stunde ruhig sitzen können. In meiner Gompa mache ich mir Tee, schlafe ein bisschen, höre Radio, meditiere mit Blick auf die Wand. Schön ist das, sehr schön.

FOLCO: Du hast es wirklich nett hier.

TIZIANO: Herrlich! Heute Morgen habe ich den Kuckuck gesehen. Er saß in der Kastanie genau vor meinem Fenster und machte: „Kuckuck! Kuckuck!" Ich war verblüfft, wie unscheinbar er aussah, und bin zu Brunalba gegangen, um sie zu fragen, ob das wirklich ein Kuckuck war. Ich hatte ihn mir immer wie eine Schleiereule oder einen Uhu vorgestellt, dabei sieht er aus wie eine kleine, aschgraue Taube. Da sitzt er ganz ruhig und macht „kuckuck, kuckuck“!

Wir sollten für Novalis ein Vogelbuch besorgen, ein schönes, wissenschaftliches, mit bunten Bildern, damit er die Vögel zu unterscheiden lernt. Es ist schön, einen Sinn für die Natur zu entwickeln. Und dein Sohn findet es bestimmt spannend, wenn du ihm die Geschichte dieses Vogels erzählst, der kein Nest baut, sondern immer umherzieht. Und dann bringst du ihm das Lied bei: „Kuckuck, kuckuck, vorbei ist der April ...“

Er muss husten.

Doch zurück nach China. Wir müssen herausfinden, was die Erfahrungen, die ich dort sammelte, für mich bedeuteten. Am schwersten wog wohl die Enttäuschung über die immense Kluft zwischen all den Entbehrungen, die die Menschen auf sich genommen hatten, all dem Elend, Schrecken und Tod – und dem Resultat dieser Opfer.

Wir hatten Glück: Da wir fünf Jahre lang in Hongkong gelebt hatten, fehlte es uns nicht an Namen von Chinesen, zu denen wir in Peking Kontakt aufnehmen konnten, und da wir bereits Chinesisch sprachen, lernten wir viele interessante Menschen kennen, Kalligraphen, Wissenschaftler, Professoren, alles Leute, die an den Sozialismus geglaubt und ihr Leben in seinen Dienst gestellt hatten und nun tief enttäuscht und ratlos dastanden, weil ihr Projekt missglückt war und die Menschen so unendlich gelitten hatten.

Es war ein besonderer Moment. Immer mehr Städte und Tempel wurden geöffnet, und es war möglich, an Informationen zu kommen – inoffiziell, natürlich –, die vorher absolut unzugänglich waren. Die Leute begannen, von der Barbarei während der Kulturrevolution zu erzählen, von den Rotgardisten, die in ihre Wohnungen gekommen waren und außer den Büchern auch all die schönen, kleinen Wertgegenstände verbrannt hatten, die sich oft seit vielen Generationen im Besitz gebildeter Chinesen befanden.

Wenn wir unsere chinesischen Freunde zum Abendessen einluden, mussten sie eine Erlaubnis bei ihrer Arbeitseinheit, der *danwei,* einholen, die sie dann womöglich verpflichtete, über den Abend Bericht zu erstatten. Um das zu umgehen, schmuggelten wir unsere Gäste manchmal heimlich an den Wachposten am Tor unseres Wohnkomplexes vorbei: Wir holten sie an ungewöhnlichen Orten ab, ließen sie sich auf die Rückbank unseres Autos legen und breiteten eine Decke darüber. Das Problem war die Frau im Aufzug, die ebenso wie unser Koch und unsere *ayi*, das Zimmermädchen, den Besuch eines Chinesen melden mussten. Koch und *ayi* gaben wir an solchen Abenden frei, und der Aufzugdame schlugen wir ein Schnippchen: Einer von uns fuhr mit dem Aufzug hinauf, während der andere mit dem Gast vorsichtig die Treppen hinaufstieg. Wenn man sich dann noch vor den Mikrofonen in der Wohnung in Acht nahm, konnte man einen schönen Abend verbringen.

Stundenlang haben wir uns von unseren chinesischen Freunden ihre Erlebnisse aus den Jahren erzählen lassen, in denen China vom Rest der Welt abgeschottet gewesen war. Wir wollten verstehen, wie es zur Kulturrevolution gekommen war, wie es möglich war, dass ein Volk mit einer so großen Tradition und Kultur sich in dieser perversen Spirale von Gewalt, die Millionen von Opfern gefordert hatte, dermaßen erniedrigt hatte.

Was unsere Freunde uns erzählten, hatte mit Maos *Rotem Buch* oder der propagandistischen Literatur des Neuen Chinas absolut nichts gemein. Schon bald erkannte ich, dass mein Traum, der Traum eines jungen Studenten, der sich an der Columbia University mit China beschäftigt hatte, für die Chinesen ein Alptraum gewesen war.

Das war meine erste große Enttäuschung.

FOLCO: Hatte die Kulturrevolution nicht schon begonnen, als du in der Columbia University warst?

TIZIANO: Doch, sie war in vollem Gange. Aber wir wussten ja nur, was die Propaganda uns weismachte. Und das hatte mit dem wirklichen Leben in China wenig zu tun.

Weißt du, der revolutionäre Aufbruch reißt die Menschen mit, weil es da etwas Neues gibt, für das sie sich begeistern und einsetzen können. Mit der Revolution ist es wie mit einem Kind: Am Anfang ist es klein und hübsch, doch Jahre später wird es womöglich zu einem hässlichen, gemeinen Kerl. Jede Revolution hat in ihrer Geburtsstunde etwas Faszinierendes, denn sie verspricht etwas Neues. Stell dir vor, heutzutage gäbe es einen Savonarola oder eine Jungfrau von Orléans, die sagten: „Ab sofort verzichten wir auf alles Überflüssige und essen nur noch die Hälfte!" Die Leute würden es tun, Folco. Die Hälfte der Jugendlichen würde ihr Handy begeistert in den See werfen, um etwas Besseres dafür zu bekommen. Doch nach einer Weile würde sich herausstellen, dass das Handy eigentlich doch ganz praktisch war; und dass der See verschmutzt ist ... So ist das, ja, genau so.

FOLCO: Was war in China eigentlich geschehen? Nur in ganz groben Zügen ... 1949 ergreift Mao die Macht ...

TIZIANO: Hör mal, Folco, ich kann jetzt nicht unsere letzten gemeinsamen Gespräche damit verplempern, dir die Geschichte Chinas zu erzählen. Entweder du weißt, was da los war, oder du weißt es eben nicht!

Also, 1969 beginnt die Kulturrevolution. Ihr Ziel ist es, die Vergangenheit zu zerstören, damit ein neues China entstehen kann. Es kommt zu dem furchtbaren Wüten der Rotgardisten und zu einer allgegenwärtigen Repression. Es genügte, ein Buch zu besitzen, das nicht von der Partei zugelassen war, um als Konterrevolutionär und Revisionist angeklagt und für Jahre zur *lao gai* in ein Arbeitslager geschickt zu werden.

Überleg mal, was diese jungen, hirnlosen Bilderstürmer alles zerstört und niedergebrannt haben! Es war ein einziger Wahnsinn! Sie drangen in die Tempel ein, in die Wohnungen der Dichter, aber auch in die der ganz normalen Leute und machten alles kaputt, ihre Arbeit, all die schönen Gegenstände, die sie besaßen. Der Gedanke, das Alte behindere das Neue, war ideologisch zwar vertretbar, und Mao hatte auch durchaus recht, dass in den Tempeln unendliche Reichtümer angehäuft waren und immens viel Geld verschwendet wurde für die Beleuchtung der Götzen und den Unterhalt der Mönche, die nicht arbeiteten, während die Bevölkerung schuften musste. Aber das Alte war doch wunderschön, verdammt noch mal! Wenn man durchs Land reiste, konnte man in einem gottverlassenen Dorf auf eine verbarrikadierte, eingestaubte Pagode treffen und … Weißt du noch, Folco, als wir beide auf dem Weg zu den Gräbern der Qing-Kaiser die Tür einer solchen Pagode öffneten und plötzlich vor einem zwanzig Meter hohen Buddha mit achtundvierzig Armen standen? Da sagst du dir doch: Mein Gott, das ist also das Alte, was Mao vernichten wollte, weil er meinte, es fessle das Land an seine Vergangenheit! Dabei sind das doch Chinas Wurzeln! Ohne das wäre China nicht mehr China!

Tatsächlich ist China nicht mehr China, seit Mao, dieser Kriminelle, die Wurzeln jener uralten Kultur ausgerissen hat. Statt einen chinesischen Kommunismus zu entwickeln, hat er versucht, alles, was chinesisch war, zu vernichten und eine vollkommen neue Gesellschaft aufzubauen. Der reinste Horror! Damit hat

Mao China zerstört, denn welche Weltanschauung dort heute herrscht, siehst du ja.

Was uns bei unserer Ankunft interessiert hatte, war also vor allem die maoistische Politik gewesen, doch schon sehr bald änderte sich das. Maos China interessierte mich nicht mehr.

FOLCO: Der Kommunismus interessierte dich nicht mehr?

TIZIANO: Nein. Schluss, aus. Als Lösung für die Probleme der Menschheit war diese Formel endgültig gescheitert.

In China begann meine große Krise. Ich begriff, dass ich in eine Falle geraten war. In Vietnam hatte ich das schon geahnt, doch das war mitten in der Revolution gewesen, weißt du, in diesem riesigen Durcheinander …

Es war der Anfang vom Ende. Seitdem habe ich keinen wirklich politischen Artikel mehr geschrieben. Die Politik interessierte mich nicht mehr. Ich hatte begriffen, dass Politik keine Lösung sein kann.

FOLCO: In China hat dich der Sozialismus also endgültig enttäuscht?

TIZIANO: Ja. Aber vor allem hat mich die Politik selbst enttäuscht. Als Instrument zur Veränderung taugt sie einfach nichts. Der Versuch, auf die „Materie", also auf die Gesellschaft eines Landes einzuwirken, bringt die Menschen keinen einzigen Schritt voran. Im Gegenteil, er wirft sie zurück in Elend und Zerstörung, Schmerz und Tod.

Da hieß es nun nachdenken. War ich vom Maoismus enttäuscht, oder musste ich nicht vielmehr zur Kenntnis nehmen, dass es unmöglich war, einen neuen Menschen zu schaffen? Dass diese Idee selbst eigentlich ein Frevel ist?

Die Wahrheit ist, dass man gegen die menschliche Natur herzlich wenig tun kann. Der Mensch ist Individualist, Egoist. Er ist nicht bereit, eine Begrenzung seiner Rechte zu akzeptieren, er will tun, was ihm passt, das muss man einfach zur Kenntnis nehmen. Und wenn du allen die gleiche eiserne Reisschale und die gleiche Jacke gibst und selbst wenn viele an dein Projekt glauben und mitmachen – immer wird es welche geben, die zwei Jacken und zwei Reisschalen haben wollen und zudem die Freiheit beanspruchen zu tun, was ihnen gefällt. Doch das passt in den Kommunismus nicht hinein, und dieser Widerspruch führt zu Gewalt, denn die Anhänger des Systems unterdrücken die, die es unterlaufen, und so endet das ganze Projekt schließlich im Blut. Das ist der Grund für die Massaker Pol Pots, für die sowjetischen Gulags und die chinesischen Arbeitslager.

FOLCO: Willst du damit sagen, die wenigen, die den Menschen ändern wollten, waren alle …

TIZIANO: … Mörder. Schreckliche Mörder. Der Wunsch aller Revolutionäre, einen neuen Menschen zu schaffen, ist an sich frevelhaft. Lenin, Stalin, Trotzki, Mao – alle haben diesen Traum gehabt. Aber der Mensch ist, wie er ist, er ist das Ergebnis einer Evolution, und genau wie das Wasser in einem Fluss kannst du auch die Evolution nicht aufhalten.

FOLCO: Nach Maos Tod, also genau in den Jahren, als wir in China waren, wurde Maos Politik aufgegeben und durch die Deng Xiaopings ersetzt. Aber auch das interessierte dich wohl nicht mehr?

TIZIANO: Weil das Projekt gescheitert war, verstehst du? Weil es keine Ideale mehr gab. Als Deng sagte: „Reichtum ist Ruhm", musstest du doch denken: Was? Fünfzig Jahre Geschichte und Tote für nichts und wieder nichts? Reichtum soll ruhmvoll sein? Fünfzig Jahre lang habt ihr dem chinesischen Volk eingehämmert, es solle mit einer Schale Reis auskommen und einem Paar Hosen und einem Paar Schuhe, habt ihm, statt Überstunden zu bezahlen, moralischen Ansporn und rote Schärpen gegeben, und dann kommt plötzlich einer und sagt: „Alle müssen sich bereichern"?!

Siehst du, was aus ihnen geworden ist? Banditen!

Er lacht.

Sie versuchen, China zu einem zweiten Taiwan zu machen, zu einer scheußlichen Imitation von Hongkong, wo sich alles nur ums Geld dreht, wie überall sonst. Und wo ist die neue, alternative Gesellschaft geblieben? Sollen sie sich doch zum Teufel scheren!

Hier steckt das Dilemma deines Vaters, das, was ihn schließlich in den Himalaja getrieben hat. Überleg mal, was die große kommunistische Revolution in China seit 1921 gekostet hat, der Krieg gegen die japanische Besatzung, der Krieg gegen die von den Amerikanern unterstützten Nationalisten. Überleg mal, wie viel Leid das bedeutet hat, wie viele Tote! Millionen!

Und wozu das alles?

Wozu all diese Revolutionen? Diese unglaublichen Opfer, die viele aus ehrlicher Überzeugung gebracht haben? Hätte die Gegenseite gewonnen, hätte China viel weniger Leid erlebt – und wäre trotzdem so geworden wie heute, nur vielleicht etwas eher.

Dasselbe gilt für Vietnam, wenn statt der Kommunisten Thieu gewonnen hätte. Sieh dir doch an, wie das Leben unter den vietnamesischen Kommunisten heute aussieht! Saigon ist eine Stadt mit allen negativen Aspekten des Westens: den Bordellen, dem Egoismus, dem Unterschied zwischen Arm und Reich, der Ausbeutung. Und dafür haben wir die Revolution gemacht? Dafür sind all diese Menschen gestorben, die sich den Gürtel zweimal um die Taille schlangen, weil sie nicht mehr zu essen hatten als eine Handvoll Reis pro Tag? Und wenn die bolschewistische Revolution gescheitert wäre, durch ein Eingreifen Europas oder weil die Truppen des Zaren den Revolutionären standgehalten hätten, dann hätte Russland sich unter dem Einfluss Europas langsam modernisiert, nicht? Dann hätte die Gegenseite gewonnen, und wahrscheinlich ginge es dem Land heute besser.

Von mir aus kannst du auch noch den Che dazuzählen, mit seinem Widerstand gegen Castro … All diese Revolutionen haben Unmengen von Menschenleben gefordert, haben Unmengen von Leid und Folter mit sich gebracht. Und was ist das Ergebnis? Es ist überall dasselbe.

FOLCO: Aber die Revolutionen haben auch Könige, Zaren und korrupte Diktaturen entmachtet. Ohne sie hätte die Geschichte sich anders entwickelt. Es hätte auch schlimmer kommen können, denn normalerweise geht es ja solange bergab, bis die Menschen sich dagegen auflehnen.

TIZIANO: Natürlich haben die Revolutionen auch einen anderen Aspekt. Selbst wenn sich das Ergebnis mit dem Sieg der Gegenseite nicht groß geändert hätte, war die vietnamesische Revolution mehr als gerechtfertigt! Auf Dauer konnten die Vietnamesen die koloniale Besatzung nicht akzeptieren, sie mussten ihr Land wiedervereinigen. Die Schrecken, die folgten, genügen nicht, um die Idee zu verdammen, mit der die Revolutionäre aufgebrochen waren. Und auch Maos Krieg hatte seine Rechtfertigung gehabt!

Nur – wo hat das alles hingeführt?

Denk doch an die bolschewistische Revolution, diese radikale Umwälzung der Gesellschaft, in deren Verlauf alle, die oben gestanden hatten, hingerichtet und ganze Familien ausgerottet wurden – vielleicht auch zu Recht, wenn man sich überlegt, wie sie sich aufgeführt hatten –, während die Proletarier die Macht übernahmen. Eigentlich schön, oder? Wer bisher nichts wert gewesen war, durfte auf einmal kommandieren. Und was haben sie aus dieser Situation gemacht? Das Schlimmste, was man sich vorstellen kann! Ihr Verhalten der alten Herrschaft gegenüber war feige, grausam, ja geradezu bestialisch.

FOLCO: Aber man kann doch auch nicht einfach sagen: Ihr dürft keine Revolutionen machen! Wo liegt also die Lösung?

TIZIANO: Mein Fazit ist, dass das alles nichts bringt.

FOLCO: Die Revolutionen bringen nichts?

TIZIANO: Deshalb bin ich ja zur einzigen Revolution übergegangen, die etwas bringt, nämlich die, die in einem selbst stattfindet. Wozu die anderen führen, siehst du ja. Alles wiederholt sich, immer wieder, denn Ausschlag gebend ist letztendlich die menschliche Natur. Und wenn der Mensch sich nicht ändert, wenn der Mensch keinen Qualitätssprung schafft, wenn er nicht auf Gewalt verzichtet, auf die Herrschaft über die Materie, auf den Profit, auf seinen Eigennutz, dann wiederholt sich alles bis in alle Ewigkeit.

Lange bleibt Papa stumm und denkt nach.

Meine Reaktion, die sich in China allmählich herauskristallisierte, war folgende: Statt den neuen Menschen zu suchen, wurde mir klar, dass es in China auch einen alten Menschen gab, einen wunderbaren Menschen mit einer großartigen Kultur von überwältigender Tiefe und Reichtum.

Und so begann ich, diesem Alten nachzuspüren, dem Wunder des alten China und dem, was davon übrig war.

GRILLEN

TIZIANO: Mein Leben lang habe ich mich an der Schönheit erfreut, auch an schönen Gegenständen. Bereits auf meinen ersten Reisen nach Afrika fing ich an, Statuen, Malereien und anderes zu kaufen. Aber nicht um mir eine Sammlung anzulegen; vielmehr war das meine Art, den Ländern näher zu kommen und ihre Leute kennenzulernen.

Auch in China gab es, wo man ging und stand, wunderschöne Dinge, und jedes hatte seine eigene Geschichte. Zum Beispiel die Kommode aus *hong mu,* dem kostbarsten chinesischen Holz, die in Mamas Zimmer stand. Die hatte ich für zwanzig Dollar oder so gekauft. Sie war mit Dreck verkrustet, und erst später, als wir wieder in Hongkong waren, machte ich mich unter Anleitung von Tim Leung eines Tages daran, sie zu säubern. Zum Vorschein kam ein kostbares Stück aus der Ming-Dynastie, der chinesischen Renaissance.

Und dann all die alten Teppiche, die ich gekauft habe! Viele hatten Löcher und starrten vor Schmutz, und wenn ich sie mit nach Hause brachte, schrubbte ich sie in der Badewanne erst einmal gründlich ab. Ich kaufte diese Gegenstände, weil sie mich dem Land näher brachten, und auch als Erinnerung. Ich habe mal gesagt – das steht auch in Mamas Tagebüchern –, dass ich beim Waschen dieser alten Teppiche mehr über China gelernt habe als beim Lesen der Volkszeitung.

Und die tibetischen Bronzestatuen! Und die *ban ji,* diese Jaderinge, die die Mandschu zum Bogenschießen am Daumen trugen, weißt du noch? Denk nur, was für eine Kunst dazugehört, in ein so kleines Jadestück einen Drachen, einen Phönix oder ein chinesisches Schriftzeichen einzugravieren! Und dann begeisterten mich die *niao chi guan,* diese winzigen Behälter für Vogelfutter. Auch da wieder eine unglaubliche Kunstfertigkeit. Sie waren den großen, wunderschön bemalten Vasen nachempfunden, die du im Museum und in der Verbotenen Stadt bestaunen konntest, und jedes kleine Gefäß war ein Einzelstück. Weißt du noch? Hoch raffinierte Miniaturen als Futternäpfe für Vögel im Bauer!

Oder die Bauer selbst! Da hätte man wirklich zum Sammler werden können. Atemberaubend schön, aus Bambus oder seltenen, eingelegten Hölzern, mit kleinen Haken aus Messing oder Schmiedeeisen. Wie liebte ich es, bei Tagesanbruch in den Park zu gehen und den alten Leuten bei ihrer Morgengymnastik zuzusehen. Sie schwenkten ihre Vögel in den Käfigen hin und her, um ihnen Gutes zu tun, aber auch damit ihre Handgelenke nicht einrosteten. Danach hängten sie den Käfig an einen Baum, und mit den ersten Sonnenstrahlen begannen die Vögel herrlich zu zwitschern.

Und schließlich entdeckte ich die Grillen.

FOLCO: Ja! Wenn ich an China denke, fallen mir als Erstes immer die Grillen ein.

TIZIANO: Eine wunderbare Sache! Denk nur, ein Volk, das seine Zeit damit verbringt – Mao hätte gesagt vergeudet, und nicht ganz zu Unrecht –, zu jeder Jahreszeit Grillen zu züchten, um auch im Winter, wenn es draußen schneit, der Stimme des Frühlings lauschen zu können! Die Grillen haben es dann warm, denn man trägt sie in der Innentasche der Jacke mit sich herum, in einem winzigen ausgehöhlten Kürbis mit einem wunderschönen Deckel aus geschnitztem Elfenbein oder manchmal sogar aus Jade. Und wenn du in der Kälte der Nacht ein Gedicht schreibst und in deinem kleinen *si he yuan,* deinem Haus mit Innenhof,

Tee trinkst, hörst du das Krikriii, Krikriii der Grille. Auch das war ein Zeitvertreib der Mandschu gewesen.

Ich hatte immer eine in der Tasche und hielt zu Hause die verschiedensten Grillensorten, sogar einen *jing*-irgendwas, die kleinste Grille, die es gibt. Sie ist kaum zu sehen, aber sie kann herrlich zirpen. Sie war so klein, dass ich sie nicht einmal in einen solchen Kürbiskäfig setzen konnte, sonst wäre sie mir abhanden gekommen. Ich hatte sie in einer winzigen Elfenbeindose untergebracht. Manchmal musste man sie füttern, und dann wurde der Deckel wieder zugeschraubt.

Was hatte man mit diesen Grillen nicht alles zu tun! Wir mussten zum Beispiel Würmer züchten, um die Grillen zu füttern, weißt du noch? Manchmal stank es zu Hause richtig.

FOLCO: Eine Grille war jadefarben, das war die schönste. Oder war das eine Zikade?

TIZIANO: Nein, nein, eine Grille!

FOLCO: Und dann gab es noch die Kampfgrillen.

TIZIANO: Faszinierend, nicht? Stimmt, irgendwann hatte mich die Leidenschaft für Kampfgrillen gepackt. Wie alle Asiaten lieben auch die Chinesen Wetten und Glückspiele, Hunderennen und Ähnliches. Und so erfanden sie schließlich den Grillenkampf. Man ging mit seiner Grille auf den Markt und ließ sie dort auf andere Grillen los.

Was mir daran gefiel, waren allerdings nicht so sehr die Wettkämpfe selbst, bei denen eine am Ende immer tot gebissen wurde; was mich begeisterte, war vor allem das Zubehör. Zunächst einmal die kleine Arena aus Porzellan. In einer schwarzen Schachtel brachte man die Grille zum Markt, doch das Match selbst wurde in einer herrlichen blauen Kampfarena ausgetragen, in die viele Zuschauer hineinsehen konnten, weil sie so groß war wie ein Teller. Und dann die Käfige, in denen die Kampfgrillen normalerweise gehalten wurden! Schwarze Behälter mit einem kleinen, sorgfältig bemalten Porzellanhäuschen darin und einem Trog in Miniatur, an dem die Grille trinken konnte. Sie sahen aus wie winzige Puppenhäuser.

Doch das Raffinierteste von allem war der Pinsel. Weißt du, woraus der gefertigt war? Aus drei oder vier Mäuseschnurrhaaren. Es *mussten* Mäuseschnurrhaare sein! Die steckten in einem eleganten Griff aus Elfenbein. Und wenn du der Grille diesen Pinsel in den Hintern stecktest, wurde sie wütend und griff ihr Gegenüber an.

FOLCO: Ich kann mich noch an diese Kämpfe erinnern. Manchmal haben wir auch zu Hause welche abgehalten, obwohl wir immer ein schlechtes Gewissen dabei hatten.

TIZIANO: Wir haben wirklich versucht, in China zu leben. Zwar waren wir in die Ausländer-Ghettos verbannt, wo uns die Wachleute an der Einfahrt bespitzelten und die furzende Aufzugfrau Buch darüber führte, wie oft wir hinauf- und hinunterfuhren – das war der unangenehme Aspekt –, aber wir lebten in China. Wir aßen chinesisch und trafen uns mit Chinesen. Uns interessierte das Leben, nicht nur die Politik.

FOLCO: Es gab Märkte, auf die du uns mitnahmst, um Grillenzubehör zu kaufen. Das machte Spaß! Ich weiß noch, wie es einmal im Auto ganz dunkel wurde, weil sich die Leute, statt den Grillen zuzusehen, um unser Auto drängten und hineinstarrten, wo die beiden blonden Kinder mit dem Hund saßen. Alles hatte der Kommunismus abgeschafft, sogar die Hunde, deswegen waren die Leute so fasziniert von unserem. All diese Nasen, die an der Scheibe platt gedrückt wurden …

Papa lacht.

TIZIANO: Unser Freund Wang Shi Xiang führte mich dann in eine andere große Leidenschaft ein, die ich allerdings nicht lange ausleben konnte, weil ich kurz darauf ausgewiesen wurde: die Tauben. Wir besaßen eine richtige kleine Taubenzucht!

Man muss sich diese Kultur mal vorstellen, die darauf gekommen war, Tauben eine Pfeife an den Schwanz zu binden – die natürlich federleicht sein muss, damit die Taube noch fliegen kann –, sodass beim Fliegen ein Ton erzeugt wird. Es gibt verschiedene Pfeifen, die man sich als eine Art Flöten mit verschiedenen Löchern und Tönen vorstellen muss, und die befestigt man an den Schwänzen mehrerer Tauben. Wenn die dann zugleich los fliegen, kann man die Musik der Sphären hören: wuuuu!

Unser Koch Xiao Wei, ein großer Taubenliebhaber, stand mir bei dieser neuen Beschäftigung zur Seite. Denk nur, was für eine große Kultur. Man kann doch gar nicht anders, als die Chinesen für diese einmaligen Dinge zu bewundern! Doch Mao hasste sie dafür, das waren Spielereien für Reiche, für Städter, das war nichts für Bauern. Die hatten nicht viel zu pfeifen, die pfiffen vor Freude, wenn sie etwas zu essen hatten.

Mich allerdings überwältigte die Schönheit dieser Dinge. Ich konnte ihr nicht widerstehen. Und wenn ich hörte, ein Alter in einem Dorf außerhalb von Peking habe wieder begonnen, Pfeifen herzustellen, sprang ich sonntags sofort ins Auto und fuhr hin, um zu sehen, was für Pfeifen das waren. Lange Zeit waren diese Beschäftigungen verboten gewesen, doch nun begann sich die allgemeine Lage zu ändern und die Grillen, Tauben und Pfeifen kehrten zurück.

Ich war schon ein seltsamer Journalist, was? Während meine Kollegen sonntags zum Empfang des Botschafters gingen und sich mit dem Parteivorsitzenden unterhielten, besuchte ich einen kleinen Markt nach dem anderen. Doch am Ende habe ich China, glaube ich, besser begriffen als sie, denn ich habe es gespürt, gelebt. Deswegen war meine Ausweisung auch so ein schwerer

Schlag für mich, wie du dir vielleicht vorstellen kannst. Die Chinesen haben mich einer ganz tiefen Freude beraubt. Erst Indien hat mich später dafür entschädigt.

FOLCO: Ein schöner Gedanke. Du hast zwar eine Menge Artikel über dies und jenes geschrieben, aber was für dich wirklich zählte ...

TIZIANO: Genau!

FOLCO: Und während Deng Xiaoping Chinas Wirtschaft neu ausrichtete ...

TIZIANO: ... schrieb ich über Grillen.

AUSWEISUNG

TIZIANO: Im Grunde habe ich die Ausweisung kommen sehen. Mir geschahen seltsame Dinge, und da ich diese Welt nun einigermaßen kannte, witterte ich, dass irgendetwas im Busche war. Eines Abends ging ich gute chinesische Freunde besuchen, ein Schauspielerehepaar. Ich kam in ihre Einzimmerwohnung, wo wir immer gemeinsam gegessen hatten und wo auch das Bett stand, doch diesmal war sie allein und fiel regelrecht über mich her. Ich kam mir vor wie beim KGB, wo man nackt im Bett mit der Gattin des Offiziers fotografiert wird. Ich machte mich Hals über Kopf davon!

Seitdem war ich auf der Hut. Ich fühlte mich beschattet, es gab merkwürdige Vorfälle, und mir wurde klar, dass irgendjemand gegen mich intrigierte. Das alarmierte mich dermaßen, dass ich euch drei bereits ein Jahr vor meiner Ausweisung nach Hongkong zurückschickte. Wir packten unseren ganzen Hausrat zusammen, in Peking blieben nur mein Büro und meine Chinabücher zurück, und ihr kehrtet in die englische Kolonie zurück. Damals starb mein Vater. Die Zeit verging, und alle zwei, drei Monate kam ich euch besuchen.

FOLCO: Bis du eines Tages, das weiß ich noch genau, in Hongkong ins Flugzeug nach Peking stiegst – und spurlos verschwandest. Du riefst nicht wie üblich an, um Bescheid zu sagen, dass du gut angekommen warst. Mama probierte es immer wieder, aber du gingst nicht ans Telefon. Auch von deinen Freunden hatte dich keiner gesehen oder wusste, wo du abgeblieben warst. Und doch bestätigte die Fluggesellschaft, dass du in die Maschine gestiegen und auch in Peking angekommen warst.

Wo stecktest du nur?

Mehrere Tage vergingen. Mama machte sich furchtbare Sorgen, auch wenn sie die Sache uns gegenüber herunterspielte, um uns nicht zu ängstigen. Aber ganz offensichtlich stimmte etwas nicht, denn sie hing von morgens bis abends am Telefon. Sie rief die italienische und die deutsche Botschaft in Peking an, sprach mit den Kommunisten und den Jesuiten in Hongkong, fragte Hinz und Kunz, um herauszufinden, was da vor sich ging. Endlich stellte sich heraus, dass du gleich nach der Landung des Flugzeugs von der chinesischen Polizei verhaftet worden warst. Und es war alles andere als klar, ob sie vorhatten, dich wieder auf freien Fuß zu setzen. Am Ende hat sich der damalige Staatspräsident Pertini aus Rom eingeschaltet, nicht?

Schließlich wurdest du ausgewiesen.

Du kamst nach Hongkong, und Mama holte dich am Flughafen ab. Aber nach China konntest du nicht mehr zurück. Ein Drama!

TIZIANO: Ja, für meine Arbeit war die Ausweisung dramatisch – als hätte man mir beim Essen den Teller weggezogen.

Das Buch, das ich dann schrieb, *Fremder unter Chinesen*, ist wie ein Coitus interruptus, da fehlt die Hälfte. Ich hatte es viel breiter angelegt. Ich wollte ein Buch über große Reisen in die unbekannten Gegenden Chinas schreiben, in die Journalisten normalerweise nicht kommen. Ein paar dieser Reisen sind auch darin enthalten, etwa die nach Shandong oder in die Mandschurei, aber ich hatte noch in viele andere Provinzen fahren wollen, die ich dann nicht mehr gesehen habe.

Meine größte Leistung und mein längster Artikel über China war eine Recherche über die Zerstörung Pekings durch die Kommunisten. Sie erschien im SPIEGEL in drei Folgen zu je zehn, zwölf Seiten.

FOLCO: Waren solche ausführlichen Recherchen unüblich?

TIZIANO: Weißt du, die meisten Journalisten arbeiteten für Tageszeitungen oder für Wochenzeitungen wie das *Time Magazine*, für die sie nicht mehr als 150 Zeilen schreiben durften. Ich hingegen schrieb einmal im Monat, da kannst du dich nicht auf die Tagesereignisse beschränken, da musst du etwas vorlegen, was darüber hinausgeht. Und so schrieb ich ellenlange Artikel, die dann über mehrere Wochen erschienen.

In meiner ausführlichsten Serie hatte ich mich, wie gesagt, mit der Zerstörung Pekings befasst. Sie war nur mit der stillschweigenden, aber entscheidenden Hilfe meiner üblichen Reisegefährten, der alten Bücher, möglich gewesen. Diese Artikel brachten das Fass zum Überlaufen. Denn der Mann, der Peking zerstört hatte, ein gewisser Peng Zhen, war während der Kulturrevolution und auch danach Bürgermeister gewesen und dann zum Sicherheitsbeauftragten von ganz China aufgestiegen. Und als sich die Belege häuften, dass ich mit diesem und jenem verkehrte, dass ich reiste, wohin ich wollte, ohne die Zutrittsverbote für Ausländer zu beachten, und Artikel schrieb, in denen ich die Vernichtung der Vergangenheit durch die Kommunisten anprangerte, nahm er irgendwann meine Akte und sagte: „Raus mit dem!“

Ich kann nicht mehr, Folco.

FOLCO: Dann schlaf mal ein bisschen.

Nach einer Weile kommt Mama, um nach uns zu sehen.

FOLCO: Er ist eingeschlafen.

Sie redet leise.

ANGELA: Die Ausweisung war für Papa zweifellos ein schwerer Schlag. Von so etwas erholt man sich nicht so leicht. China war zu seiner zweiten Heimat geworden, eine andere hat er nicht mehr gefunden. Auch Vietnam war ihm wichtig gewesen, aber

nicht so wie China. Doch inzwischen liegt das weit weg. Immer wieder merke ich, dass seine letzten Erfahrungen in Indien ihn so beschäftigt haben, dass China tatsächlich in weite Ferne gerückt ist.
FOLCO: Aber du erinnerst dich noch gut daran?
ANGELA: Ja. Ich bin danach ja auch nicht in eine vollkommen andere Kultur eingetaucht wie er. Er ist ein ganz anderer Mensch geworden.

Wir bleiben an der Seite dieses alten Mannes sitzen, schweigen und hängen unseren Gedanken nach. Draußen krächzt ein Rabe. Nach einer guten Viertelstunde wacht Papa auf und ist wieder ganz frisch.

TIZIANO: Die Ausweisung aus China war eine Tragödie für mich. Die Chinesen wissen genau, was für eine schwere Strafe das ist. Denn das Schlimmste überhaupt ist, von etwas getrennt zu werden, was du liebst.

China fehlte mir schrecklich. Was hatte ich nicht alles in dieses Land investiert! Die Sprache, die Bekanntschaften, alles, was ich dort gelernt hatte. Die Ausweisung traf mich mitten ins Herz. Dieses China, das mir gehört hatte, das ich hautnah miterlebt hatte, wieder nur aus der Ferne betrachten zu können, war schrecklich traurig.

Weißt du, Folco, die erste große Liebe vergisst man nicht. Auch Indien hat mir später unglaublich viel gegeben, Indien hat mir den Frieden geschenkt. Aber China, die Größe Chinas…
FOLCO: Jetzt hören wir aber auf zu reden, du musst deine Stimme noch ein bisschen schonen. Du hast ja die Glocke. Wenn du etwas brauchst – ich bin oben.
TIZIANO: Ich habe vieles geliebt. Aber vor allem China. China war meine große Liebe.

KARRIERE

TIZIANO: Wieder einmal war der SPIEGEL unglaublich großzügig. Gleich nach meiner Ausweisung wurde ich in einem großen Hotel in Hamburg untergebracht, wo ich einen Artikel über die ganze Angelegenheit schrieb, der dann auch sofort erschien. Aber da eine Ausweisung für einen Journalisten eine ernste Sache ist, wurde ich danach in den obersten Stock des SPIEGEL zitiert und mit den Anschuldigungen der Chinesen konfrontiert: Spionage, Diebstahl von Volkseigentum, konterrevolutionäre Handlungen. Ich saß vor der versammelten Runde der Chefredakteure und Ressortchefs wie vor einem Tribunal und wurde ohne Umschweife, ja fast kaltschnäuzig gefragt: „Was ist an diesen Vorwürfen dran?"

Interessante Situation, was? Oft sind die Beziehungen zwischen Zeitungen, Journalisten und Geheimagenten kompliziert, weißt du, und als Chef eines Journalisten musst du dich immer fragen: Für wen arbeitet der eigentlich? Nach dem Mauerfall kam zum Beispiel heraus, dass einer der SPIEGEL-Korrespondenten in Berlin Agent der Stasi gewesen war. Aber das war ja eigentlich zu erwarten gewesen, nicht? Vielen anderen Zeitungen ist es ähnlich ergangen, aber es ist jedes Mal ein Drama. Und der SPIEGEL hatte überhaupt keine Lust, auch mit mir so ein Problem zu bekommen, falls sich irgendwann herausstellte, dass ich wirklich als Agent gearbeitet oder konterrevolutionäre Aktivitäten ausgeübt hätte.

Ich hatte nicht viel zu meiner Verteidigung vorzubringen. Ich sagte einfach, wie es gelaufen war, und der SPIEGEL war so großzügig, das Ganze auf sich beruhen zu lassen.

Mir wurde angeboten, nach Hongkong zurückzukehren. Doch ich wollte China nicht noch einmal durchs Schlüsselloch beobachten. Also bot man mir an, einen anderen Einsatzort zu wählen. Sogar Washington wäre möglich gewesen, dort war gerade eine Stelle frei geworden. Oder auch Lateinamerika.

Das hat mich schon ein bisschen gereizt. Du liebst Lateinamerika, Folco, und kannst sicher verstehen, dass mich der Gedanke anzog, China hinter mir zu lassen und noch einmal ganz von vorn anzufangen. Eine Weile habe ich darüber nachgedacht, aber dann habe ich gemerkt: Nein, das bin nicht ich. Mein Leben war Asien. Ich kannte die Sprachen dieses Kontinents, seine Geschichte, seine Romane und Reisebeschreibungen. Von Lateinamerika kannte ich nicht einmal die Geographie! Welche Länder grenzen an Chile? Argentinien, Bolivien? Irgendwie hatte ich das Gefühl, das wäre nichts geworden. Lateinamerika war für mich eine Art schwarzes Loch – schön, neu, anders, aber nichts weiter. Und so widerstand ich dieser Versuchung.

Und Washington erst! Wie hätte ich, von Natur aus Anarchist, Korrespondent in Washington werden und zu einer Pressekonferenz nach der anderen gehen können?! Nein, ich wollte Reporter sein und mitten im Geschehen stehen, immer. Ich hatte nicht die geringste Lust, auf die Vorfahrtsspur zu wechseln, um Chefredakteur zu werden. Denn viele meinen, gute Journalisten machten immer weiter Karriere, bis sie endlich an der Spitze des Blattes stehen.

In den Jahren, als ich meine schönen Artikel aus China schrieb, lud mich der Chef der Auslandsredaktion des SPIEGEL einmal nach Bangkok ein – das habe ich dir sicher mal erzählt. Wir saßen auf der Terrasse des Oriental Hotel, unsere Ehefrauen waren auch dabei, und da sagte er zu mir: „Wir haben lange über dich nachgedacht und beschlossen, dich nach Hamburg zu holen und zu meinem Vize zu machen."

Ich erwiderte nur: „Entschuldigung, ich muss mal kurz auf mein Zimmer."

„Warte, ich bin noch nicht fertig."

„Nein, nein, ich muss sofort auf mein Zimmer, um meine Kündigung zu schreiben."

So eine Stelle hätte ich nie angenommen.

Unter den Vorschlägen des SPIEGEL war schließlich einer, an den auch ich schon gedacht hatte: Japan. Japan weckte meine Neugier. Weißt du, den dramatischen Teil Asiens hatte ich bereits abgedeckt, die Indochinakriege, China mit seiner unglaublichen Geschichte des Maoismus. Japan dagegen stand für den positiven Aspekt dieses Kontinents, den Teil Asiens, der es geschafft hatte, sich aus der Unterentwicklung zu befreien und zu modernisieren.

Dieses moderne Asien wollte ich jetzt kennenlernen. Ich wollte es sehen und begreifen, wie es funktionierte.

JAPAN

Wieder ist ein grauer Regentag. Wir sitzen im Haus und haben ein Feuer im Kamin angezündet.

TIZIANO: Ich habe in meinem Leben verdammt viel Glück gehabt, viel mehr als normal, doppelt, dreimal, viermal so viel! Nicht ein einziges Mal habe ich wirklich Pech gehabt.

FOLCO: Empfindest du das tatsächlich so?

TIZIANO: Ja, ganz eindeutig.

FOLCO: Und die Ausweisung aus China?

TIZIANO: Die kann man doch nicht als Pech bezeichnen, die hatte ich verdient. Ich hatte mich aufmüpfig verhalten und wurde rausgeschmissen.

FOLCO: Aber die Jahre darauf in Japan waren doch ungeheuer schwierig für dich!

TIZIANO: So ist das Leben nun mal. Oder meinst du, es sei ein einziges Zuckerschlecken? Ohne Leid kein Freud.

FOLCO: Aber du sagst doch, du seiest vom Schicksal begünstigt gewesen!

TIZIANO: Weil ich auch immer wieder unglaublich glücklich gewesen bin. Viele Leute erleben solche Momente nie. Weißt du noch, wie ich vor ein paar Tagen im Auto zu dir gesagt habe: „Folco, ich bin von einer Freude durchdrungen – ich komme mir vor wie in einem Nimbus." So ist das. Sieh mich doch an, wie gut es mir geht! Vielleicht denkst du: „Der spinnt." Mag sein, aber ich spüre diese Freude einfach. Und das ist ein riesiges Glück. Man könnte in einer Situation wie meiner auch hadern und sagen: „Warum ausgerechnet ich? Womit habe ich das verdient?", aber ich finde es eigentlich ganz gerecht.

FOLCO: Nach dem Prinzip der Gegensätze müsstest du auch sehr gelitten haben.

TIZIANO: Nein, richtig gelitten habe ich nie. Obwohl ich immer gewusst habe, dass es Leid gibt und dass es auch mich treffen könnte.

FOLCO: Das hat es nicht?

TIZIANO: Wann denn, Folco? Ich bin doch immer davongekommen.

FOLCO: Merkwürdig. Na ja, reden wir also über deine Zeit in Japan.

Papa bereitet sich Tee zu.

TIZIANO: Eines muss ich gleich sagen: Japan war für mich ein totales Scheitern, vielleicht das einzige in meiner ganzen Karriere.

Das ging schon mit der Sprache los. Natürlich konnte ich kein Japanisch, und so bat ich den SPIEGEL, erst einen Sprachkurs besuchen zu dürfen. Ich ließ euch drei in Hongkong, fuhr zunächst allein nach Tokio und absolvierte einen dieser Intensivkurse, nach denen du entweder die Sprache kannst – oder du bist ein hoffnungsloser Fall.

Ich konnte danach kein Japanisch. Vielleicht war ich schon zu alt, denn Sprachen sollte man in jungen Jahren lernen. Ich hatte das dumme Gefühl, mein Verstand gleiche einem vollen Wassereimer: Immer wenn ein bisschen Japanisch hinzukam – schwapp! –, floss ein bisschen Chinesisch hinaus, und dagegen sträubte ich mich. Das erschien mir wie Verrat. So habe ich also nie wirklich Japanisch gelernt.

Es ging mir wie dem Historiker Gaetano Salvemini, der in Amerika Englisch lernte und auf eine Frage nach seinen Fortschritten sagte: „Allmählich beginne ich zu verstehen, was ich selber sage.“ Doch in einem Land zu leben, dessen Sprache man nicht beherrscht, schränkt einen ungeheuer ein. Das ist, als würde man humpeln.

Das war meine erste Niederlage.

In jener Zeit wohnte ich in einem kleinen *ryokan,* einem hübschen, altmodischen Hotel mit einem Bambusrohr im Garten, aus dem nach altem Brauch Tag und Nacht Wasser plätscherte. Ich schlief auf einem Tatami und wollte nun Japaner werden. Es war eine perfekte Umgebung, um mich zu japanisieren, und doch ging mir alles gegen den Strich.

Schon bald wurde mir klar, dass ich mit der Wahl Japans den größten Fehler meines Lebens begangen hatte. Ich hatte jahrelang in einer Kultur der Größe gelebt, weißt du? Denn du kannst über China sagen, was du willst, aber dort war alles groß! Die Chinesische Mauer war groß, das Land war groß, seine Kultur war groß und seine Tragödie auch; es hatte unter großen Hungersnöten und großen Verbrechern gelitten, die Menschen hatten einen großen Geist, kurz, alles dort war groß gewesen. Und auf einmal befand ich mich in einer Kultur des Kleinen, des Details. Und das war ein Schock.

In Japan liegt die Vollkommenheit im Detail. Wenn dir im Restaurant eine Schale mit einfachem Reis gebracht wird, thront in der Mitte eine wunderschöne rote Kirsche, wie auf der japanischen Flagge. Das *bento,* eine Art Proviantdose aus Holz, in der die Leute ihr Essen mitnehmen, ist ursprünglich ein Gegenstand der armen Leute, und doch ist es sorgfältig gearbeitet und wunderschön. Wenn man in China essen ging, war der Tisch so schmierig, dass man fast daran kleben blieb, weil er nie abgewischt wurde, und wenn doch, dann mit einem fettigen Lappen – ein Schweinestall! Und die Teller wurden lieblos vor dich hingeknallt. In Japan hingegen ist alles raffiniert, von den Figuren, die die Kinder aus Papier ausschneiden, bis zu den Verbeugungen der Frauen. Aber es ist eben auch alles klein.

Sogar das Land selbst ist klein, wenn du es dir überlegst. Auf den Inseln ist kein Platz und in den bescheidenen Häusern auch nicht, sodass die Familien ihre Wasch- und Spülmaschinen, ihre Regenschirme und Schuhe auf den Bürgersteig stellen müssen. Obwohl Japan eines der reichsten Länder der Welt ist, leben die Menschen unter bescheidensten Bedingungen. Und diese Kultur des Kleinen, des raffinierten Details beklemmte mich.

Größe spürst du nur im Tod. Im Yasukuni-Tempel oder in den Museen mit all den Schwertern spürst du eine Kultur des Todes, des schönen Todes, in der die ganze japanische Romantik liegt.

Er nimmt einen Schluck Tee.

Schon bald fiel mir auf, dass es mir einfach nicht gelingen wollte, Freundschaft zu schließen. Dabei hatten wir in China jede Menge Freunde gehabt. Die Japaner aber, die ich kennenlernte, existierten nicht als Individuen; sie stellten die Rollen dar, die sie in der Gesellschaft verkörperten. Nie bist du wirklich du, nie bist du Tiziano Terzani; du bist immer nur der Journalist der Sowieso-Zeitung. Daher die enorme Bedeutung der Visitenkarten. Hast du keine, existierst du nicht, denn du bist nur das, was auf deiner Visitenkarte steht.

Dazu fällt mir eine Geschichte ein, die mir ein französischer Diplomat erzählt hat. Er lebte seit vier oder fünf Jahren in Tokio, sprach relativ gut Japanisch und war eng mit einem Funktionär des Außenministeriums befreundet, der für die Beziehungen zu Frankreich zuständig war. Zunächst hatten die beiden beruflich miteinander zu tun gehabt, doch dann hatten sie begonnen, sich auch privat zu treffen. Eines Tages rief der Japaner den Franzosen an und sagte: „Ich wollte mich von dir verabschieden. Ich bin in ein anderes Büro übergewechselt und werde mich in Zukunft um ein anderes Land kümmern. Wir werden uns also nicht mehr sehen." Verstehst du? Als er die Verantwortung für Ozeanien oder sonstwo bekam, rief er an und teilte dem anderen mit, ihre Freundschaft sei nun vorbei!

Ist das nicht merkwürdig? Auch ich habe ähnliche Geschichten erlebt. Überleg mal, was das für deinen Vater hieß, so gesellig, wie ich bin, stets bereit, überall meine Nase hineinzustecken. In Japan war das unmöglich. Nie luden die Japaner einen zu sich nach Hause ein, höchstens in ein elegantes Restaurant.

Nur einen einzigen Freund habe ich in Japan gefunden, Otomo. „O-tomo" heißt „großer Freund". Und weißt du, warum? Weil er – ein Trinker, der sich allen Regeln entzog, der sich nachlässig kleidete wie ein französischer Existenzialist, ein hochintelligenter Mann, aber ohne feste Arbeit – zum Ausschuss dieser ganzen Maschinerie gehörte. Mit ihm Freundschaft zu schließen war möglich, weil er vom System ausgesondert worden war. Otomo war mein einziger Freund in Japan, mit ihm habe ich mehrere Reisen unternommen.

FOLCO: Was die Welt so faszinierte, als wir Mitte der achtziger Jahre nach Japan kamen, war der unglaubliche technische Fortschritt des Landes. Jetzt macht uns das keine Angst mehr, aber damals wurde Japan als eine enorme wirtschaftliche Bedrohung erlebt. Man hielt es keineswegs für ausgeschlossen, dass es im Jahre 2000 die Welt beherrschen würde.

TIZIANO: Stimmt, Japan hatte sich rasant entwickelt.

Als ich 1965 ein paar Monate für Olivetti in Japan gewesen war, hatte ich ein armes, bescheidenes Land vorgefunden, das nach dem Krieg noch nicht wiederaufgebaut worden war. Das Japan, das du später kennengelernt hast, das Land der riesigen Kaufhäuser und funkelnden Wolkenkratzer, gab es damals noch nicht. Die Männer, mit denen ich morgens in den Bus stieg, hatten alle ein *furashukin* dabei, das waren diese wunderschönen bunten Tücher, die sie zu einem Beutel zusammenknoteten, um ihre Sachen darin zu verstauen. *Furashukins* waren billig, und jedes hatte sein eigenes Blumenmuster. Als ich 1985, also zwanzig Jahre später, wiederkam, gab es sie nicht mehr. Die Männer trugen nun Aktentaschen von Louis Vuitton. Japan hatte sich vollkommen gewandelt. Es war reich und arrogant geworden.

Ich begann, meine üblichen Geschichten zu schreiben. In einer behauptete ich, wer in Japan leben wollte, müsste lernen, mit Maschinen zu sprechen. Wenn du dir nachts am Automaten ein Bier ziehen gingst, sagte er dir, wie viel Geld du hineinstecken solltest! Wenn du in ein Geschäft tratest, erklang eine elektronische Stimme: „Guten Tag, herzlich willkommen, einen Moment, ich bin gleich für Sie da ..." Heute gibt es das überall, aber damals – schließlich kam ich aus dem postmaoistischen China – warf es mich um. Die Japaner redeten zwar nicht mit einem, aber dafür taten es ihre Maschinen!

Die Modernität war dabei, alles zu zerstören. Auch in Florenz, meiner Heimatstadt, wird nichts Neues geschaffen, was schön wäre. Aber zumindest hat die Stadt es verstanden, die Schönheit der alten Zeiten zu erhalten. Sollte jemand eines Tages ein Maß für Schönheit und Harmonie suchen, kann er sich darauf beziehen. Als wir in Japan waren, sahen wir die Bulldozer jeden Tag ganze Straßenzüge niederwalzen. Das alte Tokio mit den kleinen Häusern, die ihm Leben verliehen hatten, wurde gnadenlos abgerissen, um Bürotürme zu bauen, und die Bewohner wurden in trostlose Vorstädte vertrieben. Überleg mal, was das heißt, in einer Stadt aufzuwachsen, in der es keine Anhaltspunkte mehr gibt!

FOLCO: Du suchtest damals nach einem alten japanischen Holzhaus für unsere Familie, nicht wahr? Mit Fenstern aus Reispapier und Tatamis auf dem Boden.

TIZIANO: Ja, aber ich fand keines. Wir zogen schließlich in ein modernes Häuschen, das uns einigermaßen zusagte. Es gehörte einem alten Botaniker, einem Freund des Kaisers Hirohito. Aus den Fenstern blickte man auf einen wunderschönen Garten voller Büsche und alter Palmen, die der Professor im Laufe seines ganzen Lebens angepflanzt hatte. Nach drei Jahren starb er, seine junge Frau verkaufte den Garten, und eines Tages kam eine Mannschaft von Arbeitern mit Elektrosägen und Bulldozern, um alles abzuholzen und an Stelle des Gartens einen Parkplatz anzulegen.

Das war Japan!

FOLCO: Ein Leben, das deinem Charakter wirklich diametral entgegengesetzt war.

TIZIANO: Es war das banale Leben der Materie. Arbeiten, konsumieren, zwischen Peripherie und Stadtzentrum hin und her pendeln.

FOLCO: Und wie ging es dir dabei?

TIZIANO: Weißt du, wenn die Gegenwart mich nicht interessiert, suche ich meine Zuflucht in der Geschichte. Einer der Gründe meines Interesses für Asien war es ja herauszufinden, ob es dort gesellschaftliche und wirtschaftliche Alternativen zum westlichen Modell gab. Denn nur in der Vielfalt ist die Welt lebendig und sind die Menschen frei, davon bin ich fest überzeugt; eine Verflachung auf vorgefertigte Modelle hingegen treibt bestimmte Situationen auf die Spitze und merzt viele schöne Alternativen aus.

Es ist immer dasselbe Lied. Stets ist es der Westen, der bei den anderen anklopft, natürlich unter dem Vorwand, ihnen seine hehren Prinzipien zu bringen: heute die Demokratie und die Freiheit, im 19. Jahrhundert die freie Marktwirtschaft, früher das Christentum. Im Jahre 1853 erschienen die Amerikaner mit vier Kanonenbooten, den berüchtigten „schwarzen Schiffen" von Admiral Matthew Perry vor der japanischen Küste, um die Japaner zur Öffnung ihrer Grenzen zu zwingen und ihnen dann ihre Waren zu verkaufen – ein altes Schema, schließlich waren auch die Portugiesen aus demselben Grund nach Macao gekommen: Sie wollten China ihre Glitzerspiegel verkaufen und sich dafür die Gewürze und alles andere unter den Nagel reißen. Perrys Kriegsschiffe öffneten also Japans Märkte unter dem Vorwand, der freie Markt würde allen nützen. Und dasselbe geschah in China ...

FOLCO: ... zu dessen Märkten sich die Engländer durch die Opiumkriege Zugang verschafften.

TIZIANO: Genau. Japan war bis ins Mark getroffen von seiner Ohnmacht gegenüber den amerikanischen Kriegsschiffen. Es hatte sich für eine große Kultur mit einer großen Tradition gehalten: die Samurai mit ihren Schwertern, ihrer Ehre und so weiter. Doch gegen die anderen mit ihren Kanonenkugeln konnten sie damit wenig ausrichten. Also hatten sie einen schlauen Einfall: Da ihre Traditionen nicht dazu taugten, dem Westen standzuhalten, beschlossen sie, auf den Westen zuzugehen und durch Verwestlichung zu überleben.

Für uns ist das heute unfassbar, aber wenn man die alten Texte liest, ist es faszinierend: Unter Kaiser Meiji verfolgte das Land binnen weniger Jahre und mit einer Hartnäckigkeit, zu der nur die Japaner fähig sind, das Projekt, aus Japan ein westliches Land zu machen. Es hieß, Eisenbahnen zu bauen, also kopierten sie die Bahnhöfe. Sie kopierten sie einfach: Der Bahnhof von Tokio war eine detailgenaue Kopie des Bahnhofs von Amsterdam! Sie kopierten die Uniformen des preußischen Heers. Sie ließen Hunderte von Ausländern, die *yatoi*, ins Land kommen, um von ihnen zu lernen, wie man die Dinge auf westliche Art anpackt.

Die gutbürgerlichen Familien der Meiji-Dynastie kleideten sich westlich und lernten Walzer tanzen. Die westlichen Zivil- und Strafgesetzbücher wurden kopiert, ein Heer nach westlichem Vorbild geschaffen und die Kriegsschiffe der Engländer nachgebaut. Mit durchschlagendem Erfolg: Schon nach wenigen Jahrzehnten, also Anfang des 20. Jahrhunderts, forderte dieses modernisierte Japan die großen asiatischen Mächte heraus und besiegte sie: erst das chinesische Kaiserreich der Mandschu, und dann in zwei oder drei Seeschlachten das russische Zarenreich, das damals in Asien die dominierende westliche Macht war.

So wurde Japan zu einer großen wirtschaftlichen und militärischen Potenz. Interessant, oder? Es rüstete auf, und unter dem Vorwand, die anderen Länder vom Joch der weißen Kolonialherren zu befreien, betrieb es eine Politik der eigenen Vorherrschaft. Daraus folgte der Zweite Weltkrieg, und immer so weiter.

Für mich jedoch, den die Frage interessierte, ob die alten Kulturen eine gesellschaftliche und wirtschaftliche Alternative für unsere westliche Welt darstellen konnten, war Japan genau das Gegenteil von dem, was ich suchte, denn es war die getreuste und erfolgreichste Kopie des westlichen Systems. Eine Kopie, die sich nach dem Zweiten Weltkrieg sogar noch selbst übertraf, als das Land nach der Niederlage anfing, seine Fabriken nach dem Modell des amerikanischen Taylorismus – in zugespitzter Form – wieder aufzubauen.

Interessant, diese Geschichte der Verwestlichung, oder? Wenn du die alten Japaner zu bestimmten Feierlichkeiten in ihrem Kimono oder *yukata* siehst, denn ansonsten tragen sie Anzug und Krawatte, hast du eine Ahnung davon, wie anders Japan früher ausgesehen haben muss …

Inzwischen ist das westliche Modell allseits anerkannt. Es ist nach China, Südostasien, Singapur, ganz Indochina vorgedrungen, nur Laos hat in gewisser Weise überlebt. In *Fliegen ohne Flügel* komme ich auf dieses Thema immer wieder zurück: auf Asiens sorglosen Selbstmord zugunsten eines westlichen Modells von Fortschritt, dem zuliebe diese Länder auf einen eigenen Weg verzichtet haben.

FOLCO: Warum eigentlich?

TIZIANO: Ganz einfach: weil sie das westliche Modell mit dem Fortschritt an sich identifizieren. Es ist uns gelungen, ihnen das Christentum zu verkaufen, den Kolonialismus und zum Schluss auch die Idee, dass es die Moderne nur in unserer Form gibt. Über Massenmedien wie das Fernsehen hat sich diese Idee über ganz Asien verbreitet.

Der Einzige, der dem zu widerstehen suchte, war Pol Pot, ein schlimmer Mörder. Denk nur, auf welche Mittel er zurückgreifen musste – die Grenzen schließen und die Leute umbringen –, um die Übernahme eines Modells zu verhindern, das für das einzig Erfolgreiche gehalten wurde.

FOLCO: Aber in Japan hat doch auch etwas von der alten Kultur überlebt, oder? Der Kaiser, der Shinto …

TIZIANO: Die Japaner glaubten, ihre Seele gerettet zu haben, indem sie sich einen westlichen Anstrich gaben. Das ist der Grund, warum sie immer sagten: „Ihr werdet uns nie verstehen."

FOLCO: Weil sie im Grunde ihres Herzens Japaner geblieben sind?

TIZIANO: Weil sie glaubten, es zu bleiben.

Ein anderes, auch damals in Japan schon wichtiges Thema für mich war der Friede. Der atomare Holocaust hatte mich tief erschüttert; alles, was es über Hiroshima und Nagasaki zu lesen gab, hatte ich gelesen. Ich brannte darauf zu sehen, was dieses schreckliche Ereignis – die ersten beiden Atombomben der Geschichte, die auf die Zivilbevölkerung dieser beiden Städte abgeworfen worden waren – für Spuren hinterlassen hatte. Denn wir vergessen leicht, dass die Japaner als einziges Volk mit Atombomben angegriffen wurden. Das muss doch eine unglaubliche Wirkung gehabt haben, oder? Ich besuchte viele der alten *hibakusha*, der Überlebenden, unter ihnen auch einen hochintelligenten Architekten, der den „schwarzen Regen" als Kind abbekommen hatte. Alle waren zu überzeugten, engagierten Pazifisten geworden.

Doch auch von Hiroshima erwartete ich etwas, das ich nicht fand. Der Frieden war zu einem dermaßen abgedroschenen Thema geworden, dass einer meiner Artikel für den SPIEGEL mit den Worten begann: „Hier haben sogar die Tauben die Schnauze voll vom Frieden ..."

FOLCO: Das glaube ich dir nicht!

Ich hole ein Exemplar von In Asien *aus dem Regal und lese laut vor.*

„Das Wort ‚Friede' begegnet einem allenthalben. Selbst eine populäre Zigarettenmarke heißt so. Sogar die Tauben im Friedenspark oder auf dem Boulevard des Friedens scheinen vom Frieden mittlerweile genug zu haben ..."

Na ja, so ungefähr ...

Und das Blatt fand solche Themen reizvoll? Man hat nicht zu dir gesagt: „Das mag ja alles ganz interessant sein, Tiziano, aber willst du nicht mal einen Artikel über die japanische Wirtschaft schreiben, die uns etwas direkter angeht?"

TIZIANO: Natürlich hätten sie das gewollt, denn Japan war damals der „große Tiger", die große wirtschaftliche Bedrohung der Welt. Aber darüber habe ich nicht eine einzige Zeile geschrieben. Ich schrieb über den Tod des Gott-Kaisers, über sprechende Maschinen, Toiletten und das Nachtleben der Salary-Men. Und der SPIEGEL hat mir freie Hand gelassen, denn am Ende kam dabei immer etwas heraus, was keiner erwartete.

Von Wirtschaft verstand ich nichts. Und mich interessierte auch nicht, ob die Japaner mehr oder weniger Fernseher verkauften. Mir ging es um die *Menschen*, die diese Fernseher produzierten, und dieser Aspekt des modernen Japan war der reinste Wahnsinn.

Von Anfang an hatte mich tief getroffen, was für ein schreckliches Leben diese armen Japaner führten. Die asiatische Ausprägung der Moderne, für die ich mich interessierte, war schlichtweg Furcht erregend. In den Firmen und Fabriken herrschten unvorstellbare Arbeitszeiten. Um zwanzig Uhr machten die Bankangestellten Feierabend, aber nicht etwa, um nach Hause zu gehen, nein: Sie gingen mit ihren Kollegen noch bis Mitternacht etwas trinken, um über ihre Arbeit zu sprechen! Sie hatten keine Sekunde Freiheit. Und alles in einem Tempo – verheerend! Die Shinkansen, diese Hochgeschwindigkeitszüge, brachten die Pendler in einer Stunde von weit draußen bis ins Zentrum der Städte ...

Das alles kam mir vor wie ein Fluch, der bald auch über den Rest der Welt kommen würde. Denn man darf die modernen Gesellschaften – das kann man gar nicht oft genug wiederholen – nicht nur nach der Effizienz ihrer Wirtschaftsstrukturen beurteilen; man muss sich vor allem den Menschen ansehen, den sie hervorbringen, und das Leben, das er führt. Was zählt, ist doch das Leben!

Ich gehe nach draußen und hole einen Armvoll Holz.

All das zeigte mir, dass die japanische Gesellschaft in ihrer Nachahmung des Westens über den Westen bereits hinausgeschossen war und ein Wirtschaftssystem hervorgebracht hatte, das den Menschen meiner Ansicht nach grundlegend entmenschlichte und, wie ich fürchtete, auch für Europa schlimme Folgen haben konnte.

Um ehrlich zu sein, konnte ich mir damals allerdings nicht vorstellen, dass diese Art von Leben auch uns erreichen würde. Doch genau das ist geschehen, und zwar im Handumdrehen. Das liegt an der Globalisierung, bei der wirtschaftliche Oasen nicht vorgesehen sind. Bist du Teil eines gemeinsamen, freien Marktes, musst du mit allen konkurrieren, die schneller und billiger produzieren können als du. Und darin waren die Japaner unschlagbar.

Damals schien es mir unmöglich, dass Europa wie Japan werden könnte, der Mensch auch bei uns auf ein Rädchen im Getriebe reduziert. Heute, fünfzehn Jahre später, finde ich alles, was mich in Japan damals so erschütterte, vor meiner Haustür wieder.

FOLCO: Zum Beispiel?

TIZIANO: Die kleinen Geschäfte schließen und überlassen das Feld den Supermärkten; Fabriken verschwinden, weil die Wirtschaft sich ändert; die Menschen müssen mit einem immer schnelleren Arbeitsrhythmus fertig werden, leben in immer kleineren Behausungen, sind immer einsamer und entfremdeter. Heute ist das auch bei uns so.

FOLCO: Was dich beschäftigte, war also nicht nur die japanische Gesellschaft, sondern auch die Frage, wohin die ganze Welt steuerte?

TIZIANO: Ja, denn das wurde am Beispiel Japans deutlich. Es war doch eine Tragödie, den Selbstmord einer so einzigartigen Gesellschaft mit anzusehen! Hundertzwanzig Millionen Menschen, die sich bis zur Erschöpfung anstrengten, um wirtschaftlich mit dem Westen mithalten zu können. Mir taten die armen Japaner leid, die so entmenschlicht waren, so allein, zu Rädchen erniedrigt, auf Rollen reduziert. Von allen Gesellschaften, die ich kritisiert habe, war dies die härteste. Sie trieb den Menschen zu einem absolut standardisierten Verhalten, vom Aufstehen bis zum Moment, wenn er abends wie tot auf sein Kopfkissen sank.

Ich lege Holz nach. Papa beobachtet, wie es Feuer fängt.

Japan war unglaublich hart für mich. Im Grunde begann dort meine Depression, die dann die Triebfeder für alles Spätere wurde.

FOLCO: Deine Krise in Japan kommt daher, dass …

TIZIANO: … ich keine Alternative mehr sah.

FOLCO: Ich kann mich noch gut erinnern, wie du dich in Tokio verändert hast. Es muss die düsterste Zeit deines Lebens gewesen sein. Nie warst du zufrieden. Wenn wir uns zu Tisch setzten, war dir das Fleisch immer zu zäh und der Wein zu sauer. Tagsüber zogst du dich stundenlang in dein Arbeitszimmer zurück.

TIZIANO: Stimmt, ich saß immer dort, las Zeitung und schnitt Artikel aus.

FOLCO: Das Gegenteil davon …

TIZIANO: … wie du mich immer erlebt hattest. Ja, so war das in Japan. Die meiste Zeit verbrachte ich in meinem Arbeitszimmer, von dem aus ich nicht mehr die Pflanzen des Botanikers, sondern einen Parkplatz sah.

Ich verfiel in eine tiefe Depression.

Weißt du, wo immer ich gelebt hatte, hatte ich immer auch „gespielt". Mit den Dingen, mit denen sich die Menschen vor Ort ihre Zeit vertrieben. Denk doch nur an all meine *xiao wan*, meine kleinen Hobbys in China. Die Jaderinge, die Grillen, alles ein Spiel. Stunden um Stunden verbrachte ich damit. Und weißt du, Folco, was mein Spiel in Japan war? Die Börse! Ich spekulierte an der Börse. Das war das einzige Spiel, das es dort gab.

Und Japan war das einzige Land, in dem ich morgens in der Zeitung nicht als erstes die Titelseite las, um zu erfahren, was in der Welt geschehen war, sondern den Wirtschaftsteil aufschlug, um zu sehen, ob der Aktienkurs von Fujitsu gestiegen oder gesunken war.

Das war so untypisch für mich, dass mich die Depression packte. Leicht zu erklären ist das nicht. Ich hatte irgendwie das Gefühl, dass ich wie die Japaner geworden war – nein, wirklich, es ist wichtig, dass du das verstehst –, denn ich war nicht mehr ich selbst. Von mir war nur noch der Journalist und brillante Gesprächspartner übrig geblieben, der brav seine Rolle spielte, immer dieselbe. Wenn ich am 14. Juli, dem Nationalfeiertag Frankreichs, in die französische Botschaft ging, hatte ich schon nach fünf Minuten – „Ach, wie interessant!" – die nächste Einladung zum Abendessen in der Tasche. Und auch da spielte ich die immer gleiche Rolle von Tiziano Terzani. „Als ich in Vietnam war ...", und „In welche Richtung China sich entwickelt ..." Wenn ich am Ende des Abends dann aufstand, um mit Mama nach Hause zu fahren, war ich verzweifelt. Verzweifelt.

Ich lache.

Ich weiß nicht, ob du das verstehen kannst ...

FOLCO: Doch, doch, ich verstehe, was du meinst. Aber ehrlich gesagt habe ich nie verstanden, warum du dich auf diese Rolle eingelassen hast. Warum bist du nicht einfach in eine andere geschlüpft? Warum hast du bei einer eurer unzähligen Einladungen nicht versucht, einfach mal still zuzuhören, was die anderen zu sagen hatten?

TIZIANO: Tja, so bin ich nun mal, das ist eine Schwäche von mir. Bevor ich mir die hohlen Reden der anderen anhöre, erzähle ich lieber meinen eigenen Blödsinn, der ist amüsanter!

Wir lachen.

Am Ende verfügte ich über ein Repertoire, das ich nur aufzulegen brauchte wie eine Schallplatte und „Blablabla …" ging es los. Die große philosophische Frage, wer ich eigentlich war, stellte ich mir damals noch nicht. Es braucht Zeit zu begreifen, wer du bist, so einfach ist das nicht. Aber diese Identität lastete wie ein Stein auf mir. In Japan begann meine große Krise, und das lag an dem enormen Unterschied zwischen dem, was ich sein wollte und war, und dem, was ich sein musste.

Er legt seine Hand auf einen Stapel Fotos.

Auf diesen Fotos wird deutlich, wie sehr ich in Japan gelitten habe. Irgendetwas dort machte mich richtiggehend krank.

Wenn ich morgens aufstand, lastete ein bleischweres Gewicht auf meinen Schultern. Mama hat alles Mögliche versucht, jeden Morgen schlenderte sie mit mir durch die kleinen Straßen Tokios, um neue Cafés auszuprobieren – es half alles nichts. Es wurde so schlimm, dass ich, als wir einmal in Europa waren, einen berühmten italienischen Psychiater aufsuchte, um ihn um ein Mittel gegen meine Depressionen zu bitten. Was für ein Morgen! Wie viele Tränen! Er war unglaublich nett, behielt mich stundenlang da, und ich erzählte ihm all meine Probleme, dass ich nicht einmal mehr das Telefon ertrug und alles andere. Am Schluss sagte er: „Wenn Sie unter Depressionen leiden, dann leiden alle Menschen darunter. Solche Probleme haben Tausende! Doch ich verstehe, dass Sie das manchmal nicht mehr aushalten. Dann nehmen Sie das hier." Und er gab mir eine Schachtel Prozac.

Von da an trug ich die Schachtel immer in der Tasche, auf der Reise von *Fliegen ohne Flügel* wurde sie zu meinem Talisman, und schließlich verfütterte ich die ganze Packung an Baolì, unseren alten, kranken Hund, der voll gepumpt mit Prozac glücklich entschlief.

In dem Versuch, etwas gegen meine Depressionen zu tun, zog ich mich in Japan zum ersten Mal aus der Welt zurück und lebte eine Weile allein in einer kleinen Hütte im Daigo-Wald am Fuße des Fuji. Ich, der ich immer so gesellig gewesen war, probierte das Eremitendasein aus. Ich hatte mir meinen Computer und einen ganzen Stapel Ordner mitgenommen, denn ich besaß Unmengen von Notizen, hatte unzählige Interviews gemacht, Bücher gelesen, Zeitungsartikel ausgeschnitten, und um diese ganze Erfahrung abzuschließen, träumte ich damals noch davon, ein Buch über Japan zu schreiben.

Drei Monate blieb ich dort. An schönen Geschichten und Anekdoten mangelte es mir nicht, aber die Nuss war zu hart, das Problem zu groß. Es gelang mir einfach nicht, die Angst und Beklemmung zu beschreiben, die mich gepackt hatte: die Angst vor der modernen Gesellschaft mit ihrer ungeheuerlichen Entmenschlichung. Das war mein Thema.

Dort in Daigo wurde mir bewusst, dass ich Japan nie begreifen würde. Doch ich wollte noch einen letzten Versuch wagen: Ich wollte versuchen, es von oben zu betrachten. Von oben sieht man die Dinge oft besser, als wenn man mitten drin steckt. Also beschloss ich, mit Otomo auf den Fuji zu steigen. Ich wollte den Berg als Pilger erleben, bereitete mich entsprechend darauf vor und rasierte mir sogar den Kopf. Mit Zehntausenden von anderen Pilgern gingen wir los – um schließlich auf dem Gipfel, dem schönsten, heiligsten Ort, auf sprechende Maschinen zu stoßen. „Du musst noch eine Münze einstecken! Für eine Coca Cola reicht der Betrag nicht aus …"

Auch der Fuji war also eine Enttäuschung. Ich verließ ihn mit dem Fähnchen in der Hand, das ich an allen Stationen hatte abstempeln lassen, und beschrieb in meinem letzten Artikel diese Bergbesteigung als Versuch, Japan zu begreifen.

Ich verließ das Land mit einem Gefühl des Scheiterns. Auch das war nicht leicht auszuhalten. Aber wer weiß, vielleicht gab es ja gar nichts zu verstehen? Und es interessierte mich auch nicht mehr. Irgendetwas an Japan war mir verschlossen geblieben.

FOLCO: Kannst du es auch heute nicht begreifen?

Er schweigt, als hätte er mich nicht gehört.

TIZIANO: Japan? Ich weiß nicht einmal mehr, wo es liegt.

Schweigen.

Nur manchmal kommt eine leise Sehnsucht nach einem Sushi in mir auf. Dann denke ich an die kalten Winterabende, an denen man in eines der hübschen kleinen Fischrestaurants trat, mit ihrem eigentümlichen Geruch …

DAS SCHILDKRÖTENHAUS

TIZIANO: Ich glaube, alles Spätere – auch meine Krankheit – hat in Japan begonnen, ausgelöst von der tiefen Trauer, in einer so unfreien Gesellschaft leben zu müssen. Du, Folco, hast die chinesische Gesellschaft als repressiv erlebt; für mich war die japanische auch nicht freier und meiner eigenen noch dazu sehr ähnlich.

In Japan ging es mir schlecht, ich war richtig krank, und als die fünf Jahre endlich um waren und der SPIEGEL wissen wollte, wohin ich nun wollte, bat ich ohne zu zögern darum, mir eine Stelle in einem Land zuzuweisen, das meinetwegen politisch nicht viel zählte, mir aber erlaubte, in das tropische Asien zurückzukehren, das ich so liebte. Ich hatte schreckliche Sehnsucht nach der Sonne und nach dem Gestank modrigen Gemüses morgens auf dem Gehsteig, dem Geruch der Tropen.

Großzügig wie immer kam der SPIEGEL mir entgegen und erklärte sich damit einverstanden, ein Büro zu eröffnen, wo es bisher keines gegeben hatte, in Bangkok. Von dort konnte ich die Geschehnisse in ganz Asien verfolgen.

FOLCO: Du kommst immer wieder auf den Geruch der Tropen zurück, den Geruch eines Lebens, das …

TIZIANO: … einfach anders war. Du riechst ihn in Hongkong in der Gegend von Mongkog und Wanchai, wo die Arbeiter auf Hockern sitzen und ihre Suppe löffeln, oder in Saigon, wenn du auf der Straße einen *pho* isst. Es ist der Geruch einer Welt, in der ich mich … nicht eigentlich verloren, aber doch sehr wohl gefühlt habe.

Vorbei, für immer vorbei …

Eine Weile hängt er seinen Gedanken nach.

Dort in Bangkok wendete sich das Schicksal, als Mama das schönste Haus fand, in dem wir je gewohnt haben: Turtle House, ein altmodisches thailändisches Holzhaus mit einem Garten voller tropischer Bäume und einem großen Teich mittendrin.

War das schön!

Kaum waren wir eingezogen, hatte ich einen seltsamen Traum. Ich träumte, mit einem riesigen, steinschweren Koffer aus Japan zu kommen, und als ich ihn in unserem neuen Garten öffnete, lag eine Leiche darin: meine eigene! Die Leiche von Tiziano Terzani, die ich unter einem Baum in Thailand begrub.

Der Traum gefiel mir, auch wenn ich ihn nicht verstand. Wie immer half mir deine Mutter, ihn zu deuten: Ich hatte mit meinem japanischen Ich abgeschlossen und war bereit, ein neues Leben anzufangen.

FOLCO: Was du dann auch getan hast.

TIZIANO: Ja, in Thailand begrub ich den Koffer mit meiner Leiche, machte einen ersten Schritt zurück in die Welt und lebte auf, auch wenn ich eine Weile dazu brauchte. Tatsächlich ist eine Krankheit immer auch ein Heilmittel.

FOLCO: Ohne deine japanische Niederlage hättest du den entscheidenden Sprung vielleicht nie geschafft. Doch kehren wir zum Schildkrötenhaus zurück.

TIZIANO: Allein die Geschichte dieses Hauses! Es hatte dem Biografen von Jim Thompson gehört, jenem Mann, der die thailändische Seide wiederentdeckt und damit eine ganze Industrie aufgebaut hatte. Thomson war ein amerikanischer Agent gewesen und eines Tages auf mysteriöse Weise im malaysischen Dschungel verschwunden, eine schillernde Figur, einer dieser *Asiates,* dieser Ausländer, die in Asien hängen geblieben sind und die mich immer fasziniert haben. Sein Biograf und enger Freund William Warren hatte jahrelang in dem alten Haus gelebt, das völlig von Termiten zerfressen war, und da er das Geld für Wartung und Reparaturen nicht aufbringen konnte, bot er es uns an.

Es war eine Oase! Wir wechselten alle großen morschen Balken aus, setzten die verfallenen Teile des Hauses wieder instand und bauten im Garten, in der Krone eines Mangobaums, ein Gästezimmer, zu dem man über eine Leiter hinaufkletterte. Hinten im Garten baute ich mir außerdem ein Häuschen mit einem kleinen Arbeitszimmer, durch das eine Palme wuchs, die ich nicht hatte fällen wollen.

Das Haus lag an einem Teich, der einst zu einem verästelten Netzwerk von später zugeschütteten Kanälen gehört hatte und in dem eine fast einen Meter lange, uralte, fleischfressende Schildkröte lebte. Anfangs wussten wir nichts von ihr, doch irgendwann kaufte ich ein paar Entenküken, die fröhlich auf unserem Teich herum schwammen.

„Komisch, gestern waren es noch sieben, und heute sind es nur noch sechs!“, sagten wir uns eines Morgens. Ein paar Tage später waren es nur noch fünf. Wir begriffen nicht, wo die Entchen abblieben, bis Mama und ich eines Morgens beim Frühstück in der *salà*, einem kleinen Holzpavillon über dem Wasser, ein schrilles Quaken hörten und in den riesigen aufgesperrten Rachen eines Ungeheuers blickten, der aus dem Wasser schnellte, sich schloss und – platsch! – mit einem Entchen unter Wasser verschwand. Nur ein paar Luftblasen waren noch zu sehen.

FOLCO: Das war wirklich ein Miststück!

TIZIANO: So begann die wunderbare Beziehung zu unserer Schildkröte. Nun ließen wir morgens manchmal ein rohes Hühnerfilet an einer Schnur von der *salà* herabbaumeln und konnten mit ansehen, wie der eindrucksvolle Kopf der Schildkröte aus dem Wasser tauchte. Sie frühstückte mit uns und verschonte dafür die Enten.

In Bangkok gibt es einen herrlichen Markt, den Chatuchak, wo die seltsamsten Tiere und Vögel aus dem Dschungel im Norden des Landes verkauft werden. Dort verbrachte ich oft den Sonntagmorgen, und wenn ich wiederkam, rief ich: „Angela, wir haben Besuch!"

Dann luden wir die Kartons aus dem Auto, öffneten sie und ließen all die Tiere heraus. War das schön! Für die größeren Vögel baute ich eine Voliere, und für die kleineren fand ich ein paar herrlich geschnitzte Bambuskäfige. Wir besaßen auch eine Nachtigall, die jeden Abend wunderschön zu singen begann, kleine Papageien, die fürchterlichen Krach machten, und ein paar *babets*.

FOLCO: Welche waren das?

TIZIANO: Ich weiß nicht, wie man sie hier nennt, diese grünen Vögel mit dem merkwürdigen Ruf ... Und dann die *magpies*.

FOLCO: Elstern?

TIZIANO: Nein, *magpies* haben einen gelben Schnabel und einen langen, blauen Schwanz. Und dann hatten wir einen ... wie heißen die noch gleich? Einen Wiedehopf, diesen lustigen Vogel, der mit seinem langen Schnabel die Würmer aus der Erde holt. Da er mit seinem bunten Schopf wie ein Punk aussah, nannten wir ihn ...

FOLCO: ... Madame Punketti!

TIZIANO: Viele bekamen gleich bei ihrer Ankunft einen Namen. Hin und wieder gab es Dramen. Eines Morgens lagen alle Vögel eines Käfigs leblos auf dem Boden. Irgendwie hatten sich die Ratten aus dem Garten Zugang zum Käfig verschafft und sie tot gebissen.

Ich war damals bereits weitgehend Vegetarier, wenn auch nicht aus Achtung vor anderem Leben wie die Buddhisten. Trotzdem erschauderte ich, als unser Gärtner Kamsing mir darlegte, wie wir uns von der Rattenplage befreien konnten. Er meinte, wir müssten uns eine schnappen und bei lebendigem Leibe verbrennen. Ihre erschütternden Schreie würden alle Ratten der näheren Umgebung vertreiben und so würden sie unsere Vögel in Ruhe lassen. Mir grauste beim Gedanken an diesen Ritus, aber irgendwie mussten wir uns ja wehren und so erlaubte ich Kamsing, ihn in meiner Abwesenheit durchzuführen.

Er lacht.

Ich muss zugeben, es hat funktioniert! Lange kamen die Ratten nicht wieder.

Unser Garten war reich bevölkert. Außer der Riesenschildkröte im Teich stieß man im Gras immer wieder auf kleine Landschildkröten, die sich zwar nur im Schneckentempo bewegten, aber dafür überall, wirklich überall hin krochen. Unser geliebter Familienhund Baolì konnte sie nicht leiden und knurrte sie immerzu an. Eines schönen Tages kam noch ein anderer Hund hinzu, ein Findling, der den Namen Chokdi, Glücksbringer, erhielt. Dabei hatte eigentlich ich ihm Glück gebracht, denn ich hatte ihn, räudig und verschreckt, unter meinem Auto gefunden, als ich einmal vom Chatuchak-Markt nach Hause fahren wollte. Außerdem gab es eine Reihe von Gänschen, die hin und wieder aufgestockt werden mussten, wenn wir vergaßen, die Schildkröte mit Hühnerbrust zu versorgen, Enten, die in einem kleinen Thai-Häuschen wohnten, Figuren aus Holz und Stein, die ich zwischen den Pflanzen aufgestellt hatte, und ganz hinten im Garten eine Statue von Ganesha, dem Elefantengott, eine Kopie, die ich mir in Angkor hatte anfertigen lassen.

FOLCO: Mein Lieblingsvogel war der, der Geräusche besser nachahmen konnte als ein Papagei und während eines Monsuns samt Käfig in den Teich fiel und ertrank.

TIZIANO: Ja, stimmt! Herrlich, ein *myna,* ein sprechender

Vogel. Unser Haus war sehr groß und in verschiedene Flügel unterteilt, von denen einer vom Dienstpersonal bewohnt wurde. Wir hatten eine ausgezeichnete Köchin, die uns die leckersten thailändischen Gerichte vorsetzte, ein Dienstmädchen, einen Fahrer, der mich begleitete, wenn ich beruflich unterwegs war, und Kamsing. Sie aßen alle gemeinsam in einem hübschen Häuschen am Teich, und einer von ihnen erzählte mir, dass man dem *myna* das Sprechen beibringen konnte, indem man bei Morgengrauen aufstand, ein Handtuch über den Käfig deckte, selbst auch darunter schlüpfte und ihm im Dunkeln etwas vorsprach. Tagelang versuchten wir, ihm ein bisschen Italienisch beizubringen …

FOLCO: Nein, Papa, das war ganz anders! Keiner von uns hatte Lust, so früh aufzustehen, um dem *myna* etwas beizubringen! Eines Tages, als wir bei Tisch saßen, machte es auf einmal „Dring-driiiing, dring-driiiing" und ich ging ans Telefon, doch es meldete sich niemand. Das war der *myna* gewesen, der, weil wir ihm nichts anderes beigebracht hatten, nun den Klingelton des Telefons perfekt nachahmte!

Und dann gab es noch diesen anderen Vogel, Papa …

TIZIANO: Meinst du die Turteltauben, die immer „U-uuuh, u-uuuh" machten?

FOLCO: Nein. Diesen schrecklichen, der uns den letzten Nerv raubte mit seinem durchdringenden ….

TIZIANO: Den *gavao*! „Gavao-gavao-gavao-gavaooo!"

FOLCO: Ah, dieser herrliche tropische Schrei!

TIZIANO: Nur war es dabei unmöglich zu schlafen. Morgens um fünf, wenn Kamsing aufstand, wachte auch er auf und begann mit seinem „gavao". Erst stellten wir ihn nachts in mein Arbeitszimmer hinten im Garten, aber zu hören war er trotzdem. So beschlossen wir eines Tages, ihn freizulassen, damit er uns endlich in Ruhe ließ. Von wegen! Er setzte sich auf den Wipfel des Brotbaums und rief von dort aus weiter. Irgendwann flog er dann fort.

Ach, unser herrliches Schildkrötenhaus!

All die schönen Häuser, die wir bewohnt haben, waren letzte Bastionen eines asiatischen Lebensstils. Aus allen hat uns die Moderne vertrieben, die unaufhaltsam vorrückte und sich das Alte einverleibte. Die meisten wurden nach unserem Auszug abgerissen, auch in Bangkok begannen um uns herum Wolkenkratzer in den Himmel zu wachsen. Selbst die Welt der Schildkröte ist nicht mehr, was sie einmal war.

FOLCO: Ob ihr noch jemand zu fressen gibt?

TIZIANO: Sie hat bestimmt dran glauben müssen.

FOLCO: Was?! Wieso?

TIZIANO: Den Teich gibt es nicht mehr.

FOLCO: Wie bitte?

TIZIANO: Bestimmt nicht.

Wie haben wir unsere Häuser geliebt, diese alten, etwas heruntergekommenen Häuser mit ihrem Flair von Geschichte, durch die schon so viel Leben gezogen war. Was nahmen wir über unsere Umgebung nicht alles auf, auch die Düfte. Immer roch es bei uns nach Räucherstäbchen, wobei das keine religiösen Gründe hatte. Es war einfach eine Frage der Ästhetik: Ich mochte es.

FOLCO: Ja, lauter schöne Häuser! Und am Schluss hast du dich hierher zurückgezogen, nach Orsigna.

TIZIANO: Hier fühle ich mich wohl. Denn all die anderen Häuser standen für den Traum eines Mannes, der in ärmlichen Verhältnissen geboren war und es zu Ruhm und Glanz bringen wollte. Und so hatten sich darin allmählich die Gegenstände eines ganzen Lebens angesammelt, die Statuen, Bilder und Teppiche, die Buddhas, das chinesische Bett und meine Bibliothek. Auch du, Folco, wirst merken, wenn du älter wirst, dass wir im Laufe des Lebens immer mehr Dinge anhäufen, nicht? Du kaufst Möbel, etwa einen schönen, neuen Esstisch, um Freunde einladen zu können; du baust dir ein Haus mit vier Zimmern, aber bald brauchst du schon acht, denn es fehlen noch das Zimmer für die Tochter und ein Gästezimmer. Es wird immer mehr und mehr, aber am Ende wird dir bewusst, dass zwischen den wunderbaren Häusern, in denen du dich verwirklicht hast, und dem Sarg, in dem ihr mich einäschern werdet – dass es ja ein schlichter wird, auch wenn sie euch einen aus poliertem Palisander und mit Goldbeschlägen aufzuschwatzen suchen! –, also dass zwischen jenen Häusern und deinem Sarg noch ein letzter Traum liegt: das Baumhaus, das du dir als Kind immer gewünscht hast, mitten im Laub …

So ein Häuschen habe ich mir hier gebaut: meine Gompa, in der ich jetzt lebe, einen kleinen Holzkasten mit tibetischen Farben und Gegenständen. Hier bin ich in meinem Element. Wie groß wird er sein? Zwei mal drei Meter? Und doch habe ich alles, was ich brauche, alles was mir noch das Gefühl gibt … wo ich mich wohl fühle.

Was habe ich in meinem Leben nicht für schöne Dinge besessen! Aber wie Mama immer so treffend sagt: Ein Sarg mit Gepäckträger ist noch nicht erfunden worden.

Wir lachen.

ZWISCHENSPIEL

TIZIANO: Angela?
ANGELA: Ja?
TIZIANO: Der Griesbrei … nicht zu fest, aber gut durchgegart. Und am Ende fügst du ein Eigelb hinzu. Sonst nichts.
ANGELA: Den Parmesankäse streust du dir selbst darüber?
TIZIANO: Ohne Parmesan. Wer hat denn von Parmesan gesprochen?

Wir lachen.

FOLCO: Mama? Weder zu heiß noch zu kalt, weder zuviel noch zuwenig, weder in dem blauen Schüsselchen noch in dem gelben. Und am besten bringst du gleich zwei Löffel mit, man kann ja nicht wissen, ob heute der Tee- oder der Esslöffel gewünscht wird.

Wir lachen.

TIZIANO: Du Schlingel! Also, Angela: einen schönen Griesbrei, nicht zu hart …
FOLCO: Nicht zu hart und nicht zu weich. Das ist eine Frage von wenigen Gramm!
ANGELA: Und dazu zwei Eier.
FOLCO: Nicht zwei – eins!
TIZIANO: ZWEI!
FOLCO: Nicht eins und nicht zwei.

Wir lachen.

ANGELA: Folco, du bringst mich ganz durcheinander.

Mama geht hinaus.

TIZIANO: Bin ich froh, dass dieser verdammte Kloß im Magen verschwunden ist!
FOLCO: Der Kaffee hat dir gut getan.

TIZIANO: Ja, sehr.
FOLCO: Du hast sogar das Essen bei dir behalten. Das ist das Wichtigste: vor dem Kloß nicht gleich zu kapitulieren.
TIZIANO: Stimmt, ein bisschen Kraft …
FOLCO: Immer wieder alles auszuspucken, würde jedermanns Magen strapazieren.
TIZIANO: Der Blutklumpen ist Gott sei Dank raus, jetzt fühle ich mich endlich besser.

Nach einer Weile kommt Mama mit einem Tablett.

TIZIANO: Was ist denn das?
ANGELA: Zwei Eier.
FOLCO: Nicht eins und nicht zwei.
TIZIANO: Parmesan und ein bisschen Butter. Butter! Wunderbar. So ist es recht. Noch ein bisschen mehr.
ANGELA: Noch mehr?
FOLCO: Was will das Kätzchen denn, Mama?
ANGELA: Es maunzt ohne Unterlass.
FOLCO: Es starrt ja vor Dreck! Ich muss es mal ordentlich mit dem Schlauch abspritzen.
ANGELA: Nein, das mag es nicht.
FOLCO: Das wird ihm nicht helfen – es ist schauderhaft dreckig!
ANGELA: Nein, das mag es gar nicht!
TIZIANO: Und hinterher stecken wir es zum Trocknen in den Ofen.

Wir lachen.

ANGELA: Man müsste es packen und im Gras abwischen, um es zu säubern.

Geräuschvoll isst Papa seinen Griesbrei.

TIZIANO: Lecker.
ANGELA: Er ist schön glatt geworden. Das kriege ich inzwischen hin. Und dann heißt es immer, ich könne nicht kochen!

TIZIANO: Herrlich, das Essen ohne diesen scheußlichen Kloß hinunterschlucken zu können.
ANGELA: Was meinst du, Tiziano, ist dieser Kloß psychischer Natur, oder ist er echt?
TIZIANO: Echt.

WAHRSAGER

TIZIANO: Als wir das Schildkrötenhaus im Jahre 1994 nach vier Jahren Bangkok verließen, verbrachte ich viele wunderbare Monate allein, um *Fliegen ohne Flügel* zu schreiben. Ich wohnte an einem endlosen weißen Sandstrand direkt an einem herrlich warmen Meer, wo es außer ein paar Rudeln streunender Hunde niemanden gab. Mama, die mir wieder einmal eine Zeit des Alleinseins zugestand, war in Bangkok zu einer Freundin gezogen und kam mich hin und wieder mit dem Bus besuchen. Ich wohnte in einem einfachen Bungalow und kochte mir Reis und Gemüse. Einmal die Woche ging ich zum Einkaufen nach Ban Phe auf den kleinen Fischmarkt.

Ich schrieb von morgens bis abends, ich war ganz erfüllt von all den Geschichten für dieses Buch, das erste, mit dem ich dem Journalismus den Rücken kehrte. Der vorgegebene Umfang, der Aufhänger, den jeder Artikel braucht, all das war mir unerträglich geworden. Nun brach ich damit. Dieses Leben war zu Ende. Es war herrlich gewesen, aber nun war es zu Ende.

FOLCO: Du hast es mal deinen goldenen Käfig genannt, und am Ende der Jahre in Thailand hast du den Weg gefunden, ihn zu verlassen.

TIZIANO: Ja, dank der Reisen ohne Flugzeug kreuz und quer durch Asien, dank der Meditation, dem Leben in meiner Hütte am Meer, der Einsamkeit, dem Beginn meiner Nabelschau. Und schließlich durch das Leben in Indien. Aber darüber sprechen wir ein andermal.

FOLCO: Einmal habe ich dich am Strand von Ban Phe besucht.

TIZIANO: Hm, das weiß ich noch genau.

FOLCO: Du warst damals in einer vollkommen neuen geistigen Dimension.
TIZIANO: Ja, ich war bereits aufgebrochen.
FOLCO: Nach zwei, drei Tagen sind wir uns wie üblich in die Wolle geraten, weshalb, weiß ich nicht mehr. Doch statt wütend zu werden, hast du dich abgewandt, in eine Ecke gesetzt und zu meditieren begonnen. Ich war verblüfft, so hattest du noch nie reagiert. Dann gabst du mir dein fast fertiges Manuskript zu lesen. Du warst dir nicht sicher, ob der Ansatz nicht vielleicht völlig abwegig war. Ich meinte: „Die Welt scheint sich zu ändern, ich glaube, inzwischen ist es auch möglich, über Wahrsager zu schreiben."
TIZIANO: Manchmal muss man ein Risiko eingehen. Ich habe das Buch voller Bangen geschrieben, und bevor ich es dem Verleger schickte, ließ ich es Mama und ein paar Freunde lesen, deren Urteil ich vertraute. Ich wollte doch nicht für verrückt gehalten werden! Schließlich war ich noch immer Tiziano Terzani, musste für die Journale über Kommunismus, Krieg und so weiter schreiben und wollte nicht, dass die Leute sagten: „Der hat ja nicht mehr alle Tassen im Schrank."

Doch mit dem Wagnis, Länder und Kulturen nicht mit dem Blick *auf* die Tatsachen zu beschreiben, sondern mit dem Blick *dahinter*, hatte ich voll ins Schwarze getroffen! Man braucht nur an Deng Xiaoping zu denken, der die Uhrzeit seiner Geburt ängstlich geheim hielt. Der Generalsekretär der kommunistischen Partei Chinas, der Angst hatte, jemand könne durch astrologische Berechnungen Macht über ihn gewinnen.

Schließlich war ich mit *Fliegen ohne Flügel* fertig. Ich besaß das Original und eine Kopie. Eines Nachts, es muss gegen Mitternacht gewesen sein und ein herrlicher Mond leuchtete über dem spiegelglatten Meer, zog ich mich splitternackt aus, packte die Kopie – so blöd war ich nicht! – und verstreute die Blätter übers Meer. Am nächsten Morgen fand ich sie alle am Strand wieder. Nun war es nicht mehr mein Buch, es war das Buch meiner Leser.

FOLCO: Dieses Buch markiert einen Wendepunkt in deinem Leben. Danach hast du dich auf eine andere Ebene begeben, denn Zeitungen sind wie Röntgenstrahlen, sie bilden nur Dinge einer bestimmten Dichte ab; du aber hattest begonnen, dich für Geschichten aus einem anderen Stoff zu interessieren. Was mich erstaunt, ist allerdings, dass der SPIEGEL da mitgespielt hat; und obendrein damit einverstanden war, dass sein Asienkorrespondent ein Jahr lang kein Flugzeug besteigen würde!

TIZIANO: Weißt du, von Thailand aus hatte ich die Geschehnisse in Asien weiter als Journalist verfolgt. Ich war nach Kambodscha geflogen und auf die Philippinen, als der Vulkan Pinatubo ausbrach, nach Indien, als Rajif Gandhi ermordet wurde, und nach Bangladesch. Aber im Grunde hatte ich es satt, auf diese Weise durch die Weltgeschichte zu jetten, und war jedes Mal ziemlich verzweifelt, wenn ich wieder los musste.

Also traf ich Ende 1992 eine folgenschwere Entscheidung. Der Chefredakteur des SPIEGEL war uns im Schildkrötenhaus besuchen gekommen, und eines Abends, als wir in der Bruthitze auf der Veranda saßen, entschloss ich mich, mit ihm zu reden.

„Ich habe Ihnen etwas Wichtiges mitzuteilen, auch wenn ich nicht weiß, wie Sie es aufnehmen werden. Ab nächstem Monat werde ich kein Flugzeug mehr besteigen, denn vor sechzehn Jahren sagte mir ein alter Wahrsager in Hongkong, im Jahre 1993 dürfe ich nicht fliegen, sonst würde ich ums Leben kommen."

Er gab mir eine wundervolle Antwort. „Meinen Sie, wir könnten es verantworten, Sie mit dem Flugzeug hierhin und dorthin zu schicken, obwohl wir von dieser Prophezeiung wissen? Reisen Sie, wie Sie es für richtig halten, und schreiben Sie von unterwegs. In einem Jahr sprechen wir uns wieder."

So ging es los.

Mit einem Gefühl, Folco, das ich jedem Menschen dieser Erde wünsche: einem Gefühl grenzenloser Freiheit. Inkognito, nicht als Tiziano Terzani, sondern als ein Niemand, und mit nichts als einem Rucksack in einen Zug zu steigen und nachts Richtung Südthailand los zu fahren – tut tuuuut! Keiner kennt dich, keiner weiß, wohin du willst, niemand erwartet dich am Bahnhof. Keine Frau, die sagt: „Aber übermorgen kommst du wieder!" Frei!

Er holt tief Luft.

Natürlich weiß ich, dass das nicht die Freiheit ist, aber es kommt ihr doch sehr nahe! Dieses Gefühl, unbekannt zu sein, ein Niemand, ein Niemand …

FOLCO: Für dich war das vielleicht etwas Ungewöhnliches, aber ich erlebe das eigentlich relativ häufig.

TIZIANO: Das sagst du, weil du so lebst, wie du lebst. Aber wenn du in einer Bank als Kassierer arbeiten würdest? Dann müsstest du jeden Morgen zum Chefkassierer sagen: „Guten Morgen, Herr Chefkassierer!"

Ich lache.

Na, ist doch wahr! Auch als Fabrikarbeiter bist du nicht irgendwer, sondern für deine Presse zuständig. Und wenn dein Chef kommt, staucht er dich zusammen.

Ich war zur Rolle meiner selbst geworden und erlebte es als ungeheure Erleichterung, diese Rolle im Schildkrötenhaus zurückzulassen, allein in einen Zug zu steigen und los zu fahren, morgens in Betong anzukommen, wo Tausende von Vögeln aus irgendeinem geheimnisvollen Grund durch die Stadt flogen, nicht in einem der üblichen Hotels abzusteigen, auf die ich als

Journalist sonst angewiesen war, weil ich ein funktionstüchtiges Telefon brauchte, um meine Artikel durchzugeben … Ich hatte mir vorgenommen, mir während der ganzen Reise kein Quartier zu nehmen, das mehr als fünf Dollar pro Nacht kostete. Im birmanischen Dschungel auf der Suche nach Khun Sa, dem Drogenkönig, habe ich sogar im Freien übernachtet, in wunderbaren, riesigen Baumkathedralen, wo das Mondlicht durchs Blattwerk sickerte … All das hat mich unbewusst – oder, wenn du so willst, unterbewusst – auf etwas ganz anderes zusteuern lassen.

Außer dem Verzicht auf Flugzeuge hatte ich mir für dieses Jahr noch etwas vorgenommen: Wo immer ich hinkam, wollte ich den berühmtesten Schamanen oder Hellseher des Ortes aufsuchen. Tatsächlich habe ich auf dieser Reise die unglaublichsten Gestalten getroffen! Von der Jungfrau des Tempels in Medan bis zum Orakel mit der zweitausendjährigen Stimme.

Diese Reise gehört zu den schönsten Erlebnissen meiner letzten Jahre in Asien.

FOLCO: Und wieso hast du ausgerechnet über Wahrsager geschrieben?

TIZIANO: Ich wollte über den anderen Aspekt dieser Länder schreiben. Du kannst nach Singapur fliegen und nach zwei Stunden auf dem Flughafen weiterreisen. In gewisser Hinsicht hast du Singapur dann gesehen, denn geht es dir ums Shoppen, ist auf den ein-, zweitausend Quadratmetern des Flughafens alles zu finden. Du kannst Singapur aber auch durch die Hintertür betreten, dann stößt du noch heute auf das andere Singapur, das Singapur der *kampongs*. Mit diesem anderen Asien, das mich von Anfang an so fasziniert hatte, wollte ich mich noch einmal beschäftigen, mit seinen phantastischen Geschichten, seinen Traditionen, seinem Aberglauben. Deswegen war ich ja nach Asien gegangen.

FOLCO: Und davon hattest du dich allmählich entfernt?

TIZIANO: Ja, als Journalist sah ich diese Welt nicht mehr. Du weißt ja, wie das ist, nicht? Du jagst von einer Pressekonferenz, Cocktailparty, offiziellen Einladung zur anderen.

Aufs Fliegen zu verzichten, war daher ein ganz großes Abenteuer für mich. Stell dir vor, die Grenze zwischen Vietnam und China passierte ich sogar zu Fuß, weil es damals noch keine Zugverbindung gab. Viele, viele Kilometer bin ich zu Fuß gegangen und habe Asien dadurch aus einer vollkommen anderen Perspektive wahrgenommen, verstehst du? Der Journalist, der kurzfristig ins Land katapultiert wird, weil es einen Staatsstreich gegeben hat, wohnt zwei Tage in einem Hotel mit Klimaanlage, spricht mit dem Pressechef und dem Taxifahrer, schreibt seinen Artikel und fährt wieder ab. Ich aber verfolgte mittlerweile ein ganz anderes Ziel.

Denk nur mal an Vietnam. Das hatte ich während der Revolution und der Konterrevolution erlebt, hatte die Bösen miterlebt, die Kommunisten, die sich verhielten wie Nazis, und so weiter und so fort. Jetzt aber erzählte ich von einem anderen Vietnam. Was siehst du nicht alles, wenn du im Zug von Hanoi nach Saigon und wieder zurück fährst! Die Kinder, die den Reisenden an den Bahnhöfen Wasser verkaufen, damit sie sich waschen können, oder durch den Zug gehen, um ihre gerösteten Fische an den Mann zu bringen. Und dann sitzt du zwischen Vietnamesen, Laoten, Kambodschanern. Ich lebte noch einmal *la vie au ras du sol*, das Leben auf einfachster Ebene, und genoss es zutiefst.

Der SPIEGEL ließ mich gewähren, und ich schrieb auf dieser Reise einige der schönsten Artikel der letzten Jahre, denn nun hatte ich etwas anderes zu erzählen. Doch tief im Innern hatte ich mit dem Journalismus bereits abgeschlossen. Es war Zeit aufzuhören, ich riskierte, mich nur noch zu wiederholen.

Den Schluss meines Reisejahres verbrachte ich wieder in Thailand und tat dabei einen großen Schritt auf das zu, was mein zweites Leben werden sollte: Ich nahm an einem Meditationskurs mit John Coleman teil.

Und dabei öffnete sich mir eine Tür auf eine vollkommen neue Welt.

Zum ersten Mal in meinem Leben beschäftigte ich mich mit etwas ganz anderem. Stell dir vor, jahrelang hatte ich in Asien gelebt und Buddhafiguren gekauft, ohne mich je zu fragen, was der mit seinen halbgeschlossenen Augen und den Händen im Schoß eigentlich tat. Ich hatte mich das nie gefragt! Nun tat ich es – und beschloss, es selbst auszuprobieren.

Eine Woche lang nahmen wir unser vegetarisches Essen zu uns, ohne dabei ein einziges Wort zu sagen, denn im Aschram herrschte die Regel „Schweigen ist Gold". Keiner macht Konversation. Keiner sagt: „Ach, Sie sind Journalist? Woher kommen Sie denn? Ich war auch mal in Japan. Haben Sie da Sushi gegessen? Mögen Sie rohen Fisch?" Nichts dergleichen. Für mich war das eine Entdeckung!

John Coleman, Ex-CIA-Agent und der Erste, der versuchte, mich das Meditieren zu lehren, scherte sich nicht darum, dass ich der Journalist Tiziano Terzani war. Für ihn war ich einer von vielen Hintern, die auf Kissen saßen. Ich sollte einen gewissen Zustand erreichen, und dass es mir nicht gelang, lag daran, dass ich in meinen vorhergehenden Leben, in den letzten drei- oder vierhundert Jahren immer nur Blödsinn im Kopf gehabt und mich nie auf meinen Nabel konzentriert hatte.

Das war eine Riesenerleichterung, verstehst du? Es entlastete mich, es nahm mir die Verantwortung.

Ich habe es im Meditieren nicht besonders weit gebracht. Ich kann eine halbe oder auch ganze Stunde still sitzen, den Plan für den Tag erstellen, ein bisschen Stille um mich her verbreiten, den Geist zur Ruhe bringen. Aber ein Meditationsexperte bin ich nie geworden.

Ich habe lange über die Fragen nachgedacht, die du mir zur Meditation gestellt hast. Ich glaube ... Meditation ist vor allem etwas Unbewusstes. Es hat nicht viel Sinn, sich hinzusetzen und zu sagen: „Jetzt meditiere ich!", denn Coleman sagte immer: „Wie viele Hühner habe ich stundenlang auf ihren Eiern hocken sehen, doch keines war danach erleuchtet." Worum es geht, ist nicht, dort zu sitzen, sondern unbewusst, auf einen inneren Drang hin in einen Zustand einzutreten, in dem du spürst, dass die Dinge nicht so sind, wie sie aussehen, dass es eine andere Ebene gibt. Und das tröstet dich, das richtet dich auf, darauf kannst du immer wieder zurückgreifen.

Nur durch Konzentration, indem du alles Äußere draußen lässt, die Geräusche, das Vogelgezwitscher, Leidenschaften und Enttäuschungen ... wenn du das alles draußen lässt, draußen, draußen ... bleibt schließlich nur noch diese *Leere*, wenn du so willst, und die bist *du*. Nicht dein Folco-Du, sondern jenes Du, das Teil eines großen Ganzen ist ... nicht einmal der Menschheit. Des Kosmos!

Und wenn du die Dinge allmählich so betrachtest, dann beginnen sie sich zu wandeln.

LIEBE UND FREUNDSCHAFT

FOLCO: Ich wollte dich etwas ganz Einfaches fragen: Wie hast du Mama eigentlich kennengelernt?

TIZIANO: Gute Frage!

Er lacht.

FOLCO: Sie ist die Gefährtin deines ganzen Lebens gewesen, aber wie ihr euch kennengelernt habt, habt ihr uns nie erzählt.

Papa denkt lange nach.

TIZIANO: Also: Ich verkehrte in einer netten Familie mit mehreren Töchtern, alles rechtschaffene, adrette Mädchen. Der Vater war Antiquitätenhändler. Kurz nach dem Abitur rief ich eines Tages eine der Töchter an, ein hübsches Mädchen, das in Florenz viele Verehrer hatte, und meinte: „Ich komme heute vorbei, ja?" – „Nein, heute geht nicht. Heute kommt meine deutsche Freundin."

Sie hatte mir von dieser deutschen Freundin bereits erzählt, hielt mich jedoch für einen Schürzenjäger und fürchtete, ich könne ihre Freundin verführen und dann sitzen lassen. Natürlich ging ich sofort hin!

Ich war gerade angekommen und wartete in dem mit antiken Möbeln voll gestopften Wohnzimmer, als ein Mädchen eintrat. Folco, sie war das exakte Gegenteil von dem, was in Florenz damals gefragt war! Auch wenn sie es nicht gern hört: Sie war alles andere als eine Schönheit – blonde Strähnen, schlecht gekleidet und dazu eine große Einkaufstasche …

Die Stimme versagt ihm vor Rührung.

Und doch war mir sofort klar: Sie war alles, wovon ich nur träumen konnte. Sie war anders. Anders als all die flotten Bienen mit ihren feschen Röcken und dem perfekt aufgelegten Lippenstift. Sie wirkte so natürlich. Ich war wie verzaubert und verfiel ihr im selben Augenblick.

Mama blieb sehr zurückhaltend, vielleicht weil sie gehört hatte, ich sei ein oberflächlicher Geck. Als ich nach Hause kam, entschloss ich mich zum ersten Mal in meinem Leben, wirklich etwas zu investieren. Ich schrieb einen langen Brief, den ich ihr per Eilboten zustellen ließ, und schilderte ihr meine Empfindungen. Und die haben sich nie mehr geändert. Schon einmal habe ich dir das gesagt: So wie das Urmeter, das in Paris unter einer Glashaube aufbewahrt wird, das Maß aller Meter ist, wurde sie zu meiner Maßeinheit.

Dabei darfst du nicht vergessen, dass ich ein fescher Bursche war und so viele Mädchen hatte, wie ich wollte. Einige liefen mir hinterher und versuchten, mich zu umgarnen, eine wollte mich sogar heiraten und meinte, ihr Vater könne mir eine gute Stelle an der Universität verschaffen. Doch von alledem wollte ich nichts wissen. Dabei war deine Mutter, wie ich schon sagte – meistens lacht sie, wenn sie das hört, aber manchmal ärgert sie sich auch ein bisschen – keine Schönheit. Später änderte sich das allerdings, mit dreißig war sie umwerfend, nachdem sie euch bekommen hatte.

FOLCO: Was also war so besonders an ihr?

TIZIANO: Sie war das Gegenteil von all den anderen. Und ich habe immer alles geliebt, was anders war! Sie war so echt und natürlich, so ehrlich, warmherzig und großzügig und von einer feinen, mitfühlenden Intelligenz.

Er lacht.

Baroni und andere Freunde von damals wissen noch genau, wie ich mich anfangs schämte, mich in der Stadt mit ihr sehen zu lassen. Normalerweise führen junge Männer ihre Freundinnen doch überall stolz vor, nicht? Ich hingegen wählte möglichst die Nebenstraßen, wenn wir ins Kino gingen, damit meine Kameraden mich nicht sahen und uns womöglich hinterherpfiffen.

Schon bald schrieb ich ihr täglich. Täglich. Und dann begannen wir, uns spät abends zu treffen. Nach dem Abendessen musste sie stundenlang bei ihrer Großmutter sitzen, die Patiencen legte. Eine merkwürdige Person, diese Großmutter, in Haiti geboren …

FOLCO: Und wieso musste Mama dabeisitzen?

TIZIANO: Um ihr Gesellschaft zu leisten. Nachdem ihre Eltern zu Bett gegangen waren, musste sie sich um diese alte Dame kümmern, die achtzig Jahre alt war, halb Deutsche, halb Französin, alles Mögliche gelesen hatte, Chateaubriand, Rousseau, und doch nie etwas Intelligentes von sich gab. Aber am Schluss ihres Lebens sagte sie einen Satz, der alles wettmachte: „*Qu'est-ce que j'ai fait dans ma vie? Un peu de conversation.*" Ihr Leben hatte darin bestanden, ein wenig Konversation zu machen!

Nach dem Essen setzte sich diese Großmutter also in ihren alten Ohrensessel unter eine Lampe und legte ihre blöden Patiencen, und Mama musste zwei, drei Stunden bei ihr ausharren. Wenn die Großmutter endlich im Bett war – husch! –, rannte Mama nach draußen. Wir trafen uns immer unter einer Laterne am oberen Ende der Via delle Campora. Ich kam mit dem Fahrrad aus Monticelli – war das mühsam, diese schmalen, steilen Straßen zu erklimmen! Manchmal musste ich stundenlang warten, bis sie kam. So begannen wir uns kennenzulernen.

FOLCO: Kannst du noch, Papa?

TIZIANO: Ja. Ein ganz wichtiger Punkt ist, dass ich mich schon bald nicht nur zu Mama hingezogen fühlte, sondern auch zu ihrer ganzen Welt. Ich hatte das Gefühl, dorthin zu gehören! Obwohl ich aus Monticelli kam. Gut, ich ging auf die höhere Schule, aber trotzdem … Und sie führte mich in ihr Haus und ihre Familie ein. Für mich war das wunderbar, Folco, einfach wunderbar. An das Haus erinnerst du dich sicher, du bist dort ja auch ein- und ausgegangen, aber sieh es mal mit den Augen eines Jungen aus Monticelli! Das große Musikzimmer, in dem dein Großvater Anzio am Flügel saß, die Sessel, die verschlissenen Teppiche, die unzähligen alten Bücher, die Bilder, die schönen Lampen mit den gelben Schirmen. Und zum Abendbrot gab es die kleinen Spinatomeletts deiner Großmutter Renate! Diese Familie strahlte etwas aus, was mich in ihren Bann schlug und was ich mein Leben lang bewundert habe: die Würde der Armut. Diese Leute besaßen Würde, weil sie wussten, wer sie waren. Ganz im Gegenteil zu uns.

FOLCO: Du sagtest, Mamas Zuhause sei eine andere Welt gewesen. Wie sah diese Welt aus?

Papa lacht.

TIZIANO: Schon das Haus selbst besaß eine Geschichte. Eine Nichte Machiavellis hatte es geschenkt bekommen, als sie einen Strozzi heiratete. Alles war verschlissen und abgenutzt; den ganzen Spießerkram der Wohnungen, in denen alles spiegeln und glänzen muss, gab es nicht. Mamas Familie war genau so, wie ich mir zu sein wünschte. Sie hatten kein Geld, und es war ihnen auch egal, aber sie waren stolz auf etwas, was man mit Geld nicht kaufen kann: ihre Kultur.

Dein Großvater Anzio – das kommt von Hans-Jo –, also Mamas Vater, war ein wunderbarer Mensch. Er war Maler, ein richtiger Mann, verdammt noch mal! Da fühlte ich mich zu Hause. Irgendwie hatte ich das Gefühl, endlich angekommen zu sein, sowohl das Haus als auch die Familie gaben mir dieses Gefühl, sogar die Patiencen-Großmutter, die von einem großen französischen Architekten abstammte.

Da öffneten sich mir die Pforten der Welt. Großvater Anzio stammte aus einer deutschen Familie von Akademikern und Entdeckern, Großmutter Renate aus einer hanseatischen Patrizierfamilie. Ihr Großvater war Bürgermeister von Hamburg gewesen, ihr Vater Dichter und Sozialist. Dadurch geriet ich in ein völlig neues Milieu mit einer ganz anderen Atmosphäre.

Großvater Anzio war unglaublich vielseitig und durch und durch Künstler. Alles andere interessierte ihn im Grunde nicht. Wenn er abends aus dem Atelier kam, wo er den ganzen Tag gemalt hatte, setzte er sich in dem schummerigen Zimmer an den Flügel, den Einstein ihm geschenkt hatte, und spielte. Dort habe ich auch gelernt, nie Deckenlampen in der Mitte des Zimmers anzubringen, sondern im Raum verschiedene kleine Lampen zu verteilen, die ihm Wärme verleihen – was mir in Peking dann solche Scherereien eingebracht hat.

Was ich dieser Familie nicht alles verdanke! So viel, dass meine Eltern schließlich ganz eifersüchtig wurden und sagten: „Der gehört nicht mehr zu uns, der gehört jetzt zu denen!"

Und da ist etwas dran, Folco. Schon als kleiner Junge hatte ich das Gefühl, dass ich nicht nach Monticelli gehörte, dass das nicht meine Welt war. Bei allem Respekt für meine Eltern und für alles, was sie für mich getan haben – meine Familie war das nicht. Viel später erfuhr ich von der Idee der Wiedergeburt und dachte, dass ich vielleicht in der falschen Familie gelandet war. Als ich gerade im Bardo war, einer Art tibetischen Fegefeuers, wurde meine Mutter schwanger und – schwupp! – war ich da. Aber wirkliche Gemeinsamkeiten gab es zwischen uns nicht, nicht einmal körperlicher Art. Alle meine Verwandten waren klein, ich hingegen war groß, schmal und dünn. Manchmal gibt es solche Fremdkörper in einer Familie. Womit ich nicht sagen will, dass ich keine Beziehung zu meinen Eltern gehabt hätte. Du weißt selbst, dass ich sie mein Leben lang geliebt habe und bemüht war, ein guter Sohn zu sein. Aber innerlich verbunden fühlte ich mich ihnen nicht. Mein Vater besaß durchaus schöne Seiten, aber mit meiner Mutter hatte ich überhaupt nichts gemein, nichts. Wie kann ich da behaupten, das sei *meine* Familie gewesen?

FOLCO: Den Staudes fühltest du dich näher?

TIZIANO: Viel näher. Auch mit deiner Großmutter Renate verstand ich mich wunderbar. Ich mochte ihre Zähigkeit. Sie war unerschütterlich, geradlinig, stark, unnachgiebig. Eine andere Generation. Stell dir vor, bei einem Spaziergang rutschte sie einmal aus und alle sagten: „Du musst das sofort desinfizieren, Renate!" Aber sie meinte nur: „Ist nicht so schlimm." Als wir nach Hause kamen, stellten wir fest, dass sie sich das ganze Bein aufgerissen hatte, ohne einen Ton zu sagen. Wo findet man so etwas heute noch?

Ja, das war wirklich eine wunderbare Familie, Folco. Irgendwie ... hing das alles zusammen. Es war ...

Seine Stimme wird so leise, dass er kaum noch zu hören ist.

FOLCO: Was war es?

TIZIANO: Ein frischer Wind! Sie hatten etwas, was ich suchte. Schon lange. Was ich an deiner Mutter liebte, hatte auch etwas mit ihrer ganzen Umgebung zu tun. Sie war in etwas eingebettet, was heute noch in ihrem Charakter sichtbar wird, nicht? Dieses Durchhaltevermögen, dieser Fleiß ...

Wir wurden also Freunde und bald auch ein Liebespaar, und da gibt es natürlich herrliche Geschichten, die man aber nicht weitererzählen kann, Folco, herrliche ... Wir liebten uns das erste Mal an meinem zwanzigsten Geburtstag. Das war ihr Geburtstagsgeschenk! Weißt du, Dinge wie Jungfräulichkeit waren damals ...

Er lacht.

Es war großartig. Mit dem Bus – aber das darfst du nicht weitererzählen, versprochen? – fuhren wir nach Settignano, wo es einen großen Wald gab. Mama trug ein wunderschönes Kleid …

Papa erzählt seine Geschichte in leuchtenden Farben. Am Ende macht er eine kleine Pause.

Ich wusste einfach, dass sie die richtige Frau für mich war, da gab es nicht den geringsten Zweifel.

FOLCO: Und welche Rolle hat Freundschaft für dich gespielt?

TIZIANO: Weißt du, vor allem in der Zeit großer Kameradschaft in Indochina und auch später in China war ich immer einer der geselligsten und umgänglichsten. Und doch war ich wohl in gewisser Hinsicht auch ziemlich distanziert. Einen echten Freund, einen Vertrauten, der mir eine wirkliche Zuflucht hätte sein können, habe ich im Grunde nie gehabt. Ich hatte gute Weggefährten. Doch nun hat sich die Lage geändert, und auf dieser letzten Reise bin ich allein. Wenn ich es mir recht überlege, habe ich dieses Bedürfnis nach einem wahren Freund nie gehabt. Gewiss, meine Männerfreundschaften waren etwas Schönes, aber in Wirklichkeit kam ich auch ohne aus.

FOLCO: Vielleicht weil du immer Mama gehabt hast.

TIZIANO: Das stimmt. Etwas Wahreres konntest du nicht sagen! Sie war alles für mich. Sie war die Gewissheit, um die alles kreiste, die Gewissheit, frei und gleichzeitig geborgen zu sein. Sie war das, was der große bengalische Dichter, den ich so gerne zitiere, mit einem außerordentlich treffenden Bild beschrieben hat: der Pflock, an den der Elefant sich mit einem seidenen Faden binden lässt. Mit einer winzigen Bewegung könnte er ihn zerreißen und weglaufen, doch er tut es nicht. Er hat sich dafür *entschieden*, mit dem seidenen Faden an den Pflock gebunden zu sein. Und auch ich habe mich mit achtzehn Jahren als blutjunger

Mann dazu entschieden. Und diese Wahl war der ganz große Fixpunkt meines Lebens.

Nie sind mir Zweifel daran gekommen, denk nur, nie! Klar, wenn du einen knackigen Hintern vorbeikommen siehst, schaust du ihm hinterher und verschwendest einen Haufen Zeit mit diesem ganzen Quatsch. Meine Güte, was ist die Lust für eine Bürde! Wie viel Zeit ich damit verschwendet habe, dieses wilde Tier im Zaum zu halten! Und die Schuldgefühle! Bis ich irgendwann gesagt habe: Schluss, aus! Aber sie war das Pariser Urmeter. Und wenn du von so etwas ausgehen kannst, weißt du ... das ist ein unermesslicher Schatz!

FOLCO: Also warst du im Grunde nie allein.

TIZIANO: Nein. Mama war für mich eine wunderbare Reisegefährtin – Freundin, Beraterin, Partnerin. Du kannst dir nicht vorstellen, Folco, wie viele Stunden, Tage, ja Monate, wenn du alles zusammenzählst, wir damit verbracht haben, vor dem Einschlafen im Bett zu reden; über euch Kinder, über alle möglichen Probleme, über die Welt und das Leben. Und dann die endlosen Frühstücke auf der Terrasse, um unseren Tagesplan zu entwerfen. Nicht in der Art: „Also, du gehst heute zum Frisör, ich kaufe Fleisch ..." und so weiter, nein; sondern einen Plan, wie wir, zwei und im Grunde doch eins, mit unserer Zeit umgehen wollten. Das haben wir immer getan. Das war eine Art Meditation.

Es war herrlich – nie haben wir in Eile gelebt. Klar, es gab auch Tage, an denen ich meine Artikel zu Ende bringen musste, aber für unseren Tagesplan haben wir uns immer Zeit genommen. Zeit für die Zeit.

Das hatte nichts, aber auch gar nichts mit den absurden Kriterien zu tun, nach denen manche Männer sich ihre Ehefrauen aussuchen ...

Stell dir vor, als ich bei Olivetti arbeitete, beschloss einer der Manager dort, übrigens ein äußerst fähiger Mann, zu heiraten. Wie er überall herumerzählte, hatte er eine lange Liste mit all den Eigenschaften angelegt, auf die er Wert legte: seine Zukünftige sollte einen hübschen Po haben, reichlich Geld und gute Umgangsformen, sie sollte Sprachen können und so weiter. Dann hatte er alle Frauen, die er kannte, aufgelistet und ihnen für jede Eigenschaft, die sie besaßen, einen Punkt zugeordnet. Und die mit den meisten Punkten hat er dann geheiratet!

FOLCO: Bist du erschöpft?

TIZIANO: Ein bisschen. Aber eines muss ich noch sagen, ich kann es nur immer wiederholen: In meinem Leben hat es drei Dinge gegeben, ohne die ich nicht derjenige wäre, der ich bin. Eines ist dieses Haus in Orsigna, das merke ich jetzt, da ich gekommen bin, um hier zu sterben. Ein anderes ist der SPIEGEL, der mir Arbeit und Freiheit gegeben hat. Und dann deine Mutter. Sie war mein Maßstab und mein Richter, auf ihr geradliniges, moralisches Urteil habe ich immer viel gegeben.

FOLCO: Und woran erkennt man so jemanden?

TIZIANO: Da gibt es nichts zu überlegen. Du spürst einfach, es gibt keine Alternative.

MACHT

TIZIANO: Ich bin neugierig auf das, was kommt, Folco. Oder nein, neugierig eigentlich doch nicht, eher gelassen. Denn ich erwarte nichts mehr. Nichts.
FOLCO: Endlich kannst du dich ausruhen. Und stehst nicht mehr unter Druck.
TIZIANO: Stimmt, immer hat eine gewisse Verantwortung auf mir gelastet. Dieses Pflichtbewusstsein, dieses Gefühl, bestimmte Dinge tun und andere lassen zu müssen. Martin sagte kürzlich, ich sei stets ein Mann mit moralischen Grundsätzen gewesen. Was stimmt, ist, dass ich mich nie zu Kompromissen hergegeben habe. Vielleicht hatte ich das nicht nötig, ich hatte sogar eine regelrechte Abneigung dagegen, und wenn man das Moral nennen will, dann hat er recht. Ich habe meinen Beruf wie eine Art religiöser Sendung empfunden und bin den Versuchungen des Metiers aus dem Weg gegangen. Auch der verlockendsten: der Macht. Darüber wollte ich schon länger mit dir reden.

Der Kontakt mit der Macht ist in meinem Beruf unerlässlich. Mit jeder Art von Macht: mit der mörderischen, mit der gerechten, mit der politischen – kurz, mit der Macht an sich. Denn sie bestimmt den Gang der Welt, und willst du den beschreiben, musst du zur Macht gehen und sie fragen, wie die Dinge stehen.

Ich habe mich stets von der Macht ferngehalten. Nicht auf den Rat anderer hin oder weil ich eines Morgens ein dementsprechendes Gelübde abgelegt hätte. Vielleicht bin ich einfach im Grunde meines Wesens Anarchist: Diese aufgeblasenen Popanze, die dir ihre Wahrheit zu verkaufen suchen, seien es nun Staatspräsidenten, Minister oder Generäle, waren mir immer zuwider.

Und so habe ich instinktiv immer die Distanz gesucht. Heute dagegen fällt mir auf, dass viele junge Leute in der Nähe der Macht geradezu aufblühen. Sie genießen es, sie zu duzen, mit ihr essen oder ins Bett zu gehen, und hoffen dabei auf etwas Ruhm, Glanz oder auch einfach auf Informationen. Das habe ich nie getan. Und vielleicht kann man das tatsächlich als eine Form von Moral bezeichnen.

Er senkt die Stimme.

Denn Macht besticht. Erst zieht sie dich in ihren Bann, dann verschluckt sie dich mit Haut und Haaren. Setzt du dich im Wahlkampf neben den Präsidentschaftskandidaten, gehst du mit ihm essen und unterhältst dich mit ihm, gehörst du sofort in sein Lager und wirst zu seinem Handlanger, das ist doch klar, oder?

Das habe ich nie gemocht. Ich habe immer einen gewissen Stolz verspürt, der Macht gegenüberzustehen, ihr ins Gesicht zu sehen, sie zu taxieren und dann zum Teufel zu jagen. Ich öffnete die Tür zur Macht, stellte den Fuß hinein, und wenn ich dann drin war, versuchte ich nicht zu gefallen, sondern spürte auf, was nicht in Ordnung war und stellte Fragen. Ich gehörte zu den Journalisten, die bei Pressekonferenzen die unbequemsten Fragen stellten. Heute tut das keiner mehr. Als Condoleezza Rice kürzlich verkündete, die Vereinten Nationen seien eine äußerst nützliche Organisation, ist niemand aufgesprungen und hat gerufen: „Moment mal, vor zwei Jahren, und zwar genau am 14. Mai, haben Sie um 17.40 auf CBS gesagt: ‚Die Vereinten Nationen haben keinerlei Bedeutung, da wimmelt es doch von Mördern und Diktatoren.‘ Und auf einmal sollen sie ein Allheilmittel sein? Sie wollen uns wohl auf den Arm nehmen?“

Ich lache.

FOLCO: Also sollte man die Macht herausfordern?

TIZIANO: Natürlich, das gehört zum Beruf. Denk doch mal daran, wie die Macht im Staat verteilt ist: Legislative, Exekutive, Jurisdiktion. Und die vierte Macht sind die Medien, die die anderen drei kontrollieren müssen. Wer würde denn sonst die Stimme erheben, wenn falsche Gesetze gemacht werden? Keiner. Untersucht die Presse aber ein Gesetz auf seine Konsequenzen hin und protestiert, erhält sie ein enormes Gewicht, denn sie wird zur Stimme der Leute, die sich nicht selbst Gehör verschaffen können.

Nein, ich war nie mit jemand Mächtigem befreundet. Dieses Bewusstsein, frei und von niemandes Wohlwollen abhängig zu sein, ist etwas ganz Wichtiges, verstehst du? Stell dir vor, mit Cory Aquino hatte ich eine geradezu innige Freundschaft geschlossen. Ihr Mann Ninoy Aquino, der später umgebracht wurde, hatte mir nach der Lektüre von *Giai Phong!* aus dem Gefängnis geschrieben. Ich ging in der Familie ein und aus und war oft zum Essen dort. Als Cory Präsidentin der Philippinen wurde, interviewte ich sie noch einmal, doch danach sah ich sie nie wieder. Ich wollte keine Vorzugsbehandlung. Ich wollte nicht, dass sie mich anrief, um mir ein Interview zu geben. Da haben sich unsere Wege getrennt. Sie hatte ihre Revolution gewonnen, ich hatte sie beschrieben, vielen Dank und auf Wiedersehen.

Nein, die Mächtigen interessierten mich nicht. Wer mich interessierte, waren die Jesuiten.

FOLCO: Die Jesuiten?

TIZIANO: Ja, und wie. Wo auch immer ich hinging, habe ich sie aufgesucht, um das Land zu begreifen, denn die Jesuiten kennen die Seele der Kultur, in der sie leben. Sie scheuen keine Mühe, graben und forschen, arbeiten sich tief in das Land ein und lernen seine Sprache wie kein anderer. Sie sind Persönlichkeiten, große Intellektuelle.

FOLCO: Apropos – welche von den Persönlichkeiten, die du im Laufe deines Lebens kennengelernt hast, hat dich eigentlich wirklich beeindruckt? Das würde mich mal interessieren. Schließlich hast du die Möglichkeit gehabt, einigen Protagonisten der Geschichte zu begegnen. Was bleibt davon?
TIZIANO: Ach, weißt du, Folco, die Hauptdarsteller sind auch nicht anders als die Statisten. Sie stehen morgens auf, frühstücken, gehen auf die Toilette, setzen die übliche Miene auf und machen sich an ihr Tagewerk – genau wie alle anderen auch.
FOLCO: Du hast mir immer gesagt, wenn dir irgendjemand Furcht einflößt, stell ihn dir vor …
TIZIANO: … wie er auf dem Klo sitzt. Lass dich bloß nicht einschüchtern! Und wenn sich einer aufspielt, daherkommt wie ein General, denk dran, dass er morgens sein Geschäft verrichtet wie jeder andere.

Ich habe in meinem Leben viel mehr kleine als große Persönlichkeiten getroffen. Überleg mal, wie nützlich sich ein kleiner Provinzbeamter macht, der sich dafür einsetzt, dass eine kaputte Leitung repariert wird, damit das Dorf wieder Wasser hat. Den wahrhaft Großen bin ich leider nicht begegnet.
FOLCO: Aber es gibt doch Menschen, die eine Vision haben, die einen inspirieren, oder nicht?
TIZIANO: Die richtig Großen sind gestorben, als ich ein junger Mann war. Albert Schweitzer zum Beispiel – eine Entdeckung! Dieser Mann, ein Pianist und Philosoph, der mit dreißig begann, Medizin zu studieren, um am Ufer eines Flusses mitten in Afrika ein Krankenhaus aufzubauen! Oder Einstein, Russell. Immer wieder stieß ich beim Lesen auf Leute, die mich inspirierten. Mit Reichtum und Einfluss hatte das aber nichts zu tun.

Oder Sven Hedin, der *Mein Leben als Entdecker* geschrieben hat, ein tolles Buch! Ein freier Mensch, der monatelang mit seinen Yaks durch die Wüsten Zentralasiens zog und dort unglaubliche Entdeckungen machte. Ein Mann voller Kraft und Entdeckergeist.

FOLCO: Aber mal abgesehen von den Menschen, die du über ihre Bücher kanntest, musst du doch auch persönlich jemandem begegnet sein, der dich beeindruckt hat. Du hattest doch mit so vielen Menschen zu tun!

TIZIANO: Als Journalist habe ich jede Menge Schwätzer kennengelernt. Leute, die ihre Rolle spielten und mir, gerade weil ich Journalist war, fertig verpackte Nachrichten unterjubelten und mir jede Menge Unfug erzählten. Die wenigen Dinge, die ich von ihnen gelernt habe, fanden sich in ein paar Sätzen, die sie nach Beendigung der offiziellen Gespräche im Hinausgehen fallen ließen. Eine richtig große Persönlichkeit habe ich nie getroffen, nie. Wirklich, Folco.

Na ja, wenn ich wirklich ehrlich bin, muss ich sagen, dass mich Mutter Teresa sehr beeindruckt hat und sicherlich auch der Dalai Lama. Und dann gab es eine Reihe von Unbekannten, wie jener mongolische Mönch, der auf meine Frage, ob er Angst vor dem Tod hätte, ausrief: „Angst? Ich kann ihn kaum erwarten! Dieses Leben ödet mich an. Mich interessiert viel mehr, was im nächsten geschieht!“ Ein paar solcher Leute habe ich schon getroffen, besondere Menschen, Einzelgänger. Aber große Persönlichkeiten? Die gibt es nicht mehr, die haben alle schon in der Schulzeit dran glauben müssen, wie einer unserer chinesischen Freunde immer lachend sagte. „Die chinesischen Solschenizyns sind bereits im Kindergarten gestorben.“ Und ich glaube, er hatte recht: Zerstört durch die Schule, die Kultur, die Gleichschaltung.

FOLCO: Und all die Künstler und Minister, Kommandanten, Helden, Revolutionäre und Anführer der Vietcong?

TIZIANO: Eigentlich ist das doch schön. Ich lese meine eigenen Bücher und erinnere mich nicht einmal, von wem da die Rede ist! Alles vergeht …

FOLCO: Aber diese Menschen haben doch ihr Leben aufs Spiel gesetzt und andere dazu animiert, für etwas zu sterben, woran sie glaubten!

TIZIANO: Ja, ja, in dem Moment schon. Doch was bleibt davon übrig? Ein Friedhof. Staub und Asche.

FOLCO: Gibt es unter allen Menschen, denen du begegnet bist, wirklich nur so wenige, die dir Eindruck gemacht haben?

TIZIANO: Keinen einzigen.

FOLCO: Merkwürdig, dass wirklich keiner … Nicht einmal der Alte im Himalaja, den du immer besuchen gingst, als du dort oben in den Bergen lebtest?

TIZIANO: Doch, der Alte schon. Der hat mich beeindruckt.

FOLCO: Also gab es doch jemanden!

TIZIANO: Ich bin unzähligen Menschen begegnet, doch dann, ganz allmählich, habe ich mich davongemacht. Und auf dem Weg habe ich gemerkt, welche von meinen Vorbildern echt und welche falsch gewesen sind. Am Ende, ganz oben im Himalaja, hat mir dann ein Alter wie durch Zauberhand geholfen, für einen Augenblick zu schauen, was ich nie geschaut hatte. Und hast du das einmal geschaut, kannst du nicht mehr leben wie zuvor.

Eigentlich eine schöne Reise, oder?

FOLCO: Hm, sehr.

TIZIANO: Und jetzt? Sieh dir meine Beine an!

FOLCO: Dick geschwollen.

TIZIANO: Den lass ich hier, diesen Körper.

Er lacht.

Eine Kerze zündet die nächste an. Die alte verlischt, die neue brennt. Und die gibt die Flamme weiter an die nächste …

REISE DURCH DIE ZEIT

TIZIANO: Nach Mustang bin ich geritten. Ich suchte nach einem Ort, wo erst wenige Menschen gewesen sind.

Dafür ist Mustang ideal, denn es liegt ganz einsam in den Bergen. Fünf Tage lang reitest du durch eine Natur, wie du sie noch nie gesehen hast, Folco. Sie wirkt wie eine Mondlandschaft mit lauter bunten Steinen und rotem Sand, rot vom Blut des Drachens, den Padmasambhava der Überlieferung nach tötete, als er den Buddhismus nach Tibet brachte. Ein magischer Ort, an dem sogar die Steine eine Seele haben. Manchmal entdeckst du in dieser Wüste einen *stupa*, das sind kleine Heiligtümer mit den Reliquien buddhistischer Heiliger, die an indische Mandir-Tempel erinnern, oder ein atemberaubend schönes Kloster, dessen mit Fresken geschmückte Wände Wind und Wetter ausgeliefert sind, oder eine geheimnisvolle Steilwand mit Höhlen, die angeblich von Eremiten bewohnt waren.

Auf den gefährlichen Schotterwegen, die von steilen Abhängen gesäumt waren, bekam ich manchmal Angst und fragte mich, ob es nicht besser sei, abzusteigen und zu Fuß weiterzugehen. Letztlich vertraute ich mich dann doch dem Pferd an, das diesen Weg schon hundertmal zurückgelegt hat, aber eines war sicher: Ein falscher Schritt und es ist aus.

Schließlich kommst du auf eine Hochebene und siehst weit hinten in den Bergen wie eine Fata Morgana die von mächtigen Mauern umgebene Hauptstadt Lomantang, was so viel heißt wie „Tal aller Wünsche". Und dann tauchst du in eine stehengebliebene Zeit ein.

Um die Stadt herum fließt ein Bach, in dem die Frauen ihre

Wäsche waschen, aber auch trinken. Alles ist sorgsam geregelt: Hier wird gewaschen, dort getrunken. Jeden Abend wird das Stadttor verriegelt und morgens, du traust deinen Augen kaum, kommt der König persönlich, um es wieder zu öffnen, denn er verlässt seine Stadt als Erster, die Gebetsmühle in der Hand, um für seine Untertanen zu beten. Hinter ihm schwärmen die Frauen vergnügt schwatzend mit ihren Weidenkörben aus, um den Dung der Tiere einzusammeln, die nachts draußen bleiben.

Der „Palast" des Königs ist ein uraltes, über und über bemaltes Holzhaus. In den ersten Stock, den er bewohnt, gelangt man über eine steile Leiter. Abends wird eine Klappe hochgezogen, dann ist der Palast geschlossen. Doch im ersten Stock halten zwei große Doggen Wache, die notfalls vom Bellen der Lhasa Apsos geweckt werden, den kleinen tibetischen Hunden, die selbst geringste Geräusche wahrnehmen.

Und dann die Plumpsklos! Im zweiten und dritten Stock des Palastes hockt man sich einfach über ein Loch im Fußboden, die Kacke fällt bis zum Erdgeschoss durch und wird von den Schweinen gefressen.

FOLCO: Und da hast du geschlafen?

TIZIANO: Ich bin vier, fünf Tage im Königspalast geblieben, dem einzigen Ort, an dem man wohnen kann. Man darf das Reich nur mit Erlaubnis des Königs betreten, und erhält man sie, ist man sein Gast, lebt und isst mit ihm. Er ist ein alter, hochintelligenter Mann mit einem schönen Türkis im Ohr und langen Ohrgehängen. Er trägt eine elegante Jacke und andere tibetische Kleidungsstücke, die seine ununterbrochen mit bunter Wolle hantierende Frau ihm in Handarbeit herstellt.

Wir betrachten eine Reihe von Fotos.

FOLCO: Schön, dieses Foto. Ist er das?

TIZIANO: Nein, das ist der Amji, der Leibarzt des Königs, der sich aber auch um alle anderen Einwohner kümmert. Sieh mal, dies ist sein Zimmer: der Tee, die Teppiche, die heiligen Schriften, die Petroleumlampe. Und hier, sein Gesicht, wie das Licht durch ihn hindurch scheint! Er lebt in einer ganz anderen Dimension. An solchen Orten ist der Arzt eine Mischung aus Mediziner und Magier.

Eine Idylle, diese Stadt – der Wind, die Sonne, der Himmel, alles von einer Klarheit, wie es sie sonst nirgends gibt, denn Umweltverschmutzung ist dort ein Fremdwort. Und doch – auf der Straße fiel mir auf, dass viele der Kinder an einem Trachom litten, einer Augenentzündung, die blind machen kann. Da stellst du dir dann folgende Frage: Ist es besser, sie behalten ihr Trachom und bleiben im „Tal aller Wünsche“? Oder soll man das Trachom behandeln und dafür die Folgen in Kauf nehmen, die das notwendigerweise nach sich ziehen würde? Du hast die nötigen Medikamente nicht dabei, könntest aber problemlos ein paar Ärzte dorthin schicken, um die Kinder zu behandeln. Und das könnte leicht der erste Schritt in die Modernisierung sein, die binnen weniger Jahre das Trachom besiegen, der Stadt aber garantiert auch ihren ersten Industriellen aus Hongkong bescheren würde. Dieser würde gleich vier oder fünf Nähmaschinen in einem der Häuser aufstellen und die fröhlichen Frauen, die jetzt auf den Feldern arbeiten oder am Fluss Wäsche waschen, verdingen, acht Stunden am Tag für ihn Turnschuhe und T-Shirts zu nähen.

FOLCO: Stimmt. Der Brückenkopf der Moderne ist oft die Medizin.

TIZIANO: Eben. Die westliche Medizin hat enormen Erfolg gehabt. Erstens, weil sie so schnell wirkt. Hast du Kopfschmerzen? Schluck ein Aspirin und sie gehen vorbei. Und zweitens, weil sie so leicht wiederholbar ist. Wer Kopfschmerzen hat,

kann selbst ein Aspirin nehmen und wird sie damit los. Die entscheidende Frage ist also: Kann man die Hygiene unter diesen Menschen verbessern und das Trachom heilen, ohne dass der Industrielle aus Hongkong kommt und eine Fabrik aufmacht? Diese Frage ist doch gerechtfertigt, oder?
FOLCO: Durchaus.
TIZIANO: Jemand, der so reist wie ich, kann nicht umhin, sich diesem Problem zu stellen, denn schon bald, ja eigentlich sofort wird dir klar, dass auch du den Prozess der Modernisierung mit anschieben hilfst.
FOLCO: Allein dadurch, dass du dort hinkommst?
TIZIANO: Indem du dich zeigst. Sie bestaunen deine Uhr, weil sie noch nie eine gesehen haben, und deine Schuhe, die so anders aussehen als ihre handgenähten aus Filz. Du trägst einen Anorak gegen die Kälte und eine Sonnenbrille gegen das UV-Licht auf der Hochebene. Wenn einer die Hand ausstreckt und etwas davon haben möchte, was machst du dann? Gibst du es ihm oder nicht?

Was mich regelrecht verstörte, war eine Gruppe kleiner Mädchen, die mit einer Puppe spielten, aber nicht mit einer selbstgemachten Stoffpuppe, sondern mit einer rosahäutigen Plastikpuppe aus dem Westen. Offenbar hatten irgendwelche Touristen – ich war schließlich nicht der Einzige, jedes Jahr erlaubte der König einer Reihe von Leuten die Einreise, auch aus finanziellen Gründen – diese Puppe mitgebracht und sie den Kindern geschenkt.

Eines Abends bei Sonnenuntergang ging ich durch die Gassen und fotografierte ... Schon das Fotografieren! Du nimmst etwas mit fort, statt etwas dazulassen.
FOLCO: Ich habe ein Foto mit einem Schild gesehen, auf dem stand: „Nimm nichts als deine Fotos mit, lass nichts als deine Spuren da."

TIZIANO: Ja, das hat der König oder einer seiner Leute geschrieben. Schön, nicht?

Ich ging also durch die Gassen und bemerkte auf einmal eine Traube Jugendlicher, die sich vor einem dunklen, offenen Eingang drängten. Ich trat hinzu und was sah ich? Einen winzigen, mit einer Autobatterie betriebenen Fernseher. Irgendjemand hatte den fünf-, sechstägigen Ritt über den Jomosom-Pass und den Annapurna auf sich genommen, um den Fernseher und die Batterie aus Nepal mitzubringen.

Was machst du in so einem Fall? Gehst du hinein und zertrümmerst den Apparat mit dem Hammer? Natürlich nicht.

Und doch weißt du, dass es im nächsten Jahr schon zwei Fernseher sein werden, und dann wird ein noch größerer kommen und dann ein Farbfernseher. Das ist unvermeidlich. Unvermeidlich.

Oder nimm Birma. Ich weiß, dass ich mit meinen Gedanken da etwas aus der Reihe tanze, und ich will das mörderische Militärregime dieses Landes auch wirklich nicht verteidigen; trotzdem sehe ich einen gewissen Sinn in seiner Barbarei. Denn außer Mustang ist Birma eine der letzten Oasen in Asien, die sich ihren eigenen Charakter bewahrt haben. Die Birmanen rauchen keine Marlboro – der Import von Zigaretten ist verboten – sondern rollen sich ihre *cheroot* mit dem eigenen Tabak. Und sie tragen auch keine Jeans, sondern ihre *longyi*.

FOLCO: Immer noch?

TIZIANO: Ja! Und statt Niveacreme benutzen sie Sandelholzpaste. In den Straßen Rangoons kannst du abends die Frauen beobachten, wie sie das feine Pulver mit etwas Wasser anrühren und ihren Kindern diese Paste aufs Gesicht streichen, um sie vor den Fliegen zu schützen. Und ihre Haut ist kerngesund! Sie leben ein langsames, ruhiges Leben.

Birma wird von einem schrecklichen Militärregime regiert, das auch vor schlimmster Folter nicht zurückschreckt und das ich immer verdammt habe. Die Geschichte der kranken, zur Zwangsarbeit verurteilten jungen Männer habe ich dir ja erzählt. Seit zwanzig, dreißig Jahren versucht die internationale Gemeinschaft – die EU, die Vereinten Nationen, die Amerikaner – dort etwas mehr Demokratie zu erwirken. An der Spitze der demokratischen Bewegung steht zudem eine außergewöhnliche Frau, Aung San Suu Kyi, der man mit den üblichen politisch-opportunistischen Manövern sogar den Friedensnobelpreis zugeschanzt hat. Eine unglaublich mutige Frau, Tochter eines Helden aus dem birmanischen Unabhängigkeitskrieg gegen Japan, eine Lichtgestalt mit einem ermordeten Vater, wie so oft. Und nun muss man sich entscheiden: Will man die mörderischen Militärs unterstützen oder diese Elfe, die seit Jahren unter Hausarrest steht?

So sieht es auf den ersten Blick aus. Doch was steckt dahinter? Die großen Erdölfirmen können die Öffnung Birmas kaum abwarten, denn durch das Land fließen große Mengen an Rohstoffen. Und die japanischen Milliarden für die Entwicklung des Tourismus – Fünf-Sterne-Hotels, Straßen, Schiffe, die über den Inle-See düsen, ein größerer Flughafen – liegen auch schon bereit. Sollte das aktuelle Regime eines Tages durch westlichen Druck gestürzt werden, was vorauszusehen ist, und sollte Aung San Suu Kyi an die Macht kommen, wird Birma werden wie Thailand: Nutten, Bordelle, Profit, Marlboro, Coca Cola, Blue Jeans.

Die Frage, die man sich stellt, wenn man so alt ist wie ich und keiner Ideologie anhängt, ist nun folgende: Wo liegt die Lösung? Was wünschst du dir? Dass die Militärs die Gewalt über das Land behalten? Nein, wie könntest du? Dass sich Aung San Suu Kyi durchsetzt? Dann ist Birma binnen weniger Monate am Ende, dann kommen der Beton und die Wolkenkratzer …

Also, Folco? Was meinst du? Siehst du das Problem? Auf welcher Seite stehst du?

FOLCO: Auf welcher stehst du denn?

TIZIANO: Auf der Seite der Militärs zu stehen, ist unmöglich. Aber irgendwie müsste man die Leute vor den Gefahren warnen, die mit der Liberalisierung Birmas einhergehen werden. Also frage ich mich: Ist es möglich, beides unter einen Hut zu kriegen? Und die Schönheit der Welt, die ja in ihrer Vielfalt besteht, zu bewahren?

FOLCO: Interessant.

TIZIANO: Ich meine diese Frage ganz ernst. Ich finde, statt einfach zu sagen: „Es gibt keine Lösung", sollte man sich mit diesem Problem ernsthaft beschäftigen.

Denk doch nur an die Andersartigkeit der chinesischen Kultur. Die Chinesen schreiben anders, essen anders, schlafen anders als wir. Ist es da nicht merkwürdig, dass auch sie auf einmal alle Krawatten tragen? Verstehst du, was mich so zur Verzweiflung bringt, Folco? Die Chinesen, die entdeckt hatten, dass man sich nichts um den Bauch binden soll, was den Energiefluss des Qi unterbinden könnte, tragen plötzlich Gürtel von Pierre Cardin! Das ist doch schrecklich, oder? Was mir dabei solche Kopfschmerzen bereitet, ist das Ende der biologischen Vielfalt! Dass es keine Bauernäpfel mehr gibt! Dass wir alle die gleichen Äpfel essen, gleich groß, gleich rund, gleich glänzend, und damit die Vielfalt beseitigen, die doch die Grundlage unseres Lebens ist! Denn ich bin fest davon überzeugt, dass der Reichtum der Menschheit in der Verschiedenheit liegt. Warum müssen die Tuareg unbedingt Unterhosen tragen? Lasst sie doch Tuareg bleiben!

Ich frage mich: Ist es möglich, den anderen ihre Werte zu lassen, sie bei der Behandlung des Trachoms zu unterstützen und sie zu bitten, uns bei der Behandlung einer Krankheit zu helfen, die noch viel verheerender ist, nämlich unser Unglücklichsein?

Papa unterbricht sich mit einem schweren Keuchen.

Oioioi, den Eimer, Folco!

Er hustet.

Was ist besser, dass dem Kind bei Sonnenuntergang Sandelholzpaste aufs Gesicht gestrichen wird oder Niveacreme?

Gib mir den Eimer! Oioioi, heute ist es ja richtig schlimm, mein Gott!

FOLCO: Hast du wieder diesen Knoten im Magen?

TIZIANO: Ja, genau hier.

FOLCO: Hast du heute Morgen etwas gegessen?

TIZIANO: Nur eine Mehlsuppe.

FOLCO: Du hast ganz heiße Hände.

Weißt du, in Indien habe ich einmal miterlebt, wie abends die ganze Dorfbevölkerung zusammenlief, nicht weil jemand einen Fernseher mitgebracht hatte, sondern weil ein umherziehender Sadhu in den Ort gekommen war, ein Heiler, Musiker und Geschichtenerzähler.

TIZIANO: Wie schön! Die Frage ist bloß, wie lange noch? All das ist auch in Asien im Verschwinden begriffen, in meinem Asien, das ich so geliebt habe, und du später auch. Und trotzdem kann man gewisse Einwände nicht einfach vom Tisch wischen. Wenn jemand sagt: „Du bist ein hoffnungsloser Romantiker, aber du hast ja auch kein Trachom und überhaupt so viel Penizillin, wie du willst!" – dann hat er durchaus recht.

Wo also ist der Mittelweg? Wenn man etwas gegen das Trachom tun will, ist es dann wirklich unumgänglich, einen wunderschönen Ort wie Mustang in einen Haufen Baracken zu verwandeln, in denen die Frauen, die ihr Feuer heute noch mit dem gesammelten Kuhmist anzünden, von morgens bis abends an ihren Nähmaschinen sitzen und – tatatatata – Turnschuhe fertigen müssen, um sich einen Fernseher zu kaufen, mit dem sie dann Big Brother sehen können?

Wo ist die Lösung? Ist es möglich, die Schönheit der Welt zu retten, die in ihrer Vielfalt besteht? Das ist der springende Punkt. Verstehst du, was ich meine?

DIE ORGANISATION

Der Sommer ist da, die Schäfer sind mit ihren Herden aus dem Tal heraufgekommen. Die Luft ist erfüllt von Glockengebimmel und angenehmem Stallgeruch. Wir sitzen im Schatten des Ahorns.

TIZIANO: Woher könnte bloß die Antwort auf all unsere Probleme kommen? Wie kann den Menschen, die so verzweifelt und hilflos nach Lösungen suchen, geholfen werden? Das habe ich mich auf meinem Weg oft gefragt.

Einmal, als ich gerade die Meerenge von Malakka passierte, an einem jener schönen Abende, an denen man auf Deck sitzt und den Sonnenuntergang betrachtet, sah ich am Horizont Dutzende von herrlichen kleinen Inseln, und da kam mir der lustige Gedanke, die Lösung könnte in einer Verschwörung der Poeten bestehen. Denn mir schien, nur die Poesie könne uns einen Schub neuer Hoffnung verleihen. Ich suchte mir eine weit entfernte, unwichtige, auf keiner Karte verzeichnete Insel aus und stellte mir vor, dort wüchse eine Generation junger Dichter heran, die nur auf den Moment wartet, das Schicksal der Welt in die Hand zu nehmen. Ich hatte das Gefühl, die Lösung könne nicht bei Parteien, Institutionen oder Kirchen liegen, wo es doch immer nur die gleiche Leier ist, heute noch dazu ohne die ideologische Begeisterung von früher.

Und dann sagtest du mir eines Tages etwas, was mich überraschte. Du sagtest, bei deinem Leben in Indien oder Kalifornien oder auf deinen Reisen träfest du manchmal Leute, die du nie zuvor gesehen hattest, und während der Unterhaltung sei dir aufgefallen, dass sie bestimmte Wörter benutzten, die euch verbanden, dass ihr die gleiche Sprache spracht. Und dann rücktest du mit einem Gedanken heraus, den ich genial fand: dass es in der Welt etwas gebe, was du „die Organisation“ nanntest.

Wo kommt dieser Name eigentlich her?

FOLCO: Den habe ich erfunden.

TIZIANO: Dabei ist es alles andere als eine Organisation. Es ist vielmehr ein absolut unorganisiertes, formloses, inexistentes Etwas, das Leute mit denselben Ideen, Absichten, Wünschen auf geheimnisvolle Weise verbindet. Das war von meiner Verschwörung der Poeten gar nicht so weit entfernt. Eine Geste, ein besonderer Händedruck, eine Art mystische Freimaurerei vor allem unter jungen Leuten, wo nach neuen Wegen gesucht wird und wo man etwas Neues in der Luft wittert.

„Die Organisation“ ist auch ein guter Schlüssel, um das Ende der Politik zu begreifen, ich meine, warum die Politik heute keine Antworten mehr liefert und stattdessen Lösungen wie Religion und Spiritualität gefragt sind. Früher ging man zur Partei und sagte: „Da bin ich! Ich will Mitglied werden und mich engagieren. Was soll ich tun? Plakate für die nächsten Wahlen kleben?“ Doch so etwas gibt es nicht mehr. Was es gibt, ist das Gefühl, an etwas Geheimnisvollem teilzuhaben und mit Gleichaltrigen und Freunden durch unsichtbare Fäden verbunden zu sein – eine schöne Idee und Teil einer positiven Einstellung, die ich den jungen Leuten gerne weitergeben möchte.

Als die *Briefe gegen den Krieg* erschienen und ich auf meiner Wallfahrt für den Frieden durch Italien reiste, sagte ich einmal: „Es gibt eine Lösung und sie kommt immer näher. Mein Sohn nennt sie ‚die Organisation‘, und er hat das Gefühl, gemeinsam mit vielen anderen daran teilzuhaben.“ Es war, als hätte ich eine Schleuse geöffnet. Viele erkannten sich sofort in dieser Idee wieder, ich bekam eine Menge Briefe. Am Ende der Veranstaltungen steckten mir manchmal Leute verschwörerisch einen Zettel in die Tasche und flüsterten mir zu: „Auch ich gehöre zur ‚Organisation‘!“

Eine tolle Sache!

FOLCO: Eines Morgens wachst du auf und spürst, du gehörst dazu, ohne eigentlich zu wissen wozu, worauf es sich gründet, wer mitmacht. Ein paar Mal habe ich einen völlig Unbekannten gefragt: „Hör mal – gehörst du auch zur ‚Organisation‘?“ Der Erste, den ich das fragte, sah mich an, als dächte er: „Du bist wohl vollkommen übergeschnappt?“ Später wurde er einer meiner besten Freunde. Klar, die Frage ist ein Spaß – entweder du verstehst sie oder du verstehst sie nicht.

TIZIANO: Stimmt. Da ist diese Sehnsucht, zu etwas zu gehören, was sich lohnt. Etwas Großes.

FOLCO: Was den Willen ausdrückt, es besser zu machen, zu handeln, zu tun, was richtig ist. Du spürst, dass du die Dinge als Einzelner unmöglich ändern kannst. Was bringt es, weniger zu konsumieren oder weniger Müll zu produzieren, wenn die anderen genau das Gegenteil tun? Das muss dir doch sinnlos erscheinen, nicht? Gibt es dagegen eine große Bewegung, heißt es: „Heute geht's los!“, wird alles möglich.

TIZIANO: Es gibt keine Versammlungen, es gibt nichts zu besprechen, alles geschieht intuitiv. Eine innere Macht führt uns gemeinsam zu dem zurück, was richtig ist. Denn es gibt etwas, was richtig ist, und das spüren die Leute. Sie spüren, wo Gut und Böse ist, wem sie trauen können und wem nicht, wo im täglichen Leben Recht und Unrecht liegen, was sich lohnt und was nicht, wo sie vom System für dumm verkauft werden und wo die Rettung liegt.

FOLCO: Lustig, dass die Leute zu dir gekommen sind und gesagt haben: „Auch ich gehöre zur ‚Organisation‘!“

TIZIANO: Ja, als wäre das ein Geheimbund.

Er lacht.

Das Beste ist, dass diese „Organisation" gar nicht existiert. Aber die Geschichte ist schön. Sie zeigt, dass es ein starkes Bedürfnis nach Lösungen gibt. Sie zeugt von einer geheimen Verbundenheit, die keine Regeln braucht, von Leuten, die nicht auf Ideale verzichten wollen, auf etwas, was über das tägliche Leben hinausgeht, und die sich auf einmal nicht mehr allein fühlen. Das ist so wichtig daran.

Und diese kleinen Dinge weisen darauf hin, dass tatsächlich etwas Neues im Entstehen ist.

KINDERGESCHICHTEN

TIZIANO: Singapur, Malaysia, Indonesien, Conrad, Kuching, Raja Brooke … Ein wunderbarer Aspekt Asiens war auch diese Romantik. Die Schiffsreisen, die Abenteuerlust, der Entdeckergeist, die Neugier auf das „Andere", das bis vor kurzem noch überall zu finden war. So war das zu meiner Zeit, denn damals gab es noch nicht überall Luxushotels.
FOLCO: Als wir klein waren, brachtest du immer jede Menge Geschichten und Koffer voller merkwürdiger Dinge von deinen Reisen mit. Einmal holten wir dich am Hafen von Singapur ab und du trugst eine riesige bunte Statue von einem Mann, der mit einem Krokodil ringt, auf den Schultern. Du erzähltest uns, das Krokodil sei auf das Schiff geklettert und der Mann, ein bärenstarker Malaysier, habe es mit seinen Armen erwürgt.

Papa lacht.

TIZIANO: Ich war auf einem dieser alten Holzkähne aus Borneo gereist, mit einem ständig betrunkenen englischen Kapitän und einer Besatzung aus lauter zwielichtigen Gestalten.

Und weißt du noch, wie ich die beiden großen glasierten Tonelefanten aus Laos mitbrachte, einen schwarzen und einen weißen? Ich erzählte euch, das seien Abbilder der beiden echten Elefanten, die ich euch mitgebracht hatte – den weißen für dich, den schwarzen für Saskia –; nur hätte ich die vorläufig im Zoo untergestellt, da sie für unseren Garten zu groß waren. Und so gingen wir sie jeden Sonntagmorgen besuchen.
FOLCO: Wir haben lange daran geglaubt und konnten es kaum abwarten, bis wir groß genug waren, um auf ihnen zu reiten! Und erinnerst du dich noch an die Geschichte von eurem Freund

auf Borneo – stimmte die eigentlich oder nicht? –, durch dessen Garten der Äquator führte und der abends in der Hitze, wenn er sonst nichts zu tun hatte, aus dem Haus ging und sowohl auf die nördliche als auch auf die südliche Halbkugel pinkelte?

Jahre später, als ich größer war, hast du mich dann mitgenommen, um nach unserer verschollenen Kusine zu suchen.

TIZIANO: Was man im Leben nicht alles machen kann! Statt nach einem Paar Schuhe Ausschau zu halten, kann man auf die Suche nach einer Kusine in Thailand gehen.

FOLCO: Wir lebten damals in Hongkong, und eines Abends bekamst du einen dringenden Anruf.

TIZIANO: Nein, nein, das war so: Eines Abends wurde Mama von einem Verwandten angerufen, einem hohen Richter am deutschen Verwaltungsgericht, einem Spross jener Familien, die seit Jahrhunderten im Dienste von Recht und Gesetz stehen. Er schätzte mich als Asienkenner und wusste von meiner Abenteuerlust. Besorgt erzählte er mir, seine Tochter sei verschwunden. Sie hatten alles ausprobiert, die Botschaft in Bewegung gesetzt und so weiter, doch ohne Erfolg. Das Mädchen war sehr jung, siebzehn oder so…

FOLCO: Sechzehn! Zwei Jahre älter als ich.

TIZIANO: … und hatte Verwandte in Australien besucht. Auf dem Rückflug war sie bei einer Zwischenlandung in Malaysia, glaube ich, einfach ausgestiegen und hatte sich auf eigene Faust aufgemacht. Sie hatte eine Postkarte mit wenigen Worten nach Hause geschickt, und dann hatte die Familie monatelang nichts mehr von ihr gehört. Der Richter hatte furchtbare Angst, ihr könnte etwas passiert sein. Es waren gefährliche Zeiten, weißt du, und wenn man in schlechte Gesellschaft geriet …

FOLCO: So jung, wie sie war, und noch dazu so blond, hätte es sich auch um eine Entführung handeln können. Damals hieß

es immer, junge Mädchen wie sie würden nach Saudi-Arabien gebracht und in Harems gesteckt.
TIZIANO: Und sie war sehr hübsch! Ich war sofort Feuer und Flamme. Und außerdem wollte ich Mamas Verwandten helfen.

Also ließen wir uns die besagte Postkarte und ein Foto neuesten Datums von ihr schicken, ich nahm zwei Wochen Urlaub, ließ dich von der Schule befreien – „Komm mit, dann lernst du mal etwas anderes und wir zwei haben unseren Spaß!" –, und wir fuhren nach Thailand. Dass wir sie dort suchen mussten, wussten wir durch den Poststempel.

Und dann ging das Abenteuer los. Wir zogen durch alle Bars und Lokale, von denen ich wusste, dass herumreisende Hippies dort verkehrten, und zeigten überall das Foto. Und alle sagten: „Ja, ja, da und dort habe ich sie gesehen." Und so beschlossen wir, den Weg, den sie zurückgelegt hatte, in entgegengesetzter Richtung …
FOLCO: Nein, Papa, die Geschichte war noch viel schöner!
TIZIANO: Wie denn?
FOLCO: Wir gingen mit diesem Foto von Tisch zu Tisch und *niemand* hatte sie gesehen. Mir war schleierhaft, wie wir ein Mädchen wiederfinden sollten, das in einem Land, ja in einem ganzen Kontinent untergetaucht war. Das war ja schlimmer, als die berühmte Nadel im Heuhaufen zu suchen!

Doch dann hatten wir riesiges Glück. Ein Typ war sicher, dieses blonde Mädchen bei Sonnenuntergang in einem weißen Kleid an einem Flussufer in Nordthailand gesehen zu haben.

Am nächsten Morgen stiegen wir in ein Flugzeug nach Chiang Mai.
TIZIANO: Ja, genau! Du hast recht, so war das. Und kaum waren wir angekommen …
FOLCO: … ließen wir uns von einem Taxifahrer eine Liste aller

billigen Absteigen von Chiang Mai geben, das waren ungefähr fünfzig. Und gleich in der ersten stand sie im Gästeregister!

„Im Moment ist sie nicht da", meinte der Mann an der Rezeption. Also haben wir draußen gewartet, und nach einer halben Stunde kam sie.

TIZIANO: Sie war völlig verblüfft und auch geschockt, dass wir sie so leicht gefunden hatten. Sie fürchtete, wir würden sie ins nächste Flugzeug setzen und nach Hause schicken, weißt du noch? Doch wir dachten gar nicht daran! Ich sagte: „Du hast es auf Abenteuer abgesehen? Bitteschön!" Und dann gingen wir zu einem *mahut,* einem Elefantenführer …

FOLCO: … du hast mit ihm gehandelt und am Ende drei Elefanten gemietet, und dazu ein süßes Elefantenbaby, das seiner Mutter hinterherlief, und ab ging's in den Dschungel – endlich saß ich auf einem Elefanten!

TIZIANO: Zwei, drei Tage sind wir durch den Dschungel geritten. Ich kann mich an eine Nacht in einer Hütte erinnern und an einen herrlichen Wasserfall, wo wir mit den Elefanten zusammen badeten.

Wie ist die Geschichte dann eigentlich ausgegangen?

FOLCO: Das weiß ich, ehrlich gesagt, auch nicht mehr so genau. Ich glaube, wir haben sie nicht einmal ins Flugzeug gesetzt.

TIZIANO: Doch, später haben wir sie überredet, wieder nach Hause zu fahren.

FOLCO: Und am Ende ist dieses rebellische Mädchen in die Schule zurückgekehrt, hat Abitur gemacht und studiert. Und jetzt ist sie Tropenmedizinerin!

TIZIANO: Wie ich sehe, erinnerst du dich genau.

Siehst du, das ist auch so ein Fall, wo man Andersartigkeit akzeptieren muss. Wenn du sofort deine eigenen Regeln durchzusetzen suchst und schimpfst: „Einfach so wegzulaufen! Das ist ja ein Skandal!", verdirbst du alles. Lässt du dem anderen aber Raum, vertraust du ihm und erlaubst ihm, seine Art zu leben herauszufinden ... Außerdem hatte sie gar keine Dummheiten gemacht. Klar, so etwas ist auch mit Risiken verbunden, aber manchmal muss man eben aus den vorgegebenen Bahnen ausscheren und ausprobieren, was man wirklich will ...

FOLCO: Und das hatte sie getan und dabei unglaublichen Mut bewiesen. Wie habe ich sie heimlich bewundert! Doch das Komischste dabei ist: Als wir ihr erzählten, wie wir sie gefunden hatten, meinte sie erstaunt, sie sei nie bei Sonnenuntergang an jenem Fluss gewesen! Und im weißen Kleid schon gar nicht!

ORSIGNA

Die Beine überkreuz sitzen wir in Papas Gompa, auf dem Stapel Teppiche, die auf einer breiten Bank liegen. Diese Teppiche sind auch sein Bett.

TIZIANO: Machst du ein bisschen auf?

Ich öffne die Tür, die auf die großen Kastanien hinausgeht.

FOLCO: Ist das heiß heute!

TIZIANO: Diese Gompa ist wunderbar. Spürst du das schöne Feng Shui?

FOLCO: Ja, er ist schön, dein kleiner Holzkasten, er hat etwas Geborgenes, hier geht keine Energie verloren. Nur ganz wenige Dinge, eine Handvoll Bücher, nicht einmal Platz für einen Tisch. Und nichts mehr von all den schönen Gegenständen, die du im Laufe deines Lebens gesammelt hast. Nur die kleine Bronzefigur da hast du noch.

TIZIANO: Wie die Taoisten. Von all meinen Sammlungen habe ich hier nur diese billige, moderne Kopie einer tibetischen Bronzefigur: Milarepa, Dichter und Mystiker aus dem Jahre 1100, der mit der Hand am Ohr dem Leid der Welt lauscht. Ich liebe ihn und habe ihn immer bei mir. Und wenn ich ihm eine Blume hinstelle, macht das mein Leben noch schöner. Er leistet mir Gesellschaft, ich sehe ihn an und lächle. Mehr brauche ich nicht.

FOLCO: Gegenstände gibt es hier fast keine, aber dafür ist alles bunt, selbst die Wände sind orange und violett angemalt.

TIZIANO: Violett habe ich immer gemocht. Ich habe mal einen Farbtest gemacht, dieses New-Age-Zeug, weißt du? Danach bedeutet meine Vorliebe für Violett mein Streben nach Spiritualität!

Er lacht.

FOLCO: Wie hast du diesen schönen Fleck eigentlich gefunden?

TIZIANO: Ich war mit fünf zum ersten Mal in Orsigna. Ich litt oft an tuberkularer Lymphknotenentzündung, und das Pferdefleisch, das ich bekam, reichte als Kur nicht aus. „Der Junge braucht gesunde Luft", meinte der Arzt. Und so brachte mein Vater, dein Nonno Gerardo, mich hierher.

Wir stiegen in Florenz auf einen Militärlastwagen und fuhren los. Wenn man von Pracchia das Orsignatal hinauffährt, gelangt man an einem bestimmten Punkt an die Brücke mit dem Tabernakel, das die Grenze zwischen dem Kirchenstaat und dem Großherzogtum Toskana markierte. Da ließen wir uns absetzen. Danach ging es noch ein Stück den Fußweg entlang, der von dort bis zur Piazza des Ortes führt. Da mein Vater schon mehrmals in dem Ort gewesen war, kannte er ein paar Leute, und so quartierten wir uns bei einem Alten namens Cesare ein, dem Wirt der Trattoria. Wir wurden aufgenommen, als gehörten wir zur Familie, und dieses herzliche Verhältnis ist immer geblieben.

Das erste Mal blieben wir einen Monat und danach verbrachte ich jeden Sommer in Orsigna, so wie du jetzt auch. Ich habe dir ja erzählt, dass ich als Kind immer unter der Fuchtel meiner Mutter stand und sie mich in Florenz nie allein auf die Straße ließ, und so wurde Orsigna für mich zum Synonym für Freiheit. Hier konnte sie mich nicht mehr festhalten, hier brauchte ich nur aus dem Haus zu gehen, um die Welt zu genießen – die Wege, die Berge, die Nachtwanderungen und am Ende den Sonnenaufgang. Und so gab ich mein erstes selbstverdientes Geld dafür aus, von Guidino, dem Dorfdichter, ein kleines Stück Land zu kaufen: dieses hier. Nach einem ganz einfachen Entwurf von Großmutter Renate bauten wir den ersten Teil des Hauses: einen großen Wohnraum, ein Schlafzimmer für Mama und mich, und ein Zimmer für unsere zukünftigen Kinder. Die Steine holten wir mit einem Maultier vom Fluss.

Dies war die Zuflucht vor der Florentiner Welt, meine zweite Heimat, die meinem Leben Zauber verliehen hat, das ist mir jetzt klar geworden. Denn dieses geschlossene Tal, das nirgendwo hinführt, mit seiner bitterarmen Vergangenheit ist ein Ort voller Geheimnisse. Die Leute lebten in Feldsteinhäusern mit winzigen Fenstern, damit die Kälte nicht eindrang, viele besaßen nicht einmal einen Kamin. Der Mann, der uns das Land verkauft hat, bewohnte mit seiner Frau, einer Hexe, wie gemunkelt wurde, einen Raum, dessen Wände ganz schwarz vor Ruß waren.

Die Leute lebten einfach, von Kastanien, Pilzen und dem Korn, das sie anbauten. Aber alle waren Poeten. Das wiederum kommt daher, dass sie Hirten waren, Leute, die mit einem Grashalm im Mund auf dem Berg stehen und, die Herde im Auge, über Gott und die Welt nachdenken. Sonntagabends wurden auf dem Dorfplatz die Wechselgesänge in improvisierten Stanzen ausgetragen, bei denen zum Beispiel der eine die Liebe zu blonden Mädchen, der andere die zu brünetten verteidigte. Wie liebte ich diese endlos langen Abende mit Wein und Gesang!

Das sind meine Kindheitserinnerungen, so bin ich aufgewachsen, und jetzt wird mir klar, wie wertvoll diese andere Welt für mich gewesen ist. Weißt du, in Orsigna hatte jeder Ort seine Geschichte; jedes Tal, jede Schlucht, jeder Bach hatte seine Magie. Überall spürte man die Gegenwart geheimnisvoller Wesen. Es gab Hexen und Ungeheuer, die Leute lebten nicht in der Welt des Fernsehens, sondern im Reich der Phantasie, und abends erzählte man sich seit Generationen überlieferte Geschichten.

Er mimt einen Bänkelsänger.

Es war Hexensabbat. Die Nacht war finster, es schneite und der Wind heulte durch den Wald. In dem alten Bauernhaus von

Castello saßen die Frauen am Kamin und spannen. „Ihr Hasenfüße schlottert ja vor Angst", sprach die Jüngste, „ich aber glaube nicht an Hexen." Und zum Beweis steckte sie Spindel und Wollknäuel in ihre Schürze und ging allein in die Nacht hinaus. Schon bald kam sie in den dunklen Wald, als plötzlich von hinten etwas an ihr zog. Sie versuchte, sich zu befreien, konnte aber keinen Schritt mehr tun. Am nächsten Morgen wurde sie tot aufgefunden. Die Spindel war auf die Erde gefallen und im Schnee stecken geblieben, aber als sie es von hinten ziehen fühlte, hatte sie gemeint, eine Hexe zerre an ihr, und war vor Schreck gestorben. Seitdem trägt jener Ort den Namen „Das Grab". Ein anderer Ort heißt „Die Schleuder". Als ein Betrunkener eines Abends vom Dorf nach Hause torkelte und dort einen fürchterlichen Fluch ausstieß, wurde er gepackt und von einem Felsen in die Tiefe geschleudert.

Mich faszinierten diese Geschichten. Sie verliehen dem Tal Leben, alles war beseelt. Es ist ein Glück, in so einer Welt aufzuwachsen, sie ist viel reicher als eine, die nur aus „Dingen" besteht.

Das meine ich, wenn ich von der Wahrheit hinter den Dingen spreche. Klar, du könntest dich auch darauf beschränken zu sagen: „Dieses Waldstück heißt ‚Das Grab'." Sobald du aber darüber nachdenkst, oder meinetwegen auch aufhörst zu denken, wird dir klar, dass dieser Wald ein eigenes Leben hat, eine eigene Geschichte, und alles wird viel schöner. In Indien oder Tibet ist jeder Stein eine Gottheit, auf jedem Felsen findest du eine Inschrift. Und so ist es im ganzen Leben. Die Tatsachen, diese verfluchten Tatsachen, die alles zu sein scheinen, obwohl sie in Wirklichkeit nichts sind, verbergen den Rest. Das Schöne liegt dahinter! Du magst einwenden: „Das ist doch alles nur Aberglaube!" Aber das stimmt nicht, denn in all diesen Geschichten spiegeln sich menschliche Verhaltensweisen. In den großen Religionen wie dem Hinduismus gibt es unzählige Gestalten, die die Gottheit verkörpern, unzählige Gesichter einer einzigen Wahrheit. Warum sollte man sich all dessen berauben? Das finde ich so schade, so jammerschade.

Als ich nach Tibet kam, beeindruckte mich tief, dass jeder Stein dort seine eigene Geschichte hatte, das weiß ich noch. Kommst du heute hin, stehst du vor dem üblichen Supermarkt. Was mir dabei wehtut, ist, wie wir unser Leben halb gewollt, halb achtlos immer ärmer machen.

In der Tür erscheint ein lächelndes bärtiges Gesicht.

FOLCO: Sieh mal an, wer da kommt!

TIZIANO: Mario! Wie schön! Was hast du uns denn mitgebracht?

MARIO: Eier, ein bisschen Salat, von dem ganz zarten, wie du ihn magst, und frisch gepflückte Erdbeeren.

Papa klatscht in die Hände.

Ist das eine Gluthitze heute!

TIZIANO: Gluthitze? Es ist das reinste Paradies!

MARIO: Nein, nein, Tiziano. Du sitzt hier im Kühlen, aber ich habe mich auf dem Erdbeerbeet in der Sonne klitschnass geschwitzt! Den Korb muss ich wieder mitnehmen. Soll ich eine Schüssel für die Erdbeeren suchen?

FOLCO: Das mache ich schon.

MARIO: Nein, nein, bleib ruhig sitzen.

Mario verschwindet.

TIZIANO: Was für ein wunderbarer Mensch!

FOLCO: Weißt du, gestern bei der Arbeit mit Mario im Gemüsegarten ist mir aufgegangen, dass es eigentlich überflüssig ist, die deutschen Philosophen zu lesen. Um Kartoffeln anzubauen, setzt man eine alte in den Boden, lässt sie vermodern, und aus dem Tod der alten Kartoffel entsteht das Leben der neuen. Die alte wirkt wie Nahrung, aus einer werden viele. Das reicht doch. Da gibt's nicht viel zu lesen.

TIZIANO: Man opfert die alte Kartoffel, ihr Ende ist ... Schön, wie du das gesagt hast: Eigentlich braucht man die deutschen Philosophen gar nicht zu lesen!

FOLCO: Wenn du im Gemüsebeet arbeitest, ist alles so einleuchtend. Was brauchst du große Theorien? Du hast es doch Tag für Tag vor Augen.

TIZIANO: Weißt du, Folco, wenn du von unserem Rasen auf dieses wunderbare unversehrte Tal hinausblickst, begreifst du, dass diese Gegend mir zu etwas verholfen hat, was ich immer gesucht habe: zu einem anderen Blickwinkel.

Das ist Orsigna für mich. Und ich finde es schön, hier zu sterben. Ich spüre die Seele dieses Ortes, weil ich sie erlebt habe. Dies ist mein Himalaja. Schon als Kind habe ich hier den Zauber des Lebens und vor allem der Natur wahrgenommen. Die Moderne drängt ihn immer weiter zurück, und doch bleibt er weiterhin erhalten in den Bäumen, den Wäldern, den Sonnenuntergängen, wenn die Sonne hinter dem Pedata del Diavolo versinkt.

Es wäre schön, wenn auch meine Enkel in einer Welt leben könnten, die sie erstaunen lässt, in der es überall etwas Wunderbares zu entdecken gibt. Gestern Abend habe ich das erste Glühwürmchen gesehen und bin stehen geblieben, um es zu betrachten. Bei diesem Blink-blink-blink im Dunkel der Nacht überkam mich ein tiefes Glücksgefühl!

FOLCO: Wo war das denn?

TIZIANO: Dort auf dem Stein, der von diesem scheußlichen Strauch überwuchert wird. Den müssen wir mal zurückschneiden. Als ich klein war, erzählten mir meine Eltern herrliche Geschichten über Glühwürmchen. Sie sagten, wenn du eines fängst und unter ein umgestülptes Glas setzt, findest du morgens eine Münze darunter. Nie vergaßen sie die Münze, und das machte meine Welt schöner und reicher. Es wäre herrlich, wenn auch meine Enkel Glühwürmchen gezeigt bekämen und über die Wunder der Welt staunen könnten.

Im Himalaja gibt es Raupen, die nachts so hell leuchten wie grüne Lampen. Unglaublich! Wäre es nicht schön, den Kindern Geschichten über diese Raupen zu erzählen? Dadurch würde ihre ganze Welt reicher und lebendiger und erhielte verschiedene Dimensionen. Das wäre doch mal etwas anderes, als zusammen fernzusehen oder Pizza essen zu gehen.

Und es wäre gar nicht so schwer. Schließlich zwingt uns ja niemand, dies oder jenes zu tun. Klar, der Konsumismus ist ein System, eine Maschinerie, aber wir können uns ihm auch einfach entziehen. Wir können schließlich selbst entscheiden, ob wir in die Pizzeria gehen oder mit unserem Kind Glühwürmchen betrachten wollen.

Folco, diese Welt ist ein Wunder! Sie ist ein unglaubliches Wunder! Und wenn du es schaffst, dich als Teil dieses Wunders zu fühlen – nicht das Du mit den zwei Augen und zwei Füßen, sondern das DU, dein innerstes Wesen – was kannst du dann noch wollen? Hm? Was kannst du dann noch wollen? Ein neues Auto?

INDIEN

Ich hole Papa in seiner Gompa ab.

FOLCO: Da bin ich!

TIZIANO: Eine Stunde, bloß um mich zu waschen!

FOLCO: Ich kann dir jetzt die Spritze geben. Du meinst also, du hättest dreißig Kilo abgenommen?

TIZIANO: Ja, siehst du nicht? Guck mal, Folco! Ein Schnitt von hier bis hier und ein anderer weiter unten. Ich will dir das zeigen, damit dir bewusst wird, wie der menschliche Körper sich verändern kann.

FOLCO: Du hast einen riesigen Bauch.

TIZIANO: Die Proportionen! Der Bauch riesig …

FOLCO: … und die Arme nur noch Haut und Knochen.

TIZIANO: Die Beine inzwischen auch. Und die Haut ganz grau und trocken.

FOLCO: Schlangenhaut! Gangotri Baba hatte auch so eine Haut. Er sagte, er habe im Dschungel zuviel Kobragift getrunken!

Ich lache.

TIZIANO: Sie erzählen dir, was sie wollen. Aber verstehst du, was mit meinem Körper los ist?

FOLCO: Quält er dich?

TIZIANO: Nein, ich identifiziere mich einfach nicht mehr mit ihm. Ich habe nicht das Gefühl, dass ich dieser Körper bin.

FOLCO: Hast du den Eindruck, er gehe seiner eigenen Wege?

TIZIANO: Ja, er tut einfach, was ihm passt.

FOLCO: Ist es nicht mehr dein Körper?

TIZIANO: Nein, nicht mehr. Wirklich nicht.

FOLCO: Bis wann war er es denn?

TIZIANO: Na, also weißt du ... Du willst ja wohl nicht behaupten, ich hätte schon immer so ausgesehen?!

So, jetzt begleite mich mal dort unter den Baum, dann setzen wir uns ein bisschen. Wie schön, hier geht es mir gut.

FOLCO: Du hast einen ganz klaren Kopf, während dein Körper ... Das muss seltsam sein. Manchmal verabschiedet sich der Geist vor dem Körper; du hingegen hast einen perfekt funktionierenden Geist, der sich nicht mehr mit seinem funktionsuntüchtigen Körper identifizieren kann.

TIZIANO: Nicht identifizieren will!

FOLCO: Hat das Waschen dich ermüdet?

TIZIANO: Eine Stunde, Folco, um mir die Zähne zu putzen!

FOLCO: Und die Haare zu waschen. Wäschst du sie täglich?

TIZIANO: Ja. Und hundert Bürstenstriche.

FOLCO: Warum? Damit sie schön kräftig bleiben?!

TIZIANO: Auch, um mich nicht zu sehr gehen zu lassen. Sonst fühlst du dich bald wie ein Tier. Auch deshalb will ich niemanden mehr sehen, verstehst du?

FOLCO: Wenn du angezogen bist, sieht man dir gar nichts an.

TIZIANO: Aber ich spüre, was los ist. Alles geht den Bach runter. Stell dir vor, sogar die Barthaare beginnen mir auszugehen.

FOLCO: Aber du hast doch Unmengen davon!

TIZIANO: Folco, dieser siebenjährige Bart müsste mir bis zu den Knien reichen!

FOLCO: Das ist nicht gesagt. Die Sadhus schneiden sich die Haare auch nie, und manche haben schulterlange, bei anderen reichen sie bis auf den Boden. Meine würden nie so lang werden.

TIZIANO: Auch nicht, wenn du sie bei zunehmendem Mond schneidest?

Wir lachen.

Gut, Folco, jetzt lass uns über irgendetwas reden.

FOLCO: Wer fängt an, du oder ich?
TIZIANO: Mir ist lieber, du fängst an, das weißt du ja.
FOLCO: Na gut. Weißt du, was ich gern wissen würde? Als du vierzig wurdest, hast du etwas Seltsames getan: Zu diesem Anlass bist du nach Indien gefahren. Dabei interessiertest du dich zu jener Zeit für China, den Kommunismus, Vietnam und Kambodscha. Wieso also diese Reise nach Indien?
TIZIANO: Nicht ich bin nach Indien gefahren, wir alle sind nach Indien gefahren! Das war wichtig, denn es war so etwas wie ein Initiationsritus. Weißt du, es gibt Dinge im Leben, die tust du, ohne wirklich zu wissen warum. Erst später, wenn du dein Leben in Zeitlupe betrachtest oder, wie ich gern sage, von einer Anhöhe aus, siehst du den Weg, den du zurückgelegt hast.

Im Jahre 1978 lebten wir in Hongkong und warteten darauf, nach China gehen zu können. Obwohl die Dinge, mit denen ich mich beschäftigte, mich wirklich interessierten, verspürte ich das unterschwellige Bedürfnis nach etwas anderem, etwas, was nicht Materie wäre. Und die chinesische Politik in all ihren Aspekten, die mir durchaus gefielen, war Materie pur.

Wie ich dir erzählte, hatte ich als junger Mann zwei große Vorbilder: Gandhi und Mao. Maos Bild bröckelte bereits, aber Gandhi war immer noch ein Mythos für mich. Ich las ein wenig über Indien, wenn auch nicht wirklich intensiv, und spürte eine Faszination, die ich später oft mit den Worten auszudrücken versucht habe: „Wer Indien liebt, der versteht, was ich meine …“ Indien hatte etwas, was anders war. Klar, auch in China ist alles anders, die Chinesen sind gelb, fahren mit dem Fahrrad, machen alles anders als wir. Und doch sind sie uns im Grunde ziemlich ähnlich. Die Inder hingegen sind wirklich anders, im positiven wie im negativen Sinne. Weißt du noch, wie wir aus dem Ashoka Hotel in Delhi kamen und du von einem Sikh mit einem großen

Turban angesprochen wurdest, der meinte: „Ich werde dir den Namen deines Großvaters nennen"?
FOLCO: Ich war vollkommen verblüfft. Er öffnete einen zugeklebten Umschlag, zog einen Zettel heraus und darauf stand „Gerardo". Was das wohl für ein Trick war?
TIZIANO: Das wüsste ich auch gern! Durch die Straßen liefen Elefanten, und dann fuhren wir die Affenstadt besichtigen, eine alte Stadt wenige Kilometer außerhalb von Delhi, deren Bewohner von einem ganzen Heer von Affen vertrieben worden waren. In China hätten sie die einfach alle aufgegessen! Nicht weit davon lag das Dorf der Schlangenbeschwörer, das Zentrum aller Schlangenbeschwörer Indiens. Da sahen wir den ganzen Nachmittag zu, wie die Kobras geohrfeigt wurden, damit sie aufwachten. Aber das war nicht der springende Punkt. Es ging mir um dieses Andere, das noch viel „anderer" war als das Andere in China.

Am Abend meines Geburtstags gingen wir ins Moti Mahal essen, ein Restaurant in einem offenen Hof aus gestampfter Erde in der Altstadt von Delhi. Auf einer Lehmbühne wurde indische Musik gespielt, mit mehreren Tablas, einem Harmonium und wunderschönem Frauengesang – so etwas hatte ich noch nie gehört! –, und darunter mischten sich die Rufe der Geckos und das Zirpen der Grillen. Ich stand auf und hielt eine Rede: Heute werde ich vierzig, bin nun „auf meines Lebensweges Mitte" angekommen und bis hierher gereist, um die Samen für mein zukünftiges Leben in Indien zu säen. Deshalb hatte ich euch alle mit hierher genommen: Hier lag meine Zukunft.

Ich brauchte dann noch sechzehn Jahre, bis es soweit war, aber ich träumte immer von Indien. Auf der Reise für *Fliegen ohne Flügel* wurde mir mehrmals vorhergesagt: „Du wirst in ein anderes Land gehen ...", der Wahrsager in Kentung sagte sogar: „Noch in diesem Jahr wirst du umziehen." Aber das war unmöglich, denn der SPIEGEL hatte bereits einen indischen Mitarbeiter in Delhi, daher war für mich kein Platz. Kurz darauf war das Buch fertig und ich fuhr nach Hamburg, wo ich zum Chefredakteur bestellt wurde: „Terzani, wir wissen, dass Sie seit Jahren an Indien denken. Die Stelle dort ist frei geworden. Haben Sie Lust?"

Peng! Auf einmal war ich da.

Er stellt mir eine Tasse Tee hin.

Trink, er ist wirklich gut.

Gleich nach meiner Ankunft wurde ich von der *Times of India* interviewt. Sie wollten wissen, wie es kam, dass ein Journalist mit meiner Karriere – Vietnam, China, Japan – nicht als Korrespondent nach Washington ging. In Indien arbeiteten vor allem Freelancer, Anfänger, die Erfahrungen für ihre zukünftige journalistische Laufbahn sammelten. Bei mir war es genau andersherum: Ich ging am Höhepunkt meiner Karriere nach Indien. Ich wollte dort Wurzeln für ein neues Leben schlagen.

FOLCO: War Indien denn für einen Journalisten nicht interessant?

TIZIANO: Nein, im Grunde nicht. Für mich aber bedeutete es eine große Wende. Ein paar Jahre lang tat ich meine Arbeit, dann verlor ich den Faden. Den journalistischen, meine ich. Indien ist der einzige Ort, über den einige meiner Artikel nie erschienen sind, gleich der erste zum Beispiel.

Mein Herz stampft wie eine riesige Presse – bumm, bumm, bumm.

Der SPIEGEL wollte jemanden, der über den Wirtschaftboom in Indien schrieb, in diesem Land, das dabei war, zusammen mit China zum größten Markt der Zukunft zu werden. Doch da waren sie auf dem Holzweg, denn das interessierte mich einfach nicht! Lieber fuhr ich durch die Wüste Rajasthans und schrieb über einen Tempel, in dem Ratten angebetet wurden.

FOLCO: Was mit Wirtschaft natürlich nicht viel zu tun hatte. Aber damit musste der SPIEGEL mittlerweile doch rechnen, oder?

TIZIANO: Die Ratten hatten zwar nicht direkt etwas mit Wirtschaft zu tun, aber trotzdem wurde es eine schöne Geschichte, die den Blick des Lesers auf einen anderen Aspekt lenkte. Südostasien erlebte ja gerade einen unvergleichlichen Boom, es explodierte geradezu, vor allem China und Indien. Und in so einem Land gab es Tempel, in denen Ratten angebetet werden! Die für uns die allerekligsten Viecher sind, für die Inder jedoch herrliche Tiere, denn sie sind die Reittiere des Elefantengottes Ganesha. Was ich dem SPIEGEL also zu erklären suchte, war, dass dieses Land kaum zur dritten Wirtschaftsmacht der Welt aufsteigen könne. Für mich widersprach der Rattentempel nur allzu offensichtlich der Erwartung, Indien könne ein zweites Silicon Valley werden.

Und doch, der Gestank in diesem wunderschönen Tempel, in dem es übrigens eine weiße Ratte gab, die von allen am meisten zu fressen bekam, war das Symbol für ein unsterbliches Indien, ein Indien, das mit kaum zu übertreffender Provokation auszudrücken versuchte, dass Gott überall ist. Auch in stinkenden Ratten.

Mit so etwas beschäftigte ich mich. Mich faszinierte, dass die ersten jungen Manager der Salomon Brothers, die mit der Krawatte um den Hals ihre Projektionen über die Anzahl der jährlich zu verkaufenden Autos aufstellten, es dort mit so etwas wie einem Rattentempel aufnehmen mussten.

Oder mit dem Tempel der Weiblichen Knospe, der – und das ist natürlich kein Zufall – am Ufer des Brahmaputra liegt, eines

„männlichen“ Flusses. Man geht durch einen unterirdischen Gang und steht plötzlich vor einem riesigen, in Stein gemeißelten weiblichen Geschlechtsteil, das mit einem roten Tuch feucht gehalten wird. Eingehüllt in den süßlichen Geruch vermoderter Blumen beteten die Leute dort um Fruchtbarkeit.

Um Missverständnissen vorzubeugen, muss allerdings eines gesagt sein: Wir – du und ich – lieben Indien, weil es uns zwar nicht die Antwort gegeben, aber doch eine große Gelegenheit geboten hat. Das heißt aber nicht, dass man dazu unbedingt nach Indien gehen müsste. So etwas zu behaupten, würde nur die Horden von Aussteigern vergrößern, die dort oft nichts anderes tun, als mit Hilfe von Drogen sich selbst zu verlieren. Nein, die Welt ist voll von solchen Gelegenheiten, Folco, denk nur an unsere Vergangenheit, unsere Kultur. Der Alte hatte recht, wenn er sagte: „Ihr habt eure eigenen Rishis, eure Weisen, vergessen. Ihr habt sie in Bücher verwandelt, die ihr in Bibliotheken stellt und in der Schule lest. Wir nicht. Wir leben mit ihnen.“

Er hat recht. Das Abendland ist voller großer Rishis, die die Welt begriffen hatten.

FOLCO: Aber heute gibt es keine mehr.

TIZIANO: Nein, weil die Moderne sie weggefegt hat. Und wenn es so weitergeht, wird dasselbe auch in Indien geschehen, meinst du nicht?

FOLCO: Bei uns findest du keine Menschen, die über die Welt und die Zeit so weit reichende Ansichten haben wie in Indien.

TIZIANO: Wie denn auch, Folco? Wenn du in einer europäischen Stadt geboren wirst und aufwächst, wenn du in eine westliche Schule gehst, wo es vor allem darauf ankommt, mit deinem Banknachbarn zu konkurrieren, wie sollst du da geistige Offenheit entwickeln? Wenn du nicht angeregt wirst zu lernen, um das Leben zu begreifen, sondern nur, um einen Beruf zu erwerben und Geld zu verdienen? Aber auch hier, das hast du selbst gesehen, gibt es Menschen wie den jungen Ordensbruder aus San Miniato in Florenz, die nicht sagen: „Stoppt die Welt, ich will aussteigen“, sondern die selbst einhalten, aus dem Zug aus- und in einen anderen einsteigen, wo sie womöglich eine wunderbare Tradition und auch ein paar Antworten finden.

Ich wende mich nur gegen die Vorstellung, Indien sei ein Allheilmittel; das ist ein ideologischer Irrglaube. Antworten gibt es überall. Die Inder haben allerdings ein paar besonders schöne.

Eines Tages gingen deine Mutter und ich in sengender Hitze durch Delhi und kamen am Sai Baba Mandhir vorbei, wo gerade eine Zeremonie zu Ende war. Die Leute strömten aus dem Tempel, und unter ihnen fiel uns ein Mann auf, der eine gewisse Ähnlichkeit mit mir hatte, ein stattlicher Inder mit einem dichten Schnurrbart, vielleicht ein Anwalt oder ein Ingenieur. Er trug eine ellenlange Kette aus leuchtenden orangefarbenen Blüten um den Hals und murmelte ein Mantra vor sich hin. Sein Lächeln war so beseelt, so zutiefst beglückt, dass Mama sagte: „Der weiß etwas, was wir nicht wissen.“ Und uns beiden war klar: „Das ist der Grund, weshalb wir in Indien sind!“

Die darauf folgenden Jahre habe ich damit verbracht herauszufinden, was dieser Mann wusste.

CHARAN DAS

TIZIANO: Als ich zum ersten Mal nach Benares kam – ich musste einen Artikel schreiben, worüber, weiß ich nicht mehr –, saß ich mit Dieter Ludwig in einem fast leeren Flugzeug. Außer uns gab es nur noch einen dicken fünfunddreißigjährigen Rucksacktouristen mit Schirmmütze, offensichtlich ein Amerikaner, und seine Frau. Irgendwann kamen wir ins Gespräch.

„Wohin fahrt ihr?"

„Wir bringen Sam nach Benares."

Ich blickte mich erstaunt um, konnte aber sonst niemanden entdecken. „Wer ist denn Sam?"

„Ach, Sam ist da drin." Er deutete auf ein Kistchen unter seinem Sitz, in dem Sams Asche lag.

Sam war der Erbe des Tabasco-Imperiums – Tabasco-Sauce, weißt du? –, er hatte Indien und die Meditation geliebt und seine beiden Freunde gebeten, im Fall seines Todes seine Asche nach Benares zu bringen und in das heilige Wasser des Ganges zu streuen. Die beiden waren noch nie in Indien gewesen und hatten keine Ahnung, wie man so etwas machte.

Zufällig stiegen wir im selben Hotel ab, und dort trafen wir Charan Das. Er war ein junger amerikanischer Sadhu und gut mit dem Guru Katya Baba befreundet – dem Leiter eines *akhara,* eines *parambara,* wie heißt das gleich wieder? –, der einen hölzernen Keuschheitsgürtel mit Ketten trug. Zu ihm führte uns Charan Das. Wir erläuterten ihm Sams Anliegen, und Katya Baba begriff sofort, dass dabei etwas für ihn herausspringen würde.

FOLCO: Kohle?

TIZIANO: Na klar! Also sagte er: „Kein Problem, gleich morgen bei Sonnenaufgang führen wir die Zeremonie durch."

Es war beeindruckend, das muss ich wirklich sagen. Es war einer jener Morgen, wo dichter Nebel über dem Ganges liegt, der sich allmählich hebt und einer herrlichen Sonne weicht. Wir saßen in einem Boot voller Sadhus, die unter der Leitung von Katya Baba mit seinem riesigen Keuschheitsgürtel begannen, mit ihren Töpfchen und Blumen zu hantieren ... Die Krönung des Ganzen war, als die Urne geöffnet und die Asche des Tabasco-Sprosses in den Fluss gestreut wurde. Wir nannten es „die Würzung des Ganges"!

Er lacht.

Später wurde es zu einer regelrechten Mode, die eigene Asche in den Ganges streuen zu lassen, inzwischen tun das jeden Monat Dutzende von Menschen aus der westlichen Welt mit der Asche ihrer Lieben. Und die Inder mit ihrer unglaublichen Toleranz haben nichts dagegen.

FOLCO: Und wer war dieser Charan Das, der amerikanische Sadhu? Ein Anhänger von Katya Baba?

TIZIANO: Nein, er war damals schon ein freier Mann, ein selbständiger Sadhu. Ein äußerst liebenswürdiger Mensch. Immer hatte er ein Lächeln auf den Lippen.

FOLCO: Woher kam er denn?

TIZIANO: Er erzählte, er sei der Sohn eines Ölmagnaten aus Texas. Er hatte Indologie studiert und war ursprünglich nach Indien gekommen, um seine Kenntnisse in Hindi und Sanskrit zu vertiefen, aber nach einer Weile war er ausgeflippt und Sadhu geworden. Bereits seit fünfzehn Jahren wanderte er nun schon durchs Land, auf seinen ungeheuer großen Füßen mit weit auseinander stehenden Affenzehen, die eine Mutation durchgemacht zu haben schienen und mit so dicker Hornhaut überzogen waren, dass er über glühenden Asphalt, Scherben und sonst was gehen konnte. Seine Haare waren verfilzt, er trug eine dicke Brille und lachte immer. Er war auch mal bei uns zu Hause.

FOLCO: Ja, ich erinnere mich. Mama war damals noch nicht an die halbnackten Gestalten gewöhnt, die du manchmal mitbrachtest.

TIZIANO: Mit Charan Das fuhren wir dann auch in die Ebene von Kurukshetra nördlich von Delhi, wo in alten Zeiten die große, im *Mahabharata* geschilderte Schlacht stattgefunden hatte. Es war nicht nur der Jahrestag jener Schlacht, sondern gleichzeitig wurde auch eine totale Sonnenfinsternis erwartet, wie es sie in Indien seit vielen, vielen Jahren nicht mehr gegeben hatte.

Dort, Folco, sah ich zum ersten Mal Unmengen von Sadhus, Zehntausende. Aus ganz Indien waren sie angereist und saßen dort auf dem Boden, jeder mit einem Dreizack, um sein Territorium zu markieren. Es war unser erstes Jahr in Indien, und diese Fülle bunter Gestalten beeindruckte mich tief. In Delhi gab man brave Cocktailpartys, immerzu „Yes, Madam“ und so weiter, aber daneben existierten eben auch Tausende von ausgeflippten Typen, die mit jener Welt nicht das Geringste zu tun hatten. Sie kamen mir vor wie eine Garantie dafür, dass Indien nie ein Land wie alle anderen werden würde, denn eine Gesellschaft, die Bettelmönche achtet, sich vor ihnen verneigt, um sich mit ihrer Energie aufzuladen, und ihnen zu essen gibt, kann nie durch und durch materialistisch werden. Die Sadhus sind eine Art Impfstoff, eine ständige Erinnerung an das, was du, Folco, wenn du den Mut dazu fändest, am liebsten tun würdest: auf alles zu verzichten, das Gelübde des Sannyasin abzulegen und ein Wandermönch zu werden wie sie. Klar, in Indien gibt es auch Kapitalisten, eine Menge sogar, aber die Sadhus sind ein wirksames Gegenmittel.

Indien kann allerdings auch zu einer gefährlichen Falle werden, wie die Geschichte von Charan Das zeigt.

FOLCO: Wieso?

TIZIANO: Er ist an einer Hodenentzündung gestorben.

Stell dir vor, dieser Mann, der aus einem ordentlich geregelten Leben als Student nach Indien kommt und sich auf einem Weg verliert, mit dem die westlichen Bräuche nicht das Mindeste gemein haben. Charan Das hatte sich restlos integriert, er war ein waschechter indischer Sadhu geworden. Ich habe selbst gesehen, wie er aus den fürchterlichen Kesseln in der Altstadt Delhis hundertmal aufgebratene *pakora* aß.

Eines Abends ging ich mit ihm durch die Altstadt, um etwas von der Schattenseite Indiens mitzubekommen. Da siehst du sie dann plötzlich in der Dunkelheit und der Kälte, Bettler, Krüppel, Kranke, Leute, denen die Gedärme aus dem Bauch hängen, wie sie in Fünferreihen vor großen Kesseln mit einem Linsengericht hocken und warten, dass jemand vorbeikommt, der ein gutes Geschäft abgeschlossen oder gerade seine Tochter verheiratet hat und ein paar Rupien spendiert, die soundso vielen Tellern Linsen entsprechen.

„Fünfzig", schreit dann der Kerl, der am Kessel steht und rührt, und so treten die ersten zehn Reihen Todgeweihter vor. Sie bekommen ihre Ration, essen und trollen sich, und die nächsten zehn Reihen kommen dran. Diese dampfenden Kessel haben geradezu etwas Mittelalterliches. Und Charan Das hatte sich dort eingereiht und verzehrte seelenruhig seine Mahlzeit.

FOLCO: Mit diesen Leuten?

TIZIANO: Ja. Er bekam seinen Teller – ganz umweltfreundlich aus getrockneten Blättern! – und aß. Irgendwann zog er sich eine Infektion zu. Er hatte einen Anhänger, der ihn zum Krankenhaus brachte, aber als man diese beiden vor Dreck starrenden

Ausländer sah, die wie Sadhus lebten, jagte man sie in die Nacht hinaus wie streunende Hunde. Und am nächsten Morgen war Charan Das tot.

FOLCO: Woran war er gestorben?

TIZIANO: An einer Hodenentzündung. Die jeder x-beliebige Arzt mit einem Antibiotikum hätte heilen können.

FOLCO: Wie alt war er da?

TIZIANO: Charan Das? So alt wie du jetzt, um die Fünfunddreißig.

Indien hat tausend Aspekte, es ist Rettung und Verdammnis, Zerstörung und Schöpfung. Deshalb ist Indien auch ein Fass ohne Boden, wo ein Mensch, der nicht sorgfältig darauf vorbereitet ist, die Orientierung verlieren kann. In Indien drehen viele junge Leute durch oder begeben sich auf den indischen Weg, der zu einer Art heiliger Verrücktheit führt, und werden Sadhus. Wie Charan Das.

FOLCO: Was meinst du, hat er sein Leben verpfuscht oder war es so, wie er es wollte?

TIZIANO: Wer kann schon über das Leben der anderen urteilen?

Was ich von ihm erinnere, ist dieses fortwährende wunderbare Lächeln. Gut, am Ende mag es ihm schlecht ergangen sein, aber andererseits hat er sein Leben auch bis zum Schluss konsequent gelebt. Er hat es so gewollt. Er ist nie mehr nach Amerika zurückgekehrt, um seinen Vater zu besuchen.

Eine schwierige Frage. Es ist unmöglich, das Leben der anderen zu beurteilen. Denn auch wenn einer als junger Mann an Hodenentzündung stirbt – wer weiß, vielleicht hat sich sein Schicksal auf diese Weise erfüllt?

Er nimmt seine Tasse und trinkt den letzten Schluck Tee.

GANDHI

TIZIANO: Was haben wir für Zeiten hinter uns! Überleg mal, Folco, die westliche bürgerliche Gesellschaft, die nicht lange nach der Industrialisierung den Ersten Weltkrieg beginnt. Mein Gott, was für eine Katastrophe, welch moralische Erschütterung!

Am Ende des Kriegs war Europa am Boden zerstört, und nicht nur physisch. Wie konnte unsere Gesellschaft nur so weit kommen? Schützengräben, Giftgase, Millionen von Toten. Für nichts und wieder nichts! Es war eine Zeit tiefer Krise, die viele Europäer dazu brachte, nach etwas zu suchen, was Europa wieder aufrichten und seinen Werten – nicht den europäischen, sondern den universellen – neues Leben einhauchen konnte; irgendetwas, was helfen konnte, die grenzenlose moralische Erschütterung zu überwinden. Das war die Zeit, als Gandhi auf der Bildfläche erschien.

Ich war fasziniert von den Menschen, die sich nach Asien und insbesondere nach Indien wandten, weil sie hofften, dort etwas Echtes, Authentisches zu finden, worauf Europa zurückgreifen konnte. Denk nur an Romain Rolland, der zum Biografen Vivekanandas und später des jungen Gandhi wurde! Dass Vertreter der westlichen Kultur, der literarischen Salons Frankreichs, dort etwas vermuteten, was Europa retten konnte, war für mich höchst anregend. Und Coomaraswamy, der sagte: „Helft uns, Indiens Ursprünglichkeit zu retten, denn Indien wird euch helfen zu überleben." Das war damals ein Thema, für das ich mit all meinen Zweifeln an diesem verwünschten Westen sehr empfänglich war.

Ein großer Inder, dessen Bücher ich schon gelesen hatte, bevor ich nach Indien kam, war Vivekananda. Ganz in Orange gekleidet, fuhr er nach Amerika, nahm im Jahre 1893 an dem berühmten Weltparlament der Religionen in Chicago teil und wirkte dort wie ein Wirbelsturm, weil er das Bild von Amerika auf den Kopf stellte, die ganze Welt vollkommen neu erklärte und von Indien als dem „Guru der Nationen" sprach. Die Leute waren fasziniert. Donnerwetter, dieses arme Land, dieses Land der Schlangenbeschwörer sollte der „Guru der Nationen" werden und die Menschheit vor den Abgründen des Materialismus retten?

Im vergangenen Jahrhundert hat es in Indien mehrere solcher Gestalten gegeben: Gandhi, Coomaraswamy, Ramana Maharishi …

FOLCO: Die Gestalt dieses neuen Indiens, die am hellsten leuchtete, war Gandhi, nicht? Du hast dich intensiv mit seinen Werken befasst.

TIZIANO: Als sie in Europa herauskamen, las ich sie mit geradezu religiösem Eifer. Dabei suchte ich allerdings weniger eine Lösung für das Indien der Dörfer und der heiligen Kühe, als vielmehr eine Botschaft für unsere Gesellschaft. Halb im Spaß und halb im Ernst habe ich sie im Fasten ausgemacht, in der Rückkehr zur Einfachheit.

Stell dir das mal vor, ein Mann, ein erfolgreicher Rechtsanwalt, der in London studiert hat und auf einmal beschließt, wie die Leute seines Volkes zu werden! Zu fühlen und zu leben wie die armen Leute vom Dorf, um vier Uhr morgens aufzustehen, die Klos zu putzen, zu spinnen und dann zu beten. Ist das nicht wahre Stärke? Der nur eine Schale Reis isst und wenn er krank wird, keine Medizin nimmt, sondern fastet. Diese Idee, die Probleme auf Dorfebene zu lösen, diese Negation der Moderne!

1909 hält Gandhi eine Rede. Er sieht sich um und fragt: „Was ist wahre Kultur? Sie basiert auf einem Verhalten, das dem Menschen den Weg der Pflicht zeigt [...], die Achtung der Moralität. Moralität zu erlangen aber heißt, unseren Geist und unsere Leidenschaften zu beherrschen." Kann man also die englische, die westliche Kultur überhaupt als solche bezeichnen, fragt er sich. Eine Kultur, die den Fortschritt daran misst, wie viele Kleidungsstücke die Leute besitzen? Wie schnell sie sich vorwärts bewegen? Reichen dem Menschen nicht ein Dach überm Kopf und ein Stück Stoff um die Hüfte? Harte Worte waren das. Gandhi wollte den Weg der Dörfer gehen, nicht den der Fabriken, die den Menschen versklaven. Warum die Dörfer zerstören? Das Dorf steht für Gemeinschaft, für das Teilen von Ressourcen!

Anders als Mao, der dieses Problem auch erkannt hatte, es aber denkbar schlecht angegangen war, schien Gandhi ein echtes politisches Programm entwickelt zu haben. Darauf gründete sich die Congress Party. Wenn du Bilder aus den vierziger und fünfziger Jahren betrachtest, Folco, diese Männer, die mager, sauber, die Mütze auf dem Kopf zu ihren Versammlungen gingen, dann siehst du: Donnerwetter, die hatten Würde! Die hatten etwas, woran sie glaubten! Sie arbeiteten. Sie wollten den westlichen Fortschritt nicht. An Leute wie diese appellierte Gandhi mit seinen Gedanken über die Kultur. Ich meine, da stand doch eine große Idee dahinter! Der Wunsch, eine Welt zu retten, die sich dem Konsumismus nicht ausliefern wollte. Und deshalb war der einzige Weg der, nicht zu konsumieren, zu fasten.

Für einen wie mich, der in Asien – neben anderen Dingen natürlich – nach einer Alternative für die westliche Welt suchte, war hier endlich ein Weg, das war sonnenklar. Mein Gott, das war die Alternative!

Folco, tust du mir einen Gefallen? Ich bin schrecklich durstig, gibst du mir ein Glas von dem guten Birnensaft? Du kannst ihn mir hier hineingießen. Aber schüttle die Flasche vorher, sonst bleibt unten das ganze …

FOLCO: Nein, der ist künstlich genug, dass sich da nichts absetzt.

TIZIANO: Und pass auf, dass du nichts verschüttest, hier muss ich schließlich schlafen. Gut so, danke. Vielleicht stellst du den Saft auf den Boden, sonst …

FOLCO: Weißt du, wo ich ihn hintue? In meinen Bauch! Ich trinke auch ein bisschen davon.

Aber noch einmal zurück zu Gandhi. Wir haben noch nicht vom Prinzip der Gewaltlosigkeit gesprochen.

TIZIANO: Ich finde es merkwürdig, wie oft die Anhänger der Gewaltlosigkeit lächerlich gemacht werden. Gewaltlosigkeit wird als etwas Kindisches, Unrealistisches dargestellt, als eine Utopie, an die niemand mehr glaubt. Außer den jungen Leuten.

Die Oberschlauen, die Besserwisser, die Politiker behaupten einfach, Gewaltlosigkeit funktioniere nicht. „Und was tust du, wenn einer wie Hitler kommt?“ Wenn du Gandhi liest, siehst du, dass er um eine Antwort keineswegs verlegen war. Er wollte Hitler sogar treffen. Überraschenderweise ist herausgekommen, dass er mehrmals an ihn geschrieben hat, nur dass die Engländer seine Briefe abfingen, weil sie diese Begegnung verhindern wollten. Merkwürdig, aber wahr. Gandhi sagte, wer gehorcht, ist ein Sklave. Sobald einer nicht mehr gehorcht, ist er kein Sklave mehr. Er sagte, alle Diktaturen fallen, wenn die Leute nicht mehr an sie glauben und nicht mehr gehorchen. Kein Regime lässt sich aufrechterhalten, wenn ein klarer Wille besteht, auf Gewalt zu verzichten und sich jeder Gewalt mit Gewaltlosigkeit zu widersetzen, und zwar nicht indem man die Konfrontation meidet, sondern indem man sie sucht.

FOLCO: Gandhis Gewaltlosigkeit ist etwas extrem Aktives. Sie besteht nicht etwa darin, *nichts* zu tun, nicht Krieg zu führen etwa, sondern *etwas anderes* zu tun. Sie ist ein aktives Fasten, ein aktives Sich-nicht-beteiligen, ein aktiver Verzicht auf das, was die anderen dir anbieten, um dich zu schwächen. Denn du kannst das System der anderen nicht bekämpfen, wenn du gleichzeitig ihre Dinge kaufst.

TIZIANO: Genau. Noch immer wird Gewaltlosigkeit oft missverstanden. Als Gewaltlose gelten die, die sich verprügeln lassen. Dabei gehört wesentlich mehr dazu, gewaltlos zu sein, als sich zum Fallschirmspringer ausbilden zu lassen.

Habe ich dir schon mal die Geschichte von Halal Khan erzählt? Der hatte ein Heer von hunderttausend Kriegern aufgestellt, die mit nichts als Knüppeln bewaffnet waren.

FOLCO: Gewaltlose Krieger?

TIZIANO: Vollkommen gewaltlos. Wenn die Gegner kamen, legten sie ihre Knüppel auf den Boden und ließen sich verprügeln. Was für ein moralisches Vorbild! Aber so etwas wird den Kindern in der Schule nicht beigebracht. Im Geschichtsunterricht geht es immer nur um Helden und Eroberer. Alexander der Große – groß, weil er Tausende von Menschen umgebracht hat? Er mag damals ja bewundert worden sein, weil er schon als junger Mann die halbe Welt erobert hatte, aber was heißt denn erobern? Plündern und töten!

Doch es hat immer auch die anderen gegeben, Leute wie den heiligen Franz von Assisi. Waren die etwa verrückt, nur weil sie nicht taten, was man zu ihrer Zeit von ihnen erwartete? Nein, sie waren bloß anders. Leute, die mit ihrem Leben bewiesen, dass man auch anders sein kann.

Nur gibt es das heute kaum noch. Das ist das verdammte Problem mit der Freiheit. Nie zuvor sind wir so unfrei gewesen wie heute, obwohl unsere Freiheit scheinbar grenzenlos ist. Wir können kaufen, was wir wollen, ins Bett gehen, mit wem wir wollen, haben die Auswahl zwischen Dutzenden von Automodellen und Zahnpastasorten, zwischen Handys mit oder ohne Kamera, und so weiter und so fort. Und doch gibt es keine Freiheit mehr, jedenfalls nicht die Freiheit zu sein, wer man ist. Denn alles ist bereits vorgesehen, alles ist geregelt, und auszuscheren ist nicht leicht und führt zu Konflikten. Überleg mal, wie viele Leute aus dem System hinaus und an den Rand der Gesellschaft gedrängt werden, weil sie nicht ins vorgefertigte Modell passen! Warum tun sie nicht einfach etwas anderes? Doch nein, das geht nicht. Es gibt nur diesen allgegenwärtigen Sog des Marktes.

Der Mensch von heute ist der Wirtschaft hörig. Sein ganzes Leben ist von ihr beherrscht. Das wird meiner Meinung nach das große Thema der nächsten Zeit sein: die Rebellion dagegen, dass die Wirtschaft unser Leben bestimmt, der Kampf um eine Form von Spiritualität – oder meinetwegen auch Religiosität –, auf die die Leute zurückgreifen können. Denn das ist doch eine Konstante in der Geschichte der Menschheit, das Bedürfnis, wissen zu wollen, wozu du eigentlich auf dieser Welt bist.

Was wir brauchen, sind neue Entwicklungsmodelle. Nicht nur Wachstum, sondern auch Genügsamkeit. Ich bin überzeugt, Folco, dass es darum geht, sich von seinen Wünschen zu befreien. Durch das perverse System des Konsumismus dreht sich unser ganzes Leben um Spiel, Sport, Essen, Vergnügungen. Daraus heißt es auszubrechen, aus diesem Teufelskreis, in dem es nur um mehr, mehr, mehr geht, der dir vollkommen absurde Verhaltensweisen aufnötigt. Viele Dinge brauchst du eigentlich gar nicht, doch der Konsumismus verführt dich dazu, sie zu wollen. Unser ganzes Leben hängt von diesem Mechanismus ab. Widersetzt du dich aber, indem du nicht mehr mitmachst, indem du „fastest", setzt du der Gewalt Gewaltlosigkeit entgegen. Was kann die Gewalt da groß machen? Man kann dir die Dinge ja schlecht gegen deinen Willen in den Rachen schieben!

Was wir brauchen, ist ein spiritueller Kraftakt, ein Überdenken der alten Muster, ein allgemeines Erwachen. Und das hat mit Wahrheit zu tun, etwas, worum sich heute keiner mehr schert. Auch darin war Gandhi groß. Er suchte die Wahrheit, das, was hinter allem steht. „Früher dachte ich, Gott sei die Wahrheit. Heute würde ich sagen, die Wahrheit ist Gott."

Papa ruht sich eine Weile aus.

Dann nimmt er den Faden wieder auf.

Die *Briefe gegen den Krieg* habe ich deinem Sohn gewidmet, weil sie etwas enthielten, was ich gern weitergeben wollte. Oft hast du mich sagen hören, es gibt zwei Dinge, die ein Stückchen Unsterblichkeit verleihen: Bücher und Kinder. Bei den *Briefen* bot sich an, beides zu kombinieren und dieses Buch mit einigen Ideen, an die ich glaubte, symbolisch dem Sohn meines Sohnes in die Hand zu geben, damit sie überdauern und ihm eines Tages vielleicht nützlich sein würden. Denn während ich früher implizit den gerechten Krieg vertreten hatte, in dem Glauben, gewisse Kriege seien notwendig, war mir klar geworden, dass ein Krieg die Ziele, die er verspricht, niemals erreichen kann. Aus diesem Grunde ist der Krieg als solcher unnütz, vollkommen unnütz, denn er schafft nur zusätzliches Elend, Zerstörung und Tod. So bin ich zu einem Anhänger der Gewaltlosigkeit geworden.

Wie verletzlich unsere Welt doch ist, Folco. Das hat der 11. September gezeigt.

Was wäre dieser historische Tag für eine phantastische Chance gewesen, alles grundlegend zu überdenken, so wie der Mensch nach dem Ersten Weltkrieg noch einmal nach einem völlig neuen Ansatz gesucht hatte. Es war etwas nie Dagewesenes geschehen, das die Welt zutiefst verändert hat, da kann man nicht einfach in den alten Denkmustern verharren. Ein neuer Denkansatz jedoch muss groß angelegt sein, ohne Vorurteile, ohne die gewohnten Reaktionen, ohne den ganzen Ballast von Dummheiten, bei dem sich die jungen Menschen heute die Ohren zuhalten und der sie immer enttäuschter und hoffnungsloser macht.

Von den Politikern ist nicht viel zu erwarten, die wiederholen sowieso immer nur dasselbe. Die Ärmsten haben keine Zeit nachzudenken, sie agieren nicht, sie reagieren. Wo gibt es denn heute noch jemanden mit Phantasie, eine herausragende Persönlichkeit? Jemand wie Gandhi hätte sich dem Problem gestellt und gesagt: „Wenn wir weitermachen wie bisher, kehren wir an denselben Punkt zurück, an dem wir vorher waren." Das liegt doch auf der Hand!

Da ist ein Riesenfehler gemacht worden. Alle haben geschrieen: „Wenn wir angegriffen werden, schlagen wir zurück! Rache!" Dieses ständige Bedürfnis, sich zu rächen und Gewalt mit Gewalt zu vergelten! Natürlich gibt es auch gerechte Kriege, humanitäre Kriege, die begonnen werden, um anderen zu helfen. Und doch – Krieg bleibt Krieg und bedeutet Tod. Und noch nie hat ein Krieg den Kriegen ein Ende gesetzt.

Im Grunde ist der Mensch von einer schrecklichen, animalischen Rohheit, wie man immer sagt, obwohl kein einziges Tier sich jemals so verhalten würde. Der Löwe jagt die Gazelle ja nicht, weil er wütend auf sie ist, sondern weil er Hunger hat. Und wenn er den gestillt hat, tötet er nicht weiter, sondern trollt sich und überlässt sogar dem Schakal noch seinen Teil.

Wir lachen.

Na, stimmt doch! Und genauso der Hai. Er schluckt zwar Tausende von Fischen, aber nicht weil sie seine Feinde wären. Sie sind seine Nahrung!

Der Mensch ist wirklich ein seltsames Geschöpf, das destruktivste, das es auf dieser Welt je gegeben hat, schlimmer als die schlimmsten Dinosaurier. Nur der Mensch, diese fürchterliche zweibeinige, mit einem Bewusstsein ausgestattete Bestie ist all dieser absurden Gewalt fähig und entwickelt sich partout nicht weiter. Ist das nicht erbärmlich? Jahrtausende, ohne einen einzigen Schritt vorangekommen zu sein. Die Welt bleibt voller Gewalt und Egoismus, der Mensch hat sich um keinen Deut gebessert. Geistig steht er noch immer auf derselben Stufe. Er hat Angst vor dem Tod, er hat Angst vor tausend anderen Dingen, er fühlt sich unsicher, er weiß nicht, wer er ist. Und stellt Gott irgendwo da draußen hin …

Das Kätzchen miaut eindringlich zwischen den Falten von Papas Decke.

FOLCO: Schon gut, Mieze, schon gut. Beruhige dich.

TIZIANO: In dieser Hinsicht bin ich schon etwas pessimistisch, muss ich sagen. Überleg mal, was für materielle Fortschritte die Menschheit im Laufe ihrer Geschichte gemacht hat. Der Mensch wird doppelt und dreimal so alt wie früher und fliegt sogar zum Mond. Spirituell aber hat er keinen einzigen Schritt voran gemacht, keinen einzigen! Alles verändert sich, die Frösche waren zunächst keine Frösche und die Eidechsen keine Eidechsen. Erst allmählich haben sie sich zu dem entwickelt, was sie sind. Der Affe hat sich zum Menschen weiterentwickelt. Warum also sollte der Mensch sich nicht noch einen Schritt weiterentwickeln, nicht nur materiell, sondern auch geistig? Die Möglichkeit dazu ist ihm doch gegeben! Das ist die Hoffnung unserer indischen Freunde, angefangen bei Aurobindo: dass irgendetwas den Menschen dazu bringt, endlich diesen Schritt zu tun. So wie der Mensch sich aus dem Affen weiterentwickelt hat, muss er jetzt den nächsten Schritt tun, einen Schritt nach oben. Und in meinem absurden Wahn habe ich gedacht, der 11. September wäre die große Chance dazu gewesen.

Er lacht.

FOLCO: Ehrlich? Du hast geglaubt, dieser historische Moment könne die Gelegenheit dazu sein?

TIZIANO: Ja. Weil etwas so Unglaubliches geschehen war, und weil das allen auf der ganzen Welt gleichzeitig klar geworden ist. Bei den Massenvernichtungswaffen, über die wir heute verfügen, steht doch inzwischen die ganze Menschheit auf dem Spiel, ja die Erde selbst, auf der wir alle leben. Deshalb bin ich zwar einerseits furchtbar pessimistisch, wenn ich daran denke, dass der Mensch geistig keinen Deut vorangekommen ist, aber andererseits habe ich auch die Hoffnung, eben weil sich die Situation so dramatisch zugespitzt hat, werde vielleicht jemand aufwachen, werde etwas geschehen, werde irgendwo ein neuer Prophet auftauchen und sagen: „Folgt mir. Lasst uns alle Waffen ins Meer werfen und zur Liebe zu unserer Erde und zu unserem Nachbarn zurückkehren!" Erste Anzeichen dafür gibt es, auch wenn sie bisher nicht sehr deutlich sind.

Nach dem Ersten Weltkrieg kam der Zweite. Mein Gott, Folco, kannst du dir vorstellen, was da passiert ist?! Zwanzig, dreißig Millionen Tote! Millionen! Stell dir die mal in einer Reihe vor! Und die Konzentrationslager, der reinste Horror. Am Ende des Zweiten Weltkriegs war Europa kaputt, moralisch kaputt. Damals sagten die Leute wirklich: „Genug. So kann es nicht weitergehen!" Der Westen begann also, Regeln zu schaffen und Gerichte, und vor allem entstand eine große Friedensbewegung, die in Europa wichtige Wurzeln hatte, Albert Schweitzer,

Bertrand Russell und all die anderen, die im Frieden die einzige Möglichkeit sahen, Europa zu retten, dem Kontinent einen neuen Sinn zu verleihen, von vorne anzufangen.

Lange wurde dieser Ansatz ernst genommen, auch wegen der Massenvernichtungswaffen. Bertrand Russell hat gegen Atomwaffen demonstriert, selbst die Menschen, die sie erfunden hatten, wandten sich nun dagegen. Damals gab es wirklich ein Bewusstsein. Seltsamerweise ist das in den letzten zehn, zwanzig Jahren alles wieder verschwunden. Jetzt sind Atombomben akzeptiert. Inzwischen werden sogar Neutronenbomben gebaut.

FOLCO: Alle wollen die Bombe, weil sie die einzige Garantie gegen einen Angriff ist.

TIZIANO: Klar. Doch in Wirklichkeit bestünde die einzige Garantie darin, alle Atomwaffen zu vernichten.

FOLCO: Aber das scheint unmöglich zu sein.

TIZIANO: Warum eigentlich?!

FOLCO: Wann wäre so etwas schon einmal geschehen? Wann?

TIZIANO: Gandhi hat gesagt: „Warum wiederholen wir immer dasselbe? Lasst uns eine neue Geschichte erfinden!" Der Wahnsinn dieser unermesslichen Zerstörungskraft müsste doch allen zu denken geben. Hier geht es ja nicht mehr darum, dass jemand ein längeres Schwert oder ein Schießgewehr erfunden hat.

FOLCO: Kann es gelingen, die Geschichte neu zu erfinden? Wie macht man das, neu denken?

Wir schweigen lange. Papas Atem geht schwer.

TIZIANO: Da gibt es noch eine andere Frage, über die es sich lohnen würde nachzudenken. Die hat der Alte mal gestellt. „Verdient es diese Gesellschaft überhaupt, gerettet zu werden?"

FOLCO: Ach, so etwas hat der Alte sich gefragt? Interessant.

TIZIANO: Darüber müsste man nachdenken. Über die Frage, was diese Gesellschaft eigentlich ist.
FOLCO: Welche?
TIZIANO: Unsere. Die moderne.
FOLCO: Was würdest du denn sagen?
TIZIANO: Unsere Gesellschaft hat den Verstand verloren. Alles kreist nur noch um die Wirtschaft. Sie ist zum einzigen Kriterium geworden, andere Werte gibt es nicht mehr. Doch warum müssen wir immer mehr produzieren, auch immer mehr Müll? Die Art des Menschen, in der Welt zu stehen, hat etwas Perverses. Denn er sieht die Welt nicht mehr. Er hat jeden Kontakt zum Kosmos verloren. Er sieht nur noch sich selbst und sein unmittelbares Umfeld. Die Verbindung zum Großen und Ganzen fehlt.

Interessant, diese Überlegung. Verdient es die Gesellschaft, gerettet zu werden? Das ist die Schlüsselfrage.
FOLCO: Und was ist deine Antwort?
TIZIANO: Zu sagen, eine Rettung sei unmöglich, wage ich nicht. Mir fällt die *Bhagawadgita* ein: Tu, was du tun musst. Ob die Welt dann überlebt oder nicht, liegt nicht in deiner Hand.
FOLCO: Weißt du, was ich dich gern fragen würde? Ich bin mir bloß nicht sicher, ob du darauf antworten möchtest …
TIZIANO: Nur zu, frag ruhig.
FOLCO: Es scheint, als hättest du eine gewisse Scheu davor zu sagen, wie du die Zukunft siehst. Stimmt das?
TIZIANO: Ja, das stimmt.

Er schweigt eine Weile.

Ich sehe ein großes Chaos. Und eine unglaubliche Verrohung der Menschheit. An all den Geschichten, die ich dir erzählt habe, wirst du gemerkt haben, wie sehr mir die Menschen am Herzen liegen. Ich mag die Afghanen mit ihrer mittelalterlichen Nase, die trotz ihrer Lumpen nie ihren Stolz verlieren. Ich mag die

Asiaten mit ihrer Härte und Ausdauer. Ich mag den Menschen an sich, und der Gedanke, er könnte vom Erdboden verschwinden, macht mich wirklich traurig. Nur sehe ich einen Prozess der Verrohung, der wohl kaum mehr rückgängig zu machen ist.

FOLCO: Also weiter Krieg?

TIZIANO: Ja, leider. Nicht unbedingt nur Krieg – Gewalt aller Art.

FOLCO: Du meintest eben, du magst die Afghanen und die Asiaten, aber von den modernen westlichen Menschen, den Europäern oder Amerikanern hast du nicht gesprochen.

TIZIANO: Die mag ich immer weniger. Ich mag den einfachen Menschen, der noch Kontakt zur Natur hat. Der ist ein echter Mensch. Die Leute in unseren Städten aber, die in klimatisierten Kästen zur Welt kommen und in klimatisierten Kästen arbeiten, die immer nur von einem Kasten in den anderen wechseln und täglich vom Gift des Fernsehens berieselt werden – sind das noch Menschen? Manche haben noch nie eine Ameise gesehen! Was ist von denen schon groß zu erwarten?

Dieser moderne Mensch ist eine Null, ein x-beliebiger Idiot, dem du sagen musst, er solle sich anständig betragen und nicht töten. Drückst du ihm aber eines Tages ein Gewehr in die Hand und sagst: „Jetzt bring mal hunderttausend um!", dann tut er es und freut sich sogar noch darüber. So jemand ist doch kein Mensch!

FOLCO: Was meinst du, woran fehlt es ihm?

TIZIANO: Er hat seine Unabhängigkeit verloren. Er denkt nicht mehr nach.

FOLCO: Moment mal ... Doch, stimmt eigentlich, wenn du hier durch die Städte gehst, kommen dir die Leute irgendwie ... leicht vor, als hätten sie keine Substanz.

TIZIANO: Das sind doch keine Menschen, das sind Roboter.

FOLCO: Hm.
TIZIANO: Alle tragen sie die gleiche Kleidung, alle sagen sie dieselben Sachen. Oder das Gegenteil davon, was auch wieder dasselbe ist.

Ich muss lachen.

Der eine ist Christdemokrat, der andere Sozialdemokrat. Der eine ist für etwas mehr Gewalt, der andere für etwas weniger. Und abends gehen alle gemeinsam in die Kneipe. Das sind doch keine Menschen!

FOLCO: Aber woran liegt das?
TIZIANO: Sie fragen sich nicht mehr, wer sie sind! Sie denken, was sie ausmacht, ist der Anzug von Armani oder das neue Motorrad.
FOLCO: Sie fragen sich nicht, wer sie sind, wo sie sind, warum sie sind?
TIZIANO: Sie kommen gar nicht dazu.

Wie mein Freund T. S. Eliot so schön gesagt hat: Zerstreut von den Zerstreuungen, die sie zerstreuen.

FOLCO: Also – verdient es diese Gesellschaft, gerettet zu werden? Zu welchem Schluss seid ihr denn gekommen, du und der Alte? Was lohnt, gerettet zu werden, und was nicht?

Langes Schweigen. Papa atmet schwer.

FOLCO: Ist das vielleicht alles ein bisschen anstrengend?
TIZIANO: Mir geht es nicht so gut, Folco. Lass uns eine halbe Stunde Pause machen. Zehn Minuten.
FOLCO: Natürlich. Wir können ja auch über etwas Einfacheres sprechen, wenn du willst.
TIZIANO: Erstmal ruhen wir fünf Minuten aus.
FOLCO: Gut.

Papa legt Musik auf. Ich stehe auf, um ihn allein zu lassen.

TIZIANO: Nein, bleib hier, Folco. Hörst du? Dieses Stück heißt

„Der ruhige Geist". Ein Deutscher, der mit einem tibetischen Flötisten spielt. Es wäre schön, jetzt ein wenig zu schlafen.

FOLCO: Jetzt? Es ist doch erst drei! Bist du müde?

TIZIANO: Ich würde gern ein bisschen dösen.

FOLCO: Was machst du, wenn du döst? Träumst du?

TIZIANO: Hmm, ich döse.

FOLCO: Denkst du?

TIZIANO: Ja.

FOLCO: Woran?

Papa antwortet nicht.

ŪPAR! ŪPAR!

TIZIANO: Mir ist wichtig, dass du den roten Faden in meiner Erzählung siehst. Er besteht in der Suche, einer unermüdlichen Suche in dem illusorischen Glauben, die Revolution, die Politik und die Wissenschaft könnten unsere Probleme lösen. Dieser Glaube hat mich dazu gebracht, mich zu engagieren, zu schreiben, die Meinungen der anderen beeinflussen zu wollen – nur um schließlich festzustellen, dass das alles nichts bringt.
FOLCO: Was?! Man kann doch nicht zum Schluss kommen, dass das alles nichts bringt!
TIZIANO: Doch. Die Welt da draußen hat ihre Probleme mit Hilfe der Politik nicht gelöst. Lange habe ich auf die Kraft der Erkenntnis gebaut, doch schließlich ist mir klar geworden, dass die äußere Veränderung der Gesellschaft in keinerlei Verbindung zur inneren Veränderung des Einzelnen steht. Immer wieder gibt es Revolutionen, Kriege, furchtbare Massaker, doch hinterher ist alles wie zuvor. Gewalt, Angst, Verzweiflung und Elend nehmen nicht ab, die innere Welt kommt nicht voran. Keinen Zentimeter. Überleg doch mal, was für ungeheure Fortschritte der Mensch dank seines Wissens seit der Steinzeit gemacht hat, durch die Jahrtausende. Doch hat ihn das besser gemacht? Nein.

Meine letzte große Enttäuschung war Indien. Auf der Suche nach einer Lösung – allerdings wieder nach einer äußeren – habe ich mich nach Indien gewandt, das Land mit diesem unglaublichen Kapital an *ahimsa*: Gewaltlosigkeit, Gandhi, die Rishis. Als gewissenhafter Journalist habe ich mich mit der Politik des Landes befasst – nur um festzustellen, dass sie noch schlimmer war als die der anderen.

Mein Gott, ein Land mit einer moralischen Kraft wie Indien! Das '49 über ein unvergleichliches Kapital verfügte! Du kannst dir nicht vorstellen, was für einen ungeheuren Eindruck Indien damals machte, das Indien Gandhis, dieses „in Fetzen gekleideten, alten Fakirs", der an seinem Stock die Treppen der britischen Macht in London erklomm. Was für eine einzigartige Gestalt! Sogar die Klatschzeitungen beim Frisör berichteten über ihn. Doch sobald er stirbt – puff! –, wird alles über den Haufen geworfen. Alles, alles, alles! Auf einmal setzt Indien auf Fortschritt, Eisenbahnen, Fabriken, Stahlwerke. Und auf die Atombombe. Die Atombombe für Indien! Wo dieses Land doch über eine *moralische* Atombombe sondergleichen verfügte.

Papa hält ein.

FOLCO: Hat dich ein Sonnenstrahl getroffen?

TIZIANO: Eher ein scharfer Pfeil, der sich in meinen Magen bohrt.

Du hättest mal sehen sollen, wie sie ihre Atombombe präsentiert haben! Meine Güte, als wären sie auf dem Mond gelandet! Apollo 13, Indiens Ruhm und Glanz!

Natürlich hat Indien ein Recht darauf, Atombomben zu bauen, wenn es will, China und Pakistan haben schließlich auch welche. Aber wäre es nicht moralisch viel überlegener gewesen zu sagen: „Wir könnten Atombomben bauen, aber wir wollen nicht. Weil sie in eklatantem Widerspruch zu allem stehen, woran wir glauben, zu *ahimsa. Ahimsa, ahimsa, ahimsa* – keinen Schmerz zufügen, kein Elend schaffen, keinen Schaden anrichten.

Wie so viele junge Leute war ich aufgebrochen, die Welt zu verbessern und alles Mögliche – Äußere! – zu tun, was meiner Meinung nach nötig war. Du machst eine andere Politik, gibst den Leuten bessere Arbeit, verteilst den Reichtum gerechter, baust Brücken über den Fluss – und merkst schließlich, dass das alles nicht die Lösung ist.

FOLCO: Wo ist sie dann?

TIZIANO: Ich glaube, die Lösung ist, an sich selbst zu arbeiten. Wirst du selbst besser, machst du etwas aus dir, wirst du dir bewusst, wie sinnlos alles andere ist, dann kannst du womöglich den Grundstein für etwas Großes legen, etwas, was ich für wesentlich halte: die Evolution des Menschen auf eine höhere Stufe.

So bin ich schließlich im Himalaja gelandet. Keine Politik, keine Revolutionen mehr. Wozu auch?

Da tust du dann, was alle Suchenden der Vergangenheit getan haben: *ūpar, ūpar!* Immer weiter hinauf, im wörtlichen wie im übertragenen Sinne, *ūpar, ūpar, ūpar!*, den Berg hinan. Ich hatte das Glück, auf diesem Weg erst dem Swami, dem Lehrer des Ashrams, und schließlich dem Alten zu begegnen. Dort, vom Rest der Welt abgeschnitten, habe ich mich ausschließlich mir selbst gewidmet und endlich für einen Moment lang den Schimmer von etwas erlebt, was jenseits liegt.

FOLCO: Im Grunde entspricht das dem Ideal des Sadhus, der fortgeht, um sich selbst zu ändern. Und seine individuelle Wandlung, die sich in einer einsamen Eishöhle vollziehen kann, verändert dann womöglich auch die Welt. Die Inder haben eine mystische Erklärung dafür: Dank der besonderen Kräfte, die der Eremit erworben hat, werden seine Gedanken Wirklichkeit, auch ohne zu handeln.

TIZIANO: Hm. Das ist Ausdruck einer Hoffnung.

FOLCO: Ein Sadhu hat mir einmal etwas Interessantes gesagt. Ich weiß nicht, ob es stimmt, aber mir kam es sinnvoll vor. Er meinte, achtundneunzig von hundert Gedanken hat man schon mal gehabt. Auch die Gedanken wiederholen sich. Deshalb kann man sie genauso gut anhalten, also ganz zum Schweigen bringen. In der Stille findet man dann vielleicht einen oder zwei Gedanken, die wirklich neu sind.

TIZIANO: Du hast völlig recht, man denkt immer dasselbe, wie alle anderen übrigens auch. Aber einzuhalten, um zu versuchen, etwas *anderes* zu denken?!

FOLCO: Dazu muss man sich allerdings …

TIZIANO: … zurückziehen.

FOLCO: Genau.

Es gibt heute unendlich viele Reize, die dem Geist keine Ruhe lassen. Zu Hause läuft der Fernseher und im Auto das Radio, jeder Bus ist mit bunter Werbung bedruckt und immerzu klingelt das Telefon. Einem längeren Gedankengang zu folgen, ist unmöglich. Die Gedanken sind kurz, weil man ständig unterbrochen wird.

TIZIANO: Du hast vollkommen recht. Unsere Gedanken sind kurz wie Werbespots. Es gibt keine Stille mehr.

FOLCO: Als ich bei Mutter Teresa in Kalkutta arbeitete, gab sie mir einmal, was sie ihre „Visitenkarte" nannte. Darauf stand: „Die Frucht der Stille ist das Gebet." Damit beginnst du, mit Schweigen, mit Stille. Nach Mutter Teresa führt die Stille zum Gebet, das Gebet zum Glauben, der Glaube zur Liebe und die Liebe zur Tat. Doch am Anfang dieses Prozesses steht die Stille. Fragte sich jemand: „Wie ist es möglich, sich zu verändern?", gab sie immer eine ganz einfache Antwort: Beginn mit Schweigen.

TIZIANO: Ja, in allen Religionen hat Schweigen eine große Rolle gespielt. Christus ist in die Wüste gegangen, ein anderer geht in die Berge. Ich selbst habe es im Meditieren ja leider nicht besonders weit gebracht, doch die halbe Stunde, die zehn Minuten, manchmal auch die ganze Stunde, die ich mir morgens nehme, genieße auch ich die Stille. Ich lasse zu, dass der Geist sich beruhigt, und beobachte die Gedanken, als wären sie etwas Äußeres.

TIZIANO: Du kennst Indien und die dort übliche Unterteilung des Lebens in vier Stadien besser als ich. Im ersten ist man jung und lernt; im zweiten gibt man der Gesellschaft zurück, was man von ihr bekommen hat, also man arbeitet und versucht, ein guter Ehemann und Familienvater zu sein; im dritten, wenn die familiären Pflichten erfüllt sind, geht man in den Wald, gegebenenfalls mit ein paar Büchern und in Begleitung seiner Frau. Und wenn du das schaffst, kommt am Ende das vierte und letzte Stadium. Da gehst du allein auf die Suche nach Gott.

FOLCO: Oft habe ich bemerkt, dass du in den Augen der Inder jemand bist, der in der Welt, in den praktischen, materiellen Dingen Erfolg gehabt hat: Du hast deine Familie zusammengehalten, eine solide finanzielle Situation geschaffen, deine Arbeit gut gemacht und so weiter.

TIZIANO: Ja, das ist ein ganz wichtiger Punkt. Der erklärt übrigens auch mein jetziges „Loslassen". Das ist meiner Ansicht nach nur möglich, weil ich meine Aufgabe als Familienvater gewissenhaft erfüllt habe.

Ich habe viel Glück gehabt, das muss ich wirklich zugeben, überdurchschnittlich viel Glück. Es ist mir gelungen, meine Rolle gut zu spielen. Ich kann tatsächlich sagen: „Mein Leben war erfolgreich", in der Familie, in der Ehe. Siebenundvierzig Jahre mit deiner Mutter! Keiner von uns beiden hat sich davongemacht, mit einer brasilianischen Tänzerin oder einem malaysischen Piraten, und an Versuchungen hat es sicher nicht gefehlt, das ist ja gerade das Schöne! In meinem Beruf habe ich alles erreicht, was möglich war. Ich habe für eine der größten Zeitschriften der Welt gearbeitet und Bücher geschrieben, die mehrere tausend Leser erreicht haben. Deshalb konnte ich mit dieser Welt abschließen. Ließe ich eine kaputte Familie zurück, hätte ich Bücher geschrieben, die niemand gelesen hat, und in meiner Arbeit trotz aller Mühe keinerlei Anerkennung bekommen, empfände ich jetzt vielleicht ein gewisses Bedauern. So aber empfinde ich keines.

Auf all das habe ich das dritte Stadium aufgebaut. Und dazu gleichzeitig zwei große Geschenke bekommen: meinen Krebs und die Pensionierung. Da konnte ich die Welt loslassen. Mit leichtem Herzen habe ich den Journalismus, die Freunde, die Gesellschaft hinter mir gelassen und bin in den Ashram gegangen, dessen Lehrer, der Swami, mich nicht nur Sanskrit, sondern auch den Sinn der indischen, wenn du so willst religiösen Philosophie gelehrt hat. In *Noch eine Runde auf dem Karussell* habe ich das angesprochen, aber wir können gern noch ein wenig darüber reden. Weißt du, wenn du beginnst, das zweite oder das neunte Kapitel der *Bhagawadgita* zu lesen, wenn dir klar wird, dass du im Grunde nichts brauchst ... Ich aß den undefinierbaren Eintopf aus den großen Kesseln und sang dabei aus dem fünfzehnten Kapitel: „Ich bin das Feuer, das im Magen dir die Speise verbrennt ..." Ah, das war nicht mehr ich!

Wie habe ich das genossen! Ich habe eifrig gelernt und tiefe Verehrung für den Lehrer empfunden, für alles, was ich ihm verdankte. Und doch war es mir unmöglich, einer von seinen Anhängern zu werden, die ihm morgens die Füße berührten, um sich mit Energie aufzuladen. Es ging einfach nicht. Trotz allem blieb ich tief im Herzen ein Florentiner, ein Skeptiker. Irgendwie hatte ich das Gefühl, mitten in der Furt zu stehen. Zurück konnte ich nicht mehr, schließlich hatte ich den Eindruck, einen deutlichen Schritt voran getan zu haben. Doch ich konnte auch nicht einfach ans andere Ufer waten und sagen: „Da bin ich, nun bin ich einer von euch!"

Die Begegnung mit dem Swami – der übrigens in seinen orangefarbenen Kleidern auch eine äußerst malerische Erscheinung war – hat mich tief bewegt. Mein Leben lang war ich in Eile gewesen, als Journalist hatte ich schließlich meine Abgabetermine gehabt. Einmal verbrachte ich zwei Stunden damit, in dem großen Saal zu sitzen, in dem der Swami die Leute empfing, und ihn zu beobachten. All diese indischen Frauen, die Bankangestellten und -direktoren, die kamen, seine Füße berührten und fragten, was sie mit ihrem Sohn anfangen sollten, der in der Schule nicht mitkam, oder ihm ihre Angst vor dem Tod anvertrauten. „Swami-ji, Swami-ji, wie schafft man es, zu sterben? Was erwartet mich auf der anderen Seite?" Und er, mit seiner unendlichen Geduld, hatte für jeden ein Lächeln, ein Wort, und am Ende eine Weinbeere. In allem, was er tat, lag eine Leichtigkeit, die mir unglaublich viel gegeben hat.

Als die Reihe schließlich an mir war, fragte ich ihn: „Entschuldigen Sie, Swami, wie machen Sie es bloß, diesen Leuten so viel von Ihrer Zeit zu widmen?"

Er musterte mich vielsagend und ließ sein wunderbares Lachen ertönen. „Ich brauche keine Zeit mehr. Meine Zeit ist Zeit für die anderen. Ich habe bereits erreicht, was ich erreichen wollte, *moksha*. Zeit hat für mich keinen Wert mehr."

Dieser Satz machte tiefen Eindruck auf mich. Auch er wusste etwas, wie der Mann mit der Kette aus leuchtenden orangefarbenen Blüten, den wir beim Sai Baba Mandhir gesehen hatten.

Drei Monate bin ich in dem Ashram geblieben, ohne je über meine Vergangenheit zu sprechen, ohne je zu erzählen, wer ich gewesen war oder was ich gemacht hatte. Denn deine Identität – ob sie nun physischer oder psychischer Natur ist oder auch nur aus deinem Namen besteht – schränkt dich ein, nimmt dir die Möglichkeit, etwas anderes zu sein. Selbst als Pensionär bleibst du der Postdirektor, der du einmal warst. Ist das nicht komisch? Wenn du im Zug deinen Mitreisenden stolz erzählst, du seiest Postdirektor gewesen, müsste eigentlich das ganze Abteil in schallendes Gelächter ausbrechen. Du warst Postdirektor – na und? Ha, ha, ha! Dein Gegenüber war vielleicht sogar General! Ha, ha, ha!

Doch mit der Zeit interessiert dich das alles nicht mehr und du gehst fort, um Anam zu werden, der Namenlose. War das eine Entdeckung, keinen Namen mehr zu haben! Anam ist wie die Lotosblume, die im Schlamm wächst, nicht? Fort mit allem anderen, fort! Ich bin nicht mehr Tiziano Terzani, ich bin es nicht mehr.

FOLCO: Wer bist du dann, Papa?

Er lacht.

TIZIANO: Ich habe mir dieses Leben ganz gut erfunden, nicht? Ich bin tausend Dinge gewesen, einige tatsächlich, andere potentiell, Aufschneider und Schauspieler, Mörder, Kinderschänder und Ehebrecher. Alles bin ich gewesen, wie alle anderen auch, und immer wieder etwas anderes. Vieles davon war echt und intensiv, doch immer wieder hat eines das andere ersetzt, wie bei einem Fernglas, das sich stets auf etwas Neues richtet. Meine Güte, wie viele Rollen du im Leben spielst, wie viele Masken du trägst. Bis du irgendwann keine Luft mehr kriegst und sagst: „Jetzt werfe ich sie fort – hopp!“ Und so bin ich nun am Ende Anam, ein Namenloser, ohne Geschichte, ohne Vergangenheit. Denn das ist alles überflüssiger Kram, um den sich der Kuckuck nicht schert. Nicht, weil er etwas dagegen hätte, sondern weil es ihm einfach egal ist. Und so ruft er sein „Kuckuck“ vielleicht auch für mich.

Du fragst mich, Folco, wer ich bin. Gut. Lange Zeit bin ich eine unendliche Folge von Masken gewesen, jede einzelne wahr, jede einzelne falsch, denn mit der Zeit wandeln sie sich, und immer wieder geht eine in die nächste über. Das ist eine Wahrheit, die alle Weisen begriffen haben: Es gibt keine Beständigkeit. Nichts im Leben ist beständig, nichts. Und ausgerechnet du willst beständig sein? Wie kommst du denn darauf!

FOLCO: Jetzt hast du nicht mehr das Gefühl, eine Maske zu tragen?

TIZIANO: Nein. Und das gibt mir dieses Gefühl enormer Freiheit. Ich fühle mich leicht. Ich spüre, dass mich nichts mehr berührt, denn ich bin weder diese oder jene Maske, noch dieser Körper, noch meine Erinnerungen ... Ich bin etwas, was viel größer, viel kleiner, viel gewaltiger ist, doch all diese einzelnen Dinge bin ich nicht. Und da ich nichts Bestimmtes bin, kann ich mir erlauben zu denken, ich sei alles.

Ich lache.

FOLCO: Gäbe es diese berühmte Pille, die das Leben um zehn Jahre verlängert, würdest du dann noch das vierte Stadium angehen wollen? Das bei den Indern darin besteht, Sadhu zu werden, ein Bettelmönch, der alle und alles hinter sich lässt?

TIZIANO: Nein, das liegt mir nicht. Ich war mein Leben lang einer auf halbem Wege, ich stand stets in der Mitte der Furt. Diesen letzten Schritt, für immer in den Bergen zu verschwinden, könnte ich nicht tun. Ich bin kein Erleuchteter.

FOLCO: Du könntest es doch versuchen. Klar, von zehntausend, die es probieren, gelingt es vielleicht nur einem ... aber der fände vielleicht etwas, was er dann auch den anderen weitergeben könnte. Er täte es auch für die anderen.

TIZIANO: Natürlich. Aber mir liegt so etwas nicht. Ich habe meine Bücher geschrieben, aber ein Prophet oder ein Guru könnte ich nie sein. Ich bin nichts als ein einfacher Mensch, einer aus Monticelli. Ein Florentiner, der nach etwas Anderem gesucht, hier und dort ein wenig genascht und dabei jede Menge Erfahrungen gesammelt hat.

FOLCO: Es gibt da eine Frage, über die wir schon manchmal gesprochen haben, auf die ich aber noch einmal zurückkommen will, weil sie eines der Dinge betrifft, die mir persönlich am meisten am Herzen liegen. Die Inder – vor deren Kultur du großen Respekt hast und zu denen du gegangen bist um, wie du sagtest, von ihnen das Sterben zu lernen – also, die Inder glauben, dass der Mensch durch die Auslöschung des Ichs etwas erreichen kann, was sie die Erleuchtung nennen.

Was in aller Welt meinen sie damit? Was ist diese berühmte Erleuchtung?

Papa lacht.

Nein, wirklich, das interessiert mich brennend. Was ist es? Wovon sprechen sie? Wie offenbart es sich? Wer ist ein Erleuchteter? Was ist Erleuchtung? Was ist es bloß?!

TIZIANO: Eine Illusion ...

Er nimmt einen Schluck Tee.

... die dir aber eine gewisse Disziplin verleiht. Und Hoffnung.

FOLCO: Und das soll alles sein?

TIZIANO: Wie vielen Erleuchteten bist du begegnet? Ich keinem. Einem halben, einem viertel ... einem, vielleicht. Aber das will nichts heißen. Worum es geht, ist die Reise, das Streben nach einer anderen Weltanschauung.

Da gibt es diese Geschichte von dem armen Mönch – wie hieß er noch gleich? –, der sein Leben lang auf die Erleuchtung wartete. „Wenn sie wenigstens ein einziges Mal über mich kommen würde! Doch schon wieder ist sie über jemand anderen gekommen, und ausgerechnet auf der Autobahn!"

FOLCO: Nein, Papa, dieses Aufleuchten der Unermesslichkeit erleben viele, daran gibt es keinen Zweifel. Diesen Augenblick,

in dem du spürst, alles begriffen zu haben, diesen Moment, der womöglich nur ein paar Minuten dauert, den haben auch wir beide erlebt, nicht? Auch ich, als ich vor der Filmkamera den tibetischen Lama interviewte. Auf einmal schien alles umher zu einem Traum geworden zu sein, durch den ich zum ersten Mal die Wirklichkeit sah, eine Leere aus Licht ... Mit Tränen in den Augen und einem Gefühl überströmender Freude ging ich fort.
TIZIANO: Der Schimmer der Ewigkeit.
FOLCO: Der Schimmer der Ewigkeit.
TIZIANO: Den haben wir beide erlebt.
FOLCO: Was meinst du, gibt es einen Zustand der Seele, des Geistes, des Seins, den man erreichen kann, indem man ...
TIZIANO: ... kifft?
FOLCO: Nein! Gibt es ein Ziel jenseits ... jenseits dieses Zustands, in dem du jetzt weilst? Ist es möglich, noch einen Schritt weiter zu gehen, kann man noch etwas anderes aus sich machen?
TIZIANO: Ich glaube nicht.

Pause.

Und würde ich es wünschen, würde ich alles verneinen, woran ich gearbeitet habe. Denn es wäre ein Verlangen. Wenn ich ehrlich bin, ist das, was ich gefunden habe, für mich schon sehr viel. Wer hätte das gedacht, dass ich mein Leben trotz einer Krebsdiagnose ohne jede Hoffnung bis zum Schluss genießen würde? Sollte mir das nicht reichen? Was sollte ich denn sonst noch wollen? Hm? Dass man mir ein Denkmal setzt?
FOLCO: Nein, natürlich nicht. Wenn, dann wäre es etwas Innerliches.

Ich überlege.

Obwohl ... vielleicht hast du recht; wenn man den Tod annimmt, was kann man dann noch wollen? Was kann es innerlich Größeres geben, als den eigenen Tod anzunehmen?

TIZIANO: Noch ein Schritt weiter wäre es, Gut und Böse zu integrieren, Leben und Tod. Wenn du das nicht nur mit dem Kopf verstehst, sondern wenn dir diese Integration wirklich gelingt, hast du intuitiv, mit dem Herzen, die Quintessenz des Universums erfasst; dass es zwischen *asuras* und *devas* im Grunde keinen Unterschied gibt, dass Dämonen und Götter sich zwar zu bekämpfen scheinen, letztendlich aber ein und dasselbe sind.

FOLCO: Das ist wahrscheinlich auf verschiedenen Ebenen zu verstehen, oder?

TIZIANO: Mit Sicherheit. Dein tibetischer Lama hatte es bestimmt auf eine höhere Ebene gebracht. Ich nicht, eine höhere konnte ich nicht beanspruchen. Und daher fehlt mir jetzt auch nichts, das versichere ich dir.

FOLCO: Dir fehlt nichts mehr?

TIZIANO: Nein. Ich bin zufrieden. Ich bin am Ziel.

FOLCO: Die Welt ruft nicht mehr? Und doch wirst du manchmal noch sauer, wenn ich dein Radio nicht genau an den richtigen Platz zurückstelle oder das Kätzchen nicht aufhört zu miauen.

TIZIANO: Das sind alte Schwächen von Tiziano Terzani, der immer noch glaubt, man könne die Außenwelt verbessern. Doch reicht es, nur einen Augenblick lang objektiv zu sein, um zu merken, dass das nicht geht. Es geht nicht, Folco. Sieh dir doch die letzten hundert Jahre an! Dann sagst du dir, es ist an der Zeit, die Entdeckung zu nutzen, dass du weder dein Körper bist, noch deine Identität, noch deine Bücher, sondern ein Teil von etwas, dem all das gleichgültig ist. Das könnte dem Menschen eines Tages helfen, einen Weg zu finden.

FOLCO: Ich frage mich, ob Erleuchtung nicht vielleicht heißt, die Welt sehen zu können, wie sie ist, und ihre Vollkommenheit zu erkennen.

TIZIANO: Ja, sicher, richtig! Ich bin ganz deiner Meinung.

Lange Pause.

FOLCO: Du hast also nicht das Gefühl, etwas Unerledigtes zurückzulassen?

Papa schüttelt den Kopf.

TIZIANO: Dieses Gefühl mag vielleicht ein wenig … überheblich wirken. Aber mich interessiert einfach nichts mehr. Die Zeitungen lese ich zum Zeitvertreib oder um mich von den Schmerzen abzulenken, weißt du? Doch eigentlich habe ich sie vor dreißig Jahren schon gelesen. Dieselben Geschichten.

FOLCO: Was du jetzt tust, ist also, dich zu lösen? Ist es das? Dich von allem zu entfernen?

TIZIANO: Ja, fort! Dabei bin ich vielleicht fast ein wenig grausam, Folco. Überleg mal, du hast diesen wunderbaren Sohn. Er ist mein Enkel und trägt meinen Namen. Saskia hat mir gerade noch einen zweiten Enkel geschenkt. Natürlich finde ich diese Kontinuität schön, aber viel Gewicht messe ich ihr nicht bei. Denn würde ich den leidenschaftlichen Wunsch nach Wohlergehen und Glück, den ich dir gegenüber immer empfunden habe, jetzt auf deinen Sohn übertragen und hoffen, eines Tages möge er auf eine gute Universität gehen, ein nettes Mädchen heiraten und einen Beruf finden, der ihn glücklich macht – mein Gott, dann ginge ja alles wieder von vorne los! Dann könnte ich mir ja auch gleich Gedanken um seinen Sohn machen und hoffen, auch der möge eines Tages studieren, oder?

Doch all das passt in meine Weltsicht nicht mehr hinein.

FOLCO: Bist du bereit?

TIZIANO: Ich könnte schon morgen gehen.

FOLCO: Wirklich bereit?

TIZIANO: Ja, Folco, wirklich bereit, glaub mir.

FOLCO: Weil du mehr oder weniger mit allem abgeschlossen hast?
TIZIANO: Ja, mit allem. Auch Mama habe ich vorbereitet. Wir haben eingehend darüber gesprochen. Wir haben wirklich ein paar wunderschöne Tage gehabt, mit intensiven Gesprächen, und sie, die mich so genau kennt und ihr Leben lang so unglaublich großzügig mit mir gewesen ist, hat auch das verstanden. Es ist doch sowieso alles nur eine Wiederholung, und meistens eine schlechtere, weil die Geometrie des Körpers sich verändert hat.
FOLCO: War die letzte Begegnung mit etwas Neuem die mit dem Alten im Himalaja?
TIZIANO: Ja, so ist es. Fort, fort, immer weiter fort! Aus der Ebene, wo alles noch Materie ist, den Berg hinan, wo ich als Eremit in einer kleinen Hütte gelebt habe, ohne fließendes Wasser, ohne Telefon und Strom, von der Welt, dieser ganzen Welt, abgeschnitten. Dafür bin ich zutiefst dankbar.

Weißt du, Folco, es gibt Dinge, Ereignisse, Worte, die dich streifen, ohne dir etwas zu sagen. Später aber, in einer anderen Situation, kann genau das gleiche Wort womöglich dein ganzes Leben verändern. Aber wie unsere geliebten Inder sagen: „Ist der Schüler bereit, erscheint der Meister."

Als ich am Neujahrsmorgen des Jahres 2000 auf jenen Gebirgskamm kam, war ich jemand anderes. Schon der Spiritus loci! Als der Alte dann den Mund öffnete und sagte: „Die Wahrheit ist ein Land ohne Wege" … Hätte ich das zwei, drei Jahre früher gehört, hätte ich gedacht: „So ein Quatsch, ohne Wege!" Ich hätte wissen wollen, wie hoch der Berg war!

Seine Stimme nimmt einen verschwörerischen Ton an.

Doch nun war ich bereit. Und die ersten Monate waren magisch, Folco, magisch! Es schneite immerzu, bald waren wir vollkommen eingeschneit. Ich wohnte in einer eisigen Hütte und

stand nachts um drei oder vier Uhr auf, um zu meditieren, genau wie er. Es war eine … eine Atmosphäre, Folco …
FOLCO: Als läge etwas Wichtiges in der Luft?
TIZIANO: Ja, genau. Der Alte war wunderbar. Aufmerksam, großzügig. Er glaubte, endlich den Schüler gefunden zu haben, den er nie gehabt hatte.

Es war magisch, Folco, magisch, magisch, magisch. Die Erinnerung an jene Abende, an jene Stille, draußen der Schnee und drinnen der Alte, der mit einer Intensität sprach, und auch mit einer Sachkenntnis … Wenn ich ihm eine schwierige Frage stellte, meditierte er nachts drei Stunden lang darüber. Wenn ich ihn am Abend darauf wieder sah, brachte er die unglaublichsten Erkenntnisse mit. Nein, das war wirklich eine ungeheure Hilfe. Dafür bin ich ihm zutiefst dankbar.

Es war das erste Mal, dass wir über Dinge sprachen, die für mich, für uns beide, glaube ich, das Wichtigste im Leben waren.
TIZIANO: Und dann, muss ich sagen, hat dort im Himalaja neben dem Alten auch die Natur eine ganz große Rolle gespielt. Die Natur an sich.

Fast noch wichtiger als die Worte des Alten, die mich so faszinierten, war es für mich, zum Sonnenaufgang auf den Kamm zu steigen. Dort oben, im Angesicht dieses Meeres aus Stein und Eis, konnte ich spüren, wie lebendig ich war, wie die Windböen mir ins Fleisch schnitten. Das war es letztendlich, was mir Größe verlieh. Ich war erfüllt von Unermesslichkeit.

Ich bin einfach kein Intellektueller. Ich verstehe die Dinge zwar, sie interessieren mich auch und öffnen mir die Augen, doch in Wirklichkeit bin ich kein Kopf-, sondern ein Körpermensch. Diese Berge, Folco, diese Berge! Eines Morgens habe ich dort oben auf dem Kamm einen Marienkäfer gesehen. Und hatte plötzlich das Gefühl, dieser Marienkäfer zu sein, Folco, nicht ein Elefant, sondern dieser Marienkäfer! Ich folgte ihm mit dem Blick, er krabbelte hierhin und dorthin, und schließlich gelangte er ans Ende eines Grashalms, breitete seine kleinen, samtigen Flügel aus und – hui! – flog er davon. Doch nicht etwa zu einem anderen Grashalm, ins Unendliche! Unter uns gähnte ein mehrere hundert Meter tiefer Abgrund, und dieser wunderbare kleine Kerl mit den glänzenden, gepunkteten Flügeln flog auf die Berge zu. Da, Folco, glaub mir, habe ich wirklich gespürt, dass mein Leben ein Teil von alldem war.

Gehst du dann noch einen kleinen Schritt weiter, spürst du, dass du der Wind bist und dieser Marienkäfer, also dass dein Körper ... Und so lebst du weiter, genießt das Leben und bereitest dich vor. Dann ist nichts mehr schrecklich. Auf einmal interessierte mich nicht einmal mehr mein Krebs. Gut, da war diese schwere Last, aber mir blieb ja alles andere um mich herum, etwa die Himalaja-Zedern, die seit Jahrhunderten Wind und Wetter ausgesetzt waren. Ich saß zu ihren Füßen und mir war, als seien ihr Saft, mein Blut und meine Atmung ein und dasselbe, und ich ein Teil davon. Wenn du einen Moment lang so ein Gefühl gehabt hast, was interessiert dich dann noch der Journalismus und die Einladung von Herrn Sowieso?

Als ich an jenem Abend ins Bett ging, war ich vollkommen in Trance. So bin ich. Ich bin kein Intellektueller, kein Erbauer großer Reiche, kein Prophet, ich bin einer, der am Ende seines Lebens auch seine Körperlichkeit genossen hat. Und ausgerechnet ihr, und zweifellos auch dem Alten, habe ich es zu verdanken, dass ich das Materielle überwinden konnte. Ich konnte einen höheren Sinn erkennen, der mit all dem zusammenhing und der jetzt mein großer Trost ist.

Das nimmt mir keiner mehr weg. Keiner.

Er wirkt erschöpft.

Klar, dann ist da immer noch dieser andere Teil, das muss man einfach zugeben ... Weißt du, wenn dich diese furchtbaren Schmerzen durchbohren, hier, dort, im Magen, verlangt der Körper unendlich viel von dir. Er verlangt deine ganze Aufmerksamkeit, er will nicht, dass du dich ablenken lässt. Gelingt dir das aber doch einen Moment, dank einer Pille oder weil deine Aufmerksamkeit von etwas anderem angezogen wird, fühlst du dich wie ein anderer Mensch. Mir geht es gut, wirklich, das ist nicht gelogen, und es wäre auch nicht recht, dich in dieser Sache anzulügen. Am liebsten würde ich lachend sterben. Und sollte das sehr schwer oder gar unmöglich sein, lachen wir eben nicht ganz so lange – und das war's dann.

Das spüre ich ganz stark, und das ist das Ergebnis der drei Jahre mit dem Alten. Ach was, der ersten drei Wochen! Was du brauchst, ist eine Gelegenheit. Manchmal war er durchaus grausam, obwohl es sicher nicht immer nötig gewesen wäre. Aber wenn es jemanden gibt, der Tiziano Terzani zertrümmert hat, dann er. „Der Tag, an dem es mir gelingt, dein Ego aufzubrechen, wird es bis zum Himmel stinken!", hat er immer gesagt.

FOLCO: Mama sagt, sie habe euch einmal nebeneinander den Weg zum Wald hinuntergehen sehen, zwei alte Männer, du baumlang und er klein wie ein Zwerg und noch viel älter als du. Dabei habe sie den Eindruck gehabt, am liebsten hättet ihr euch geprügelt.

Papa lacht.

TIZIANO: Der Alte sagte immer: „Du musst loslassen, loslassen, alles, was du kennst. Lass es los. Hab keine Angst, mit leeren Händen dazustehen, denn eben dieses Nichts wird letztlich deine Stütze sein."

FOLCO: Wie, unsere Stütze wäre ...?

TIZIANO: Unsere Stütze ist doch nicht all der überflüssige

Kram, an dem wir hängen. Wer hält das alles zusammen? Wer, oder was? Stiege die Temperatur nur um ein paar Grad an, würden die Polarkuppen schmelzen, und alles wäre vorbei. Aber noch ist es nicht so weit. Wer lässt die Vögel zwitschern? Es gibt ein kosmisches Wesen, und wenn du einmal gespürt hast, dass du ihm angehörst, brauchst du nichts anderes mehr. Damit geht alles los.

Die ersten Wochen dort oben im Himalaja waren magisch. Sie haben mich vollkommen umgekrempelt. Auf einmal erschien mir alles in einem anderen Licht, alles bekam eine andere Bedeutung. Damals habe auch ich – das muss ich dir gestehen, obwohl ich mir am liebsten auf die Zunge bisse – dieses Aufleuchten erlebt, das du bei deinem Tibeter erfahren hast. Einen Augenblick, nachts, weißt du, während einer Meditation. Etwas, was … Auf einmal war ich jenseits. Und das …

Er verstummt.

Womöglich ist es nur ein Tropfen, doch ist es wie der Ozean.

ZWISCHENSPIEL

Zu einem Spaziergang ist Papa nicht mehr fähig, doch ich bin mir sicher, dass er die Berge gern noch einmal von oben sähe. Es gibt eine schöne Wiese, wo wir als Kinder manchmal mit ihm gewesen sind und an die man mit dem Auto inzwischen ganz nah heranfahren kann. Zuerst sagt er nein, doch dann nimmt er meinen Vorschlag freudig an. Das letzte Stückchen gehen wir zu Fuß, einen mit alten, bemoosten Steinen gesäumten Weg entlang. Über die Berge jagen Scharen grauschwarzer Wolken, die sich vor dem blauen Himmel verdrehen und immer wieder ihre Form ändern. Es ist, als wären wir auf einem Schiff, das durch den Raum fliegt. Mit überkreuzten Beinen setzt Papa sich mitten auf die Wiese, und mit einer Ausrede verschwinde ich zwischen den Tannen und lasse ihn allein. Als ich wiederkomme, sitzt er noch immer unbeweglich da, lässt sich den Wind ins Gesicht blasen und sieht in die Ferne. Ich helfe ihm aufzustehen, doch bevor wir wieder gehen, bückt er sich, pflückt einen langen Grashalm, streift den Blütenstand ab, macht einen Knoten an der Spitze und zieht den Halm hindurch, sodass eine Schlaufe entsteht.

TIZIANO: Folco, wie wunderbar, dass du hier bist! Ich bin dir so dankbar für diesen Spaziergang, er war ein richtiges Geschenk. Siehst du, wie das Leben sich zu einem Kreis schließt? Überleg mal, wie viele Ausflüge ich früher mit dir dort oben in die Berge gemacht habe. Nachts haben wir gezeltet, es war kalt, wir haben Feuer gemacht und uns in unseren Töpfchen etwas gekocht. Und dann: „Folco, aufstehen, damit wir den Sonnenaufgang nicht verpassen!" Was du bist, bist du auch dank dieser Erlebnisse, weißt du? Und nun bringst du mich hier herauf. Und ich zeige dir, wie man Schlaufen macht, um Eidechsen zu fangen, und wenn im Sommer dein Sohn kommt, kannst du ihm das beibringen. Schön.

Als wir wieder zu Hause sind, hat er keine Kraft mehr für unser gewohntes Gespräch. Und auch ich habe praktisch nichts mehr, was ich ihn noch fragen möchte. Doch! Als er so in die Betrachtung der Wolken versunken war, ist mir etwas in den Sinn gekommen.

FOLCO: Papa, was siehst du, wenn du die Welt betrachtest?

TIZIANO: Gute Frage. Darüber muss ich nachdenken.

AN DIE JUGEND

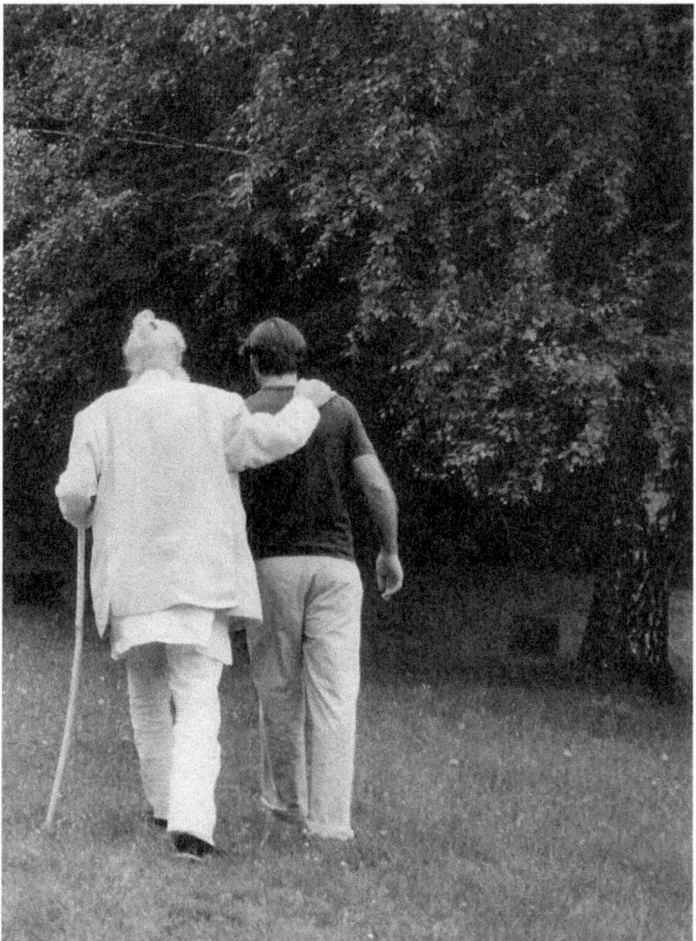

Wir sitzen in unseren Sesseln unter dem Ahorn. Es ist herrliches Wetter und um uns herum schnattern zwei Enten, Neuankömmlinge, die scheu den Garten erkunden. Das Kätzchen ist kräftig gewachsen, und um seine Stärke zu beweisen, treibt es die Enten in die Flucht. Doch immer wieder gelingt es ihnen, zu dem beruhigenden Geplänkel menschlicher Stimmen zurückzukehren.

FOLCO: Also, willst du anfangen?

TIZIANO: Nein! Sonst geh ich gleich wieder.

Ich lache.

FOLCO: Wohin denn, bitteschön!?

Also gut. Es gibt etwas, Papa, was ich einen alten Menschen schon immer mal fragen wollte. Am Ende eines langen Lebens, in dem man so viel gesehen hat, was hat man da gelernt?

TIZIANO: Mein lieber Folco, auf diese Falle habe ich schon lange gewartet. Es ist typisch für die Jungen, die Alten zu fragen: „Was habt ihr uns eigentlich beizubringen?" Vor Jahren habe ich das elegant gelöst, indem ich dir die einzige Lehre meines Lebens weitergab, die du eines Tages vielleicht gebrauchen könntest. Mein Erlebnis mit den Roten Khmer hat mich folgendes gelehrt: Wenn jemand ein Gewehr auf dich richtet, lächle ihn an! Das hat mir in Kambodscha das Leben gerettet und uns beiden später, als wir den Schatz von Yamashita suchten, aus der Patsche geholfen.

Natürlich könnte man sich mit einer geistreichen Bemerkung aus der Affäre ziehen. Eine ernsthafte Antwort aber ist gar nicht so einfach. Gandhi hat gesagt: „Mein Leben ist meine Botschaft." Doch wie viele Menschen können so etwas von sich behaupten? Die wenigsten. Ich jedenfalls würde es niemals wagen, eher würde ich mir die Zunge abbeißen. Aber auf meine Weise habe auch ich eine Vorstellung vom Sinn meines Lebens.

Wenn du mich fragst, was ich am Ende hinterlasse, würde ich sagen, ein Buch, das manch einem vielleicht hilft, besser mit der Welt zurecht zu kommen, sein Leben mehr zu genießen und sich in einem größeren Zusammenhang zu sehen, wie ich es jetzt so stark empfinde. Und außerdem hinterlasse ich ein paar Erinnerungen in Menschen wie dir und Saskia. Für mich hieß Vatersein nicht, „Kille-kille-kille!" zu machen, zusammen ins Schwimmbad zu gehen oder Fußball zu spielen. Für mich hieß es, Erinnerungen zu säen, Erfahrungen, Gerüche, und euch eine Vorstellung von Schönheit und Größe zu vermitteln, die euch im Leben weiterhelfen würde. Deswegen habe ich euch ja so oft irgendwohin mitgenommen. Doch den Anspruch, mehr zu sein als jemand, der Erinnerungen sät, hatte ich nie.

FOLCO: Und was hast du dir von uns erwartet?

TIZIANO: Die Erwartungen eines Vaters können eine schwere Bürde sein. Man muss seinen Kindern schon ihre Freiheit lassen. Weißt du, eins ist mir immer klar gewesen: dass ich, der ich jetzt kaum noch die Kraft habe, meinen Namen zu hauchen, als Vater einen gewaltigen Schatten geworfen habe. Mein Gott, einen Meter sechsundachtzig groß, immer in vorderster Reihe, mit meinen feinen weißen Kleidern, immer auf dem Posten, immer sympathisch, witzig und schlagfertig. Von all dem hast du dich zurückgezogen. Mit meiner ganzen Art bin ich eine harte Nuss für dich gewesen, was?

Doch weißt du, schon bald bin ich zu einer einfachen Schlussfolgerung gelangt. Es bringt nichts, sich groß den Kopf darüber zu zerbrechen und psychoanalytische Kommentare zu wälzen. Wäre ich ein Waschlappen gewesen, ein Angsthase und Nichtskönner, hättest du später geklagt: „War der ein Waschlappen!

Nichts hat er mir beigebracht, nie ist er mir ein Vorbild gewesen!" Mit einem starken, harten Vater wie mir hingegen konntest du sagen: „Mein Gott, er hat mich immer fast erdrückt!"

Ich war ich und du warst du, damit hieß es sich zu arrangieren. Du hast einen dominanten Vater? Gut, sieh zu, wie du damit klarkommst. Und du hast ja durchaus deine Strategien entwickelt, nicht? Meine Güte, hast du mir manchmal zu schaffen gemacht ... Nie werde ich den Tag vergessen, an dem ich in China einen meiner schönsten Teppiche gekauft hatte: einen kleinen, gelben tibetischen, an dem mir wirklich viel lag. Ich hatte ihn gewaschen und zum Trocknen aufgehängt und dich kurz darauf wegen irgendetwas ausgeschimpft. Fünf Minuten später sah ich dich den Teppich durchs Haus zerren und schließlich aus dem Fenster werfen!

Wir lachen.

FOLCO: Jeder reagiert eben auf seine Art.

TIZIANO: Wenn du mich fragst, was ich mir als Vater für dich oder Saskia gewünscht habe, kann ich heute, glaube ich, ehrlich sagen, dass ich nichts Besonderes für euch im Sinn hatte. Weder besaß ich eine Anwaltskanzlei und träumte davon, dass ihr Jura studiertet, noch war ich Arzt und hoffte, eines Tages würdet ihr meine Praxis übernehmen. Manchmal magst du den Eindruck gehabt haben, ich wolle dich zum Journalismus drängen, doch das stimmt nicht. Schließlich wird man nicht geboren, um Journalist, Ingenieur oder Straßenbahnfahrer zu werden. Das macht man doch alles nur, um mehr oder weniger angenehm leben zu können. Und ich für meinen Teil habe immer sehr gut gelebt.

Wenn ich mich also frage, was ich für dich erträumt habe, ist die Antwort ganz einfach: Ich wollte vor allem, dass du frei bist. Das war mir wirklich wichtig, und ich habe dafür eine verschrobene, simple und, wie soll ich sagen, auch etwas machohafte Formel gefunden … Ich hatte das Gefühl, du als mein Sohn, als Mann, könntest frei sein, aber nicht glücklich, denn Freiheit und Glück gehen niemals Hand in Hand. Saskia hingegen, die mir in vieler Hinsicht so viel ähnlicher ist, mit ihrer Sorgfalt und ihrem Pflichtbewusstsein, wünschte ich, sie möge glücklich sein, denn frei, das wusste ich, würde sie nie sein. Eine Frau, die heiratet und Kinder bekommt, ist einfach nie so frei, wie ich es gewesen bin und wie es auch dir schließlich gelungen ist. Das war das Einzige, was ich für euch erhofft habe. Und alles, was ich euch habe lernen und studieren lassen und wofür ich teuer und manchmal auch überflüssiger Weise bezahlt habe, diente nicht primär dem Ziel, euch auf einen Beruf vorzubereiten, sondern euch zu bilden.

Bei Saskias Examensfeier in Cambridge, nach der Zeremonie in der College-Kapelle, standen wir in der Nachmittagssonne auf dem wunderschönen Rasen und unterhielten uns mit ihren Kommilitonen. Was mich in Rage brachte und in gewisser Weise auch eine Bestätigung für die Perversion unserer Zeit ist, war, dass nicht einer ihrer Kommilitonen Lust hatte, Lehrer zu werden, die nächste Generation für Literatur und Geschichte zu begeistern oder, was weiß ich, nach Timbuktu zu gehen, um kleinen Afrikanern Englisch beizubringen. Alle wollten in die Finanzwirtschaft. Ich war wie vom Donner gerührt. Folco, überleg doch mal, ich hatte nur dreißig Jahre vorher studiert, und kein Einziger aus meiner Generation war in einer Bank gelandet. Einige von uns gingen zu Olivetti, aus Geldnot, aber der Gedanke, sich in diesen wunderschönen, Geschichte atmenden Gebäuden jahrelang mit großen Fragen befasst zu haben, um hinterher an einem Computer Geldströme zu verwalten, erschien mir wie ein Sakrileg.

Um gut zu leben, ist es doch nicht nötig, morgens ins Büro zu gehen, den Computer einzuschalten und die Bewegung eines

Blobs zu verfolgen, das über den Bildschirm wandert und für ein Schiff mit Quecksilber steht, das auf dem Weg nach Nordkorea ist, aber noch unterwegs die Route ändert, weil du es bereits für den doppelten Preis nach Burkina Faso weiterverkauft hast. Was ist das nur für ein Leben, bitteschön?! Das erklärt auch die Frustration vieler junger Leute von heute: Die Intelligentesten unter ihnen machen genau solche Dinge!

FOLCO: Du meinst, sie machen Geld?

TIZIANO: Sie machen Geld auf diese Weise. Weißt du, wenn einer dadurch reich wird, dass er nach Jahren des Studiums alter Dokumente die Goldmine König Salomons entdeckt oder eine untergegangene Galeone ortet und zwanzig Tauchgänge unternimmt, um sie zu finden, dann soll er ruhig reich werden! Das hat etwas Schönes und Abenteuerliches. Aber sich im Neonlicht einer Finanzholding zu bereichern?

FOLCO: Ich weiß noch, wie du unserem Freund Giacomo, der so phantastisch ohne Sauerstoffgerät tauchen konnte, bei seiner Examensfeier zugeredet hast, im Meer alten spanischen Galeonen nachzuspüren.

TIZIANO: Und dieser andere, dessen Mutter unbedingt wollte, dass er Rechtsanwalt in Mailand würde? Dem sagte ich: „Das kann doch jeder! Studier lieber Arabisch." Ich hatte das Gefühl, das sei eine Welt, in der sich etwas Neues tat, was sich zu studieren lohnte. Wäre ich damals jung gewesen, hätte ich das sofort gemacht. Und du musst zugeben, Folco, dass das fast ein wenig prophetisch war. Wen kümmerten damals schon die Muslime? Dein Freund ist dann tatsächlich nach Kairo gegangen, um Arabisch zu studieren, und heute ist er Diplomat.

Da sieht man es wieder: Du entscheidest dich für einen bestimmten Schritt, und danach setzt du einen Fuß vor den anderen. Worauf es ankommt, ist, den ersten Schritt in die richtige

Richtung zu machen, denn jeder Schritt führt zum nächsten und zu einem richtig großen. Ein guter Anfang hilft da sehr.

Mir war es immer wichtig, euch mit dem Andersartigen zu konfrontieren. Weißt du noch, was ich dir zum Examen geschenkt habe? Eine Woche in Angkor. Ich wollte dir diese im Dschungel verborgenen Tempel zeigen, damit du eine Ahnung von menschlicher Größe bekamst. Einen Führer brauchten wir dazu nicht, aber wir heuerten einige Soldaten des neuen kambodschanischen Regimes an, um uns vor den Banditen und den Minen zu schützen, die damals noch die Gegend unsicher machten. Du maltest zwei schöne Aquarelle der Buddhas zwischen den Lianen. Als wir an jenem Abend ins Hotel zurückkamen, sprachen wir über die Jugendlichen von heute, die so unsicher sind, die nicht wissen, was sie tun sollen, und keine Arbeit finden. Ich weiß noch genau, wie ich sagte: „Entschuldige mal, wenn einer, der so malen kann wie du, sich eine Auszeit nehmen will, braucht er doch nur nach Angkor Wat zu gehen, richtig aquarellieren zu lernen, Tempel zu malen und sie dann den Touristen in Hongkong zu verkaufen. Und schon hat er eine Arbeit gefunden!"

Seine Arbeit muss man sich *erfinden!*

Wenn du natürlich eine dreitägige Pauschalreise inklusive Touristenführer buchst, heute Kompong Tom, morgen den Tempel der Apsaras und übermorgen Angkor Wat besichtigst, ein paar Fotos knipst, ein Video aufnimmst und dann wieder nach Hause fährst, kommst du an genau denselben Punkt zurück, von dem aus du losgefahren bist, und dir bleibt wenig oder nichts davon. Da draußen liegt eine ganze Welt, du brauchst sie nur zu entdecken wollen. Hauptsache, du buchst nicht mit „Fernreisespaß weltweit"!

In Kambodscha habe ich dich auch mit der Organisation Ärzte ohne Grenzen bekannt gemacht, jungen Leuten wie du, die nicht ins Büro gingen, um Geldströme umzuleiten, sondern ihr Skalpell einpackten und losfuhren, um Erfahrungen zu sammeln, die auch für sie selbst wichtig waren. Überleg doch mal, Chirurg zu werden und im Krieg dein Leben aufs Spiel zu setzen, um anderen Menschen zu helfen! So sollten die Ideale der Jugend sein. Ich wollte nicht, dass du zu Ärzte ohne Grenzen gehst, aber du solltest wissen, dass es so etwas gibt.

Die Verzweiflung vieler Jugendlicher liegt daran, dass sie die Augen nicht aufmachen. Dabei gibt es jede Menge zu tun! Und viele engagieren sich ja auch freiwillig überall auf der Welt. Ohne Ideale geht es nicht.

FOLCO: Oft entscheidet man sich für etwas nur, weil man keine Alternativen kennt. Deshalb braucht man Vorbilder, an denen man sich orientieren kann. Meine wichtigste Erfahrung war wohl der Einsatz in Mutter Teresas Sterbehospiz in Kalkutta.

TIZIANO: Sie war eine Heldin, sie hat wirklich Wunder vollbracht. Es ist ihr gelungen, viele junge Leute aus ihrer banalen Routine zu holen und sie eine Zeitlang an etwas teilnehmen zu lassen, was ihr Leben verändert hat. Das war das Wunder. Viele kamen nach Indien, reisten durch Rajastan, im Zelt, mit Kamelen … und schließlich kamen sie auch nach Kalkutta, teils aus echtem Interesse, teils aus Neugier. „Alle sagen, Mutter Teresa sei eine Heilige. Ich will auch mal eine Heilige sehen!" Und Mutter Teresa musterte jeden Einzelnen aufmerksam und fragte: „Was für einen Beitrag kannst du leisten?" Da fühlte sich jeder bemüßigt, etwas Sinnvolles zu tun.

Wenn mich Jugendliche fragen: „Was könnte ich bloß tun?", sage ich immer: „Sieh dich um! Die Welt ist voller Dinge, die entdeckt werden wollen." Die Welt, die ich in Vietnam, Kambodscha und China erlebt habe, gibt es nicht mehr. Aber es gibt eine andere, und sie steht allen offen, die sie entdecken wollen.

Frag mal deinen Anthropologen-Freund, der immer auf die Inseln Papua-Neuguineas fährt, Folco. Er kann dir bestimmt tausend interessante Dinge erzählen. Oder denk an Afrika! Wer kennt es schon wirklich?

Der junge Arzt, der letzte Woche versucht hat, mir Löcher in den Bauch zu bohren, erzählte mir, er habe sich auf eine Stelle als Assistenzarzt in einem Krankenhaus in den Cinque Terre beworben und mit etwas Glück werde der Chefarzt ihn nehmen. Ich war ganz betrübt bei der Vorstellung. Warum packt so ein junger Mann nicht seine Instrumente zusammen und fährt für zwei, drei Jahre in den Kongo, um kaputte Beine zu reparieren? Und etwas zu lernen! Und zwar nicht nur eine Technik. So etwas verändert dein ganzes Leben.

FOLCO: Meinst du, es ist nötig, immer gleich so weit zu fahren? Man kann seine Erfahrungen doch auch um die Ecke sammeln, oder? Das hängt vor allem von der eigenen Einstellung ab.

TIZIANO: Das stimmt schon, aber deine Einstellung verändert sich auch durch die Umstände. Kannst du dir vorstellen, mit was für Erfahrungen du zurückkommst, wenn du eine Weile in einem Krankenhaus im Kongo gearbeitet hast? Natürlich brauchst du dazu Mut, Entschlossenheit und Phantasie, aber die Möglichkeit besteht. Es stimmt einfach nicht, dass die Welt verrammelt ist, dass alle Türen verschlossen und alle Stellen schon besetzt sind.

Ich finde, das Beste, was ein junger Mensch tun kann, ist, sich eine Arbeit zu erfinden, die seinen Fähigkeiten und Bestrebungen entspricht und die ihm Freude macht, ohne diese ständige Resignation, ohne die es heute nicht mehr zu gehen scheint. „Leider kann ich das nicht, weil ...“ Jeder kann! Verstehst du, was ich meine? Man muss sich seine Arbeit erfinden. Das geht!

Ich habe Glück gehabt, denn mir ist es gelungen. Ich habe

ja keineswegs ein typisches Journalistenleben gelebt, ich habe mir mein Leben erfunden. Überleg doch mal, ein Italiener, der ein bisschen Deutsch spricht, eigentlich eher radebrecht, und Asienkorrespondent eines deutschen Magazins wird; der tut, was ihm passt, fährt, wohin er will, schreibt, wie es ihm gefällt, und sogar seine Fotos noch selber macht, weil er keine Lust hat, mit einem Fotografen zu reisen. So einen Beruf gab es damals schließlich auch nicht. Und außerdem war das Journalistendasein für mich eine Art Tarnung, wie bei jemandem, der sich als Kaufmann präsentiert, aber in Wirklichkeit Geheimagent ist. Klar, ich habe meine Arbeit gern getan, aber meine Leidenschaft war sie nicht. Meine Leidenschaft war es, zu leben – auf meine Art, wie es mir passte, und all die wunderbaren kleinen Freuden des Lebens zu genießen.

FOLCO: Man muss aus der Reihe tanzen.

TIZIANO: Immer! Das ist das Thema Krishnamurtis, des Alten und vieler anderer kluger Leute: „Die Wahrheit ist ein Land ohne Wege." Wer läuft, der findet. Keiner sagt dir: „Schau, das ist der Weg zur Wahrheit!" Das kann nicht gehen. Auf eingefahrenen Gleisen wirst du nie etwas Neues entdecken. Wie denn auch? Genauso ist es mit der Suche. Wer schon weiß, was er sucht, wird nie finden, was er nicht sucht ... und dabei ist es vielleicht ausgerechnet das, was zählt, oder? Daher ist die Suche ein seltsamer Prozess, der große Entschlossenheit verlangt, weil er Verzicht bedeutet, Verzicht auf Sicherheiten. Wo es doch so bequem ist, sich im Bekannten einzurichten, nicht? Um acht geht der Zug, um neun öffnet die Bank, sei anständig, klau kein Geld, und immer so weiter. Verlässt du aber das Bekannte und suchst nach Wegen, die noch nicht ausgetreten sind oder die du dir – noch besser – selbst bahnst, kannst du außergewöhnliche Entdeckungen machen.

FOLCO: Unsere Gesellschaft hat sich für ein Leben in Sicherheit und Bequemlichkeit entschieden. Unsere größten Sorgen sind Geld und Gesundheit, sie hindern uns daran, unsere vier Wände zu verlassen. Die Sadhus aber, mit denen ich den Großteil der letzten Jahre verbracht habe, zeigen auf ihre komische, symbolische Art, splitternackt durchs Land zu ziehen, dass es möglich ist, vollkommen mittellos zu leben, sogar ohne Kleider.
TIZIANO: Manchmal ist es notwendig, etwas zu riskieren und etwas anderes zu tun. Manchmal muss man auf Sicherheiten verzichten, denn sie konditionieren uns zugleich.
FOLCO: Unsere Sicherheiten konditionieren uns?
TIZIANO: Jede Sicherheit ist eine Konditionierung. Willst du eines Tages Rente beziehen, musst du dein Leben lang dafür arbeiten. Möchtest du krankenversichert sein, musst du jeden Monat dreihundert Euro dafür einzahlen. Du bist nicht mehr frei, denn jede Sicherheit ist eine Konditionierung, eine Einschränkung.

Doch ich bin überzeugt, dass es immer einen Mittelweg gibt. Man braucht weder auf alles zu verzichten, noch alles zu wollen. Hauptsache, man ist sich bewusst, was man tut und welche Kompromisse man eingeht. Das ist wie mit der Maus und der Falle. Du bist die Maus, und die Falle steht schon bereit. Sie ist wie die Wohnung deiner Freunde, Folco, dieses netten Paars, das dich nach Pontassieve eingeladen hatte. Als du ihre Wohnung betratest, wärest du am liebsten sofort wieder weggelaufen. Du fandest es deprimierend. Diese Einbauküche, die im Einkaufszentrum vielleicht noch nach was aussieht, aber dann zu Hause nur scheußlich ist. Möbel ohne jegliche Persönlichkeit, völlig anonym, man kann höchstens zwischen grün und rot wählen. Dabei wäre es so einfach, zu einem Trödler zu gehen und einen alten Tisch aufzustöbern, an dem ganze Generationen gegessen haben.

FOLCO: Und wie schafft es die Maus, nicht in die Falle zu gehen?

TIZIANO: Mit Gandhis Rezept: Faste. Verzichte auf allzu viele Wünsche.

FOLCO: Ist das deine Schlussfolgerung?

Papa denkt nach.

TIZIANO: Mir ist, als hätte ich dir mit unseren Gesprächen eine Art Wegzehrung mitgeben wollen. Irgendwo gibt es in mir den Wunsch, den ganz menschlichen Wunsch, einen gewissen Grad an Unsterblichkeit zu erlangen, eine Kontinuität in einem Menschen, der den gleichen Weg beschreitet oder an die gleichen Werte glaubt. Wenn du etwas vom Leben begriffen hast, verspürst du den Wunsch, es in ein Päckchen zu packen und weiterzugeben. Dieses Päckchen ist die Geschichte, die ich dir erzählt habe.

Dabei ist mir ungeheuer wichtig, dass du begreifst, dass mein Weg keineswegs einzigartig war. Ich bin keine Ausnahme. Ich habe mir mein Leben erfunden, und zwar nicht vor hundert Jahren, sondern noch vorgestern. Und das kann jeder andere auch, es braucht nur ein wenig Mut, Entschlossenheit und ein Selbstbewusstsein, das nicht auf Geld und Karriere beruht, sondern auf dem Wissen, Teil der wunderbaren Welt zu sein, die uns umgibt.

Ich möchte meine Botschaft als Hymne auf die Eigenständigkeit verstanden wissen; auf die Möglichkeit zu sein, was du willst.

Verstehst du? Und das ist machbar – für alle.

FOLCO: Was ist machbar?

TIZIANO: Sein eigenes Leben zu leben. Ein wahres Leben, ein Leben, das dir gehört. Ein Leben, in dem du dich erkennst.

ADIEU

Mit der gewohnten violetten Tinte, aber mit unsicherer Hand hat Papa einen Brief geschrieben und auf dem Tisch liegen lassen.

An meine Familie

Wir haben Folgendes vereinbart: Wenn es soweit ist, ruft ihr die Leute vom Grünen Kreuz an; sie werden nach Hause kommen und alles Nötige diskret erledigen. Wie Ihr schon lange wisst, möchte ich eingeäschert werden. In einem möglichst einfachen Sarg, am liebsten aus Brettern, wird man mich in die kleine Kapelle bringen und von dort aus so zügig wie möglich, ohne Litaneien, Gesänge oder Reden, sondern in der von mir so geschätzten Stille, zum Feuerbestattungsofen, den ich als Asche in einer einfachen Urne verlassen werde. Darin möchte ich mit meiner Familie nach Orsigna zurückkehren.

Dies ist mein Wunsch und Wille. Tut euer Bestes, damit es so kommt. Ich danke euch – und hoffe, ihr könnt über alles herzlich lachen. Ich umarme euch.

Tiziano, Anam

TIZIANO: Hast du meine Anweisungen gelesen? Ganz schön lapidar, was?

Saskia, die gerade nach Orsigna zurückgekehrt ist, stehen Tränen in den Augen.

SASKIA: Unmissverständlich.

TIZIANO: Kein Gejammer, kein Geheule. Im Gegenteil, ihr könnt unbeschwert miteinander lachen, wo ich im Leben so viel Spaß gehabt habe. Das ist doch schön, oder?

SASKIA: Ja, ja, mit alldem bin ich ja einverstanden. Ich freue mich aber, dass du wenigstens irgendwo einen Stein oder so etwas willst, denn die Vorstellung, die Asche zu zerstreuen, finde ich doch ein wenig ... Einen Teil meinetwegen in den Wind oder wo zwei Flüsse ineinander fließen, aber es ist auch wichtig, ein Symbol zu haben, etwas, was an dich erinnert.
TIZIANO: Ihr könnt eine schöne Stelle aussuchen. Ich habe schon mit Folco darüber gesprochen. Und irgendwann stellt ihr dort einen Stein mit einer kleinen Mulde auf, aus der die Vögel trinken können.

Ansonsten hoffe ich, dass ihr nicht zu Fetischisten werdet: Das hat Papa gehört, das lassen wir so. Bloß nicht. Das Leben geht weiter. Verschenkt, so viel ihr könnt, das würde mich wirklich freuen, denn noch heute tut es mir leid, wenn ich an Mamas Patenonkel denke, der mir, als er im Sterben lag, unbedingt einen wunderschönen Bronzefrosch schenken wollte. Er drückte ihn mir in die Hand und sagte: „Hier, der ist für dich!", aber ich habe ihn nicht angenommen. Das bedaure ich noch heute, nicht weil ich den Frosch so gern gehabt hätte – jetzt würde ich ihn ja sowieso zurücklassen –, sondern weil er ihn mir so gern geschenkt hätte.

Am besten war Jane Perkins, weißt du noch, die aus Dharamsala? Als sie von meiner Krankheit erfuhr, schrieb sie mir nach Delhi: „Lieber Tiziano, ich habe gehört, dass es dir nicht gut geht, und bin mir sicher, dass du mir gerne etwas hinterlassen würdest, worüber ich mich freue. Warum warten, bis du deinen Körper verlässt? Gib es mir doch gleich! Am liebsten hätte ich deine Espressomaschine, dann könnte ich jeden Morgen beim Frühstück an dich denken."
SASKIA: Ja, ich erinnere mich. Nett war die!
TIZIANO: Was haben wir für wunderbare Freunde gehabt!

Mama hat sofort ein paar Sachen eingepackt, den runden Tisch aus meiner Bibliothek, meine schöne Messinglampe und das kleine Rattansofa, und hat sie ihr geschickt. Jane war richtig überwältigt!

Überleg mal, wie die Tibeter mit dem Tod umgehen. Der Sterbende liegt zwischen lauter Verwandten, alle jammern und klagen, doch wenn der Lama kommt, verpasst er allen einen Tritt in den Hintern: raus! Und dann flüstert er dem Sterbenden zu: „Löse dich, halt dich nicht fest. Fort, fort, jetzt bist du frei. Fort!"

Wenn das keine Kultur des Todes ist! Unsere ist uns völlig abhanden gekommen. Wer einen sterbenskranken Angehörigen zu Hause hat, ruft sofort den Krankenwagen und lässt ihn in die Klinik bringen. Und ist es dann soweit, wird er hinter einem Vorhang versteckt. Die Angst vor dem Tod. Und warum? Weil wir wissen, dass wir alles zurücklassen müssen, was wir kennen. Nichts ist mehr dein – deine Häuser nicht, deine Kinder nicht, dein Name nicht. „Mein Gott, ich werde nicht mehr Tiziano Terzani sein!" Nichts von alledem bleibt, nichts.

Beschäftigst du dich aber schon vorher damit und lernst du, auf deine Wünsche zu verzichten und dich von allem zu lösen, verlierst du nichts, weil du es bereits verloren hast, weil du auf dem Weg bereits gestorben bist. Oder nein, gestorben nicht – du hast besser gelebt. Das Leid kommt daher, dass du an den Dingen hängst. Buddha hat das sehr schön gesagt: Besitzt du etwas, fürchtest du, es zu verlieren; besitzt du es nicht, trachtest du danach.

Mama kommt mit einem Tablett vorbei.

ANGELA: Frühstück?

SASKIA: Ja, wir kommen gleich.

TIZIANO: Also, Saskia, was wolltest du mich fragen?

SASKIA: Die Familie. Ich frage mich, warum du dich zwar vom Leben zurückgezogen hast, aber nicht von der Familie.

TIZIANO: Ich sehe das so: Eine Familie zu gründen, ist für mich etwas ganz Natürliches gewesen. Wir sind Menschen, leben auf dieser Erde, gründen Familien und reproduzieren uns, damit die Menschheit fortbesteht. Ohne großes Theater und ohne eine Riesenverantwortung daraus zu machen. Bei meinem Ablösungprozess, zu dem auch der allmähliche Verzicht auf alle Wünsche gehört, habe ich nach gründlichem Nachdenken aber ganz bewusst beschlossen, auf den letzten Wunsch, nämlich den, mit meiner Familie zusammenzubleiben, nicht zu verzichten. Ich fände es unfair, einfach zu verschwinden, um meinen Bauchnabel zu betrachten. Daher habe ich den Entschluss gefasst, dieses letzte Band zur menschlichen Gesellschaft, und zwar nicht nur zu euch, sondern vor allem zu Mama, nicht zu durchtrennen. Ich habe diesen Schritt nicht tun wollen und ich werde ihn nicht tun, denn es ist wunderbar, ihre herrliche, lächelnde Gegenwart bis zum Schluss zu genießen.

Das war meine Entscheidung. Die mir übrigens die Verachtung meines Alten eingebracht hat, denn er meinte, dieser Verlockung nachzugeben, sei ein Ausdruck von Schwäche. Der hat gut reden!

Saskia lacht.

Natürlich weiß ich, dass jeder das allerletzte Stück auf diesem Weg vollkommen allein zurücklegen muss. Diese Erfahrung kannst du nicht an der Hand eines anderen machen. Doch bis zum Gate, wenn du so willst, wenn das Bewusstsein sich ausdehnt, möchte ich an der Hand deiner Mutter gehen. Ist das eine Antwort auf deine Frage?

SASKIA: Ja.

TIZIANO: Auch weil ich ehrlich davon überzeugt bin, dass

Extremismus in jedem Fall ein Irrtum ist, weißt du? Denk doch mal an die Unbeugsamkeit des Asketen. Sie ist ein Fehler. Der richtige Weg ist stets der Mittelweg. In zügelloser Askese zu leben, ist unmöglich. Dazu gibt es eine schöne Geschichte von Buddha. Da er seinen Körper als schwere Bürde und Konditionierung empfand, beschloss er, sich noch zu Lebzeiten von ihm zu lösen. Der Legende nach lebte er sieben Jahre lang im Wald und aß jeden Tag nichts als ein Reiskorn. Im Museum von Lahore steht eine Statue aus der Zeit von Gandhara, die einen ganz ausgemergelten Buddha darstellt. Jede Rippe, jede Ader ist zu sehen. Doch schließlich wurde ihm klar, dass er es zu weit getrieben hatte. Auf dem Weg zur Befreiung war ihm ausgerechnet sein ausgezehrter Körper zum Hindernis geworden. Was tat er also? Er setzte sich wieder in Bewegung, begegnete einer jungen Frau, die ihm die erste Schale Milch anbot, und begann wieder zu essen.

Der Mittelweg, immer. Zwischen Askese und Hedonismus gibt es immer den mittleren Weg. Man darf weder vom Genuss abhängen, noch sklavisch eine Idee von Größe verfolgen, die durch Askese zu erreichen wäre. Tatsächlich haben sich viele Mystiker im Grunde verirrt und in ihrer asketischen Entschlossenheit, Gott zu begegnen, fast den Verstand verloren.

Du begegnest Gott schon. Auch er begeht den Mittelweg.

Und dies ist mein Mittelweg. Ich bin auf nichts mehr angewiesen und von nichts mehr abhängig, nicht einmal den Wunsch nach einem längeren Leben habe ich mehr, wie du siehst. Es stimmt, ich bin mit meiner Familie zusammen; aber ich habe mich auch von ihr gelöst.

SASKIA: Jeder muss seinen eigenen Weg gehen.

TIZIANO: Hmm. Weißt du, warum Buddha, der „Erleuchtete“ oder „Erwachte“, diesen Begriff benutzte? Weil wir unser ganzes Leben verschlafen. Unser Bewusstsein schläft, wir benutzen es nur, um uns Vorteile zu verschaffen oder die Kunden der Firma, für die wir arbeiten, übers Ohr zu hauen.

Und plötzlich kommt jemand und sagt: „Wach auf!"

Was ist unser Geist nicht für ein unglaubliches Instrument! Im Gegensatz zu den Wissenschaftlern von heute, die ihre Experimente im Labor machen, bestand die Größe der indischen Rishis vor vier-, fünftausend Jahren darin, sich hinzusetzen und ihren Geist zu beobachten, ihr Bewusstsein zu studieren und all seine Veränderungen zu registrieren. Denk nur, aus deinem Körper und deinem Geist ein Labor zu machen!

SASKIA: Und im Westen?

TIZIANO: Da hat es das auch gegeben, in der Vergangenheit. Was wir heute Mittelalter nennen, war eine der interessantesten Epochen unserer Kultur. Damals hatte der Mensch eine starke Beziehung zum Göttlichen. Doch dann hat die Wissenschaft die Oberhand gewonnen und der Religion ihren Platz streitig gemacht. Natürlich ist die Wissenschaft etwas Großartiges, sie trägt enorm zur Bequemlichkeit unseres Lebens bei. Wenn es regnet, gibt sie uns ein Dach, wenn wir Hunger haben, gibt sie uns zu essen. Doch jenseits davon gibt sie uns nichts. Und sie nimmt uns den Himmel, denn mit ihrem Anspruch, alles zu sein, behindert sie die anderen Bedürfnisse des Menschen.

Ich will die Wissenschaft oder die Moderne gar nicht verteufeln, doch wieder einmal geht es darum, ein Gleichgewicht zu finden, den Mittelweg. Ein Teil von uns – das Herz, die Liebe, die Intuition – bleibt von der Wissenschaft gänzlich unberücksichtigt. Mit Gefühlen will sie nichts zu tun haben. Daher horcht niemand mehr auf die Stimme seines Herzens. Und wer es doch tut, gilt, nun ja, als einfältig.

Überleg mal, wie viele große Wissenschaftler es gibt, die Unglaubliches entdeckt haben. Doch ein Nobelpreisträger ist nicht unbedingt ein Meister, ein Erwachter. Er kann genauso gut ein Vollidiot sein.

Der Mensch bildet sich ein, im Besitz der Erkenntnis zu sein, und tatsächlich schreitet er auf dem Weg des Wissens immer weiter voran. Doch jedes Mal, wenn er an die Grenzen des Bekannten stößt, merkt er, dass das Unbekannte unendlich viel größer ist als das, was er kennt und je kennen wird. Wie schön wäre es, wenn er die Existenz dieses Geheimnisses, dieses Unbegreiflichen akzeptieren und sich dazu bekennen würde. Und dazu gehört auch das Geheimnis des Todes.

Lange Pause.

Weißt du, man stirbt, weil man geboren wird. Wenn man jung ist, denkt man immer, der Tod treffe nur die anderen. Würde man hingegen schon als Kind lernen, dass er Teil des Lebens ist und ins Leben integriert werden kann, wäre das Leben viel schöner, denn es wäre um diesen Kontrast und diese Dimension reicher. Um das zu begreifen, musst du nicht gleich sterben, du kannst ruhig hundert Jahre alt werden – Hauptsache, dir ist bewusst, dass dein Leben und dein Tod letztlich dasselbe sind.

Nur ist heute über den Tod zu sprechen genauso tabu, wie früher über Sex zu sprechen. Im neunzehnten Jahrhundert sprach bei Tisch niemand über Sex. Heute schon, aber über den Tod? Gott bewahre.

All diese Gedanken führen auf etwas zu, was vielleicht die einzige wirkliche Erkenntnis meines Lebens ist: dass man die Welt anders betrachten muss. Betrachte sie auf deine Art, Saskia, mit größerer Empfindsamkeit. Sie ist da, und sie ist wunderbar. Nur betrachten wir sie alle auf die gleiche Weise und immer häufiger mit den verdammten Hilfsmitteln der modernen

Technologie. Wir betrachten sie nicht mehr so, wie sie ist, und wir betrachten sie nicht mit unseren eigenen Augen.

Du bist so eine schöne Frau, Saskia, eine junge Mutter. Halt hin und wieder ein! Halt ein und lass dich vom Staunen über diese Welt ergreifen. Das meine ich, wenn ich von dem Frieden hier spreche. Versuch, im Angesicht dieser Berge Ruhe zu finden. Setz dich eine Viertelstunde hin und horch auf die Stille. Hör ihr zu, versuch, sie zu spüren!

Wer tut das schon?

Klingeling! Tut-tuut! Brumm-brumm! Peng! Die Welt dreht sich weiter. Millionen von Ameisen, herrlichen Schmetterlingen, Grashalmen kommen und gehen, und du hast sie nicht einmal bemerkt. Ein Zug, der durch einen Tunnel saust. Und du hast eine Chance verpasst – besser zu werden, reicher zu werden.

Das ist im Grunde so einfach und banal und doch eine große Entdeckung, findest du nicht auch?

Wer ein Problem hat, hält nur allzu selten inne, um in der Stille auf die Stimme seines Herzens zu horchen. Die meisten stürzen sich in die Menge, gehen ins Kino oder suchen sich ein Abenteuer, um sich zu betäuben, um zu vergessen. Statt einfach mal einzuhalten. Bis plötzlich der Tag kommt, der Tag …

SASKIA: Ja, bis irgendwann die große Erschütterung kommt.

TIZIANO: Früher oder später kommt sie irgendwie hoch. Und dann bist du ihr nicht gewachsen, hast kein passendes Werkzeug, hast dich nicht vorbereitet. Also – wenn du ein Problem hast, halte ein. Horch in dich hinein und versuch die Antwort in dir selbst zu finden. Denn es gibt sie. Tief in deinem Inneren gibt es etwas, was dich hält, was dir hilft, eine Stimme. Hör ihr zu. Manche nennen sie „Gott“, manche haben andere Namen dafür, aber es gibt sie. Das ist meine … ich will nicht sagen Hoffnung, nein, es ist meine tiefe Überzeugung, dass es so ist.

Das also ist aus deinem Vater geworden, der sonntags zu Fuß von Monticelli nach Florenz ging, um den Reichen beim Eisessen zuzusehen … In diesem Sinne bedauere ich nichts. Was auch? Himmel, meine Reise ist geschafft! Keine große Reise, aber immerhin die meine. Jeder macht seine Reise, auch alle anderen, die Ameisen, alle.

Wobei es meiner Meinung nach eine wichtige Regel gibt: Kommst du an eine Gabelung, an der ein Weg nach oben und einer nach unten führt, nimm den nach oben. Bergab zu gehen ist zwar weniger mühsam, aber am Ende gerätst du in eine Kuhle. Aufsteigen heißt hoffen. Auch wenn es sicher nicht immer leicht ist, denn die Dinge anders zu sehen, ist eine Herausforderung und bedarf ständiger Achtsamkeit.

Und dann gibt es noch einen anderen wichtigen Punkt, auf den ich immer wieder zu sprechen komme, und ich hoffe, du verstehst, was ich meine: Man muss sich bewusst sein, was einem geschieht. Nichts auf die leichte Schulter nehmen. Man muss achtsam sein und sich Zeit zum Alleinsein nehmen, zum Schweigen, zum Nachdenken, zum Abstandgewinnen. Und man muss hinsehen.

SASKIA: Hast du das als junger Mann auch getan?

TIZIANO: Von wegen!

Saskia lacht.

Doch unterwegs habe ich es gelernt. In Japan habe ich damit angefangen, mit *Fliegen ohne Flügel* ging es weiter, bis ich endlich die schwerste Bürde abgeworfen habe: meine Identität.

Noch einmal taucht Mama auf.

ANGELA: Das Frühstück ist fertig.

SASKIA: Gut. Wir haben nur ein wenig geplaudert.

TIZIANO: Schön war das. Und denk daran, Saskia: Versuch dich nie zu wiederholen! Und lebe im Jetzt! Die Vergangenheit existiert nicht, sie ist nichts als ein Haufen Erinnerungen, die du sammeln, neu ordnen und auch fälschen kannst. Im Jetzt hingegen gibt es nichts zu fälschen. Und die Zukunft? Eine Schachtel voller Erwartungen und Illusionen. Wer sagt denn, dass sie sich je erfüllen werden? „Heute arbeite ich, aber sobald ich pensioniert bin, gehe ich jeden Tag angeln." Wer weiß, ob es dann überhaupt noch Fische gibt? Das Leben findet jetzt statt, in diesem Moment, und in diesem Moment will es gelebt werden.

Ach Saskia, wie schön, dass du gekommen bist! Und vergiss nicht, ich werde immer da sein. Dort oben, in der Luft. Und möchtest du einmal mit mir sprechen, setz dich einfach ein wenig abseits, schließ die Augen und such mich. Dann reden wir. Aber nicht in der Sprache der Wörter. In der Stille.

KUCKUCK

TIZIANO: Weißt du, was ich empfinde, Folco? Dass ich am Ende meiner Reise – meiner längsten, der Reise meines Lebens – wirklich am Ziel angekommen bin. Dies ist die Endstation, und zurückfahren möchte ich nicht mehr. Wie schön, dass du bei mir gewesen bist! Hättest du gerade eine Arbeit gehabt, wäre es unmöglich gewesen, diese drei Monate zusammen zu verbringen.
FOLCO: Dann wäre ich nur am Wochenende gekommen.
TIZIANO: Wir haben es wirklich gut – jedem von uns beiden ist es gelungen, sich sein ganz eigenes Leben zu erfinden. Gut, für mich ist es nun vorbei, mir bleiben wirklich nur noch ganz wenige Tage auf dieser Erde, in dieser Welt. Aber wie ich sehe, hast auch du jetzt …

Es war lang, unser Gespräch, und noch immer bin ich hier, warte und freue mich an der Natur. Wir haben begonnen, als der Kuckuck zum ersten Mal rief, und nun ist er fort.

Am ersten April
Der Kuckuck kommen will.
Ist er am achten noch nicht da
Ist er tot oder krank.
Er ruft der Monate drei,
dann ist er wieder frei.

Ja, so ist es, denn dann hat der Kuckuck sein Schicksal erfüllt. Er hat ein fremdes Nest gefunden, die Eier hinausgeworfen, sein eigenes hineingelegt und ist dann fortgeflogen. Und im Frühling darauf lassen seine Jungen ihre Kuckucksrufe erschallen.

Es stimmt, in dem Vogelgezwitscher um uns herum ist kein Kuckuck mehr zu hören.

FOLCO: Wirft er die Eier des anderen Vogels wirklich aus dem Nest, oder legt er die seinen dazu?

TIZIANO: Nein, nein, er wirft sie hinaus! Oder er trinkt sie, jedenfalls macht er sie kaputt. Frag Mario und Brunalba, die erklären dir das. Wenn die Paarungszeit kommt, ist der Kuckuck einfach zu faul, um sich um den Nestbau zu kümmern. Lieber sucht er sich das Nest eines Rotkehlchens, wirft dessen Eier raus und ersetzt sie durch sein eigenes, denn er legt nur eines. Und die Rotkehlchenmutter, dumm wie sie ist, merkt nichts und brütet es ihm aus. Kein anderer Vogel würde so etwas tun. Erst wenn das Junge schlüpft, fällt ihr auf, dass es kein Rotkehlchen ist, sondern ein Kuckuck!

Er lacht lange, wenn auch leise und matt.

Schön, nicht? Die Natur geht ihren Gang. Was kümmert es sie, dass du stirbst? Dass du krank bist und Schmerzen hast? Es wird schon vorübergehen. Alles geht vorüber, auch Krankheit und Schmerz.

Das ist die ganz, ganz große Lehre der Natur. Hältst du auch nur einen Moment inne und beobachtest die Blätter der Birke, die dort so sanft und geheimnisvoll im Wind flattern, verstehst du, dass der Zustand meines Körpers, der mir so zu schaffen macht, absolut unerheblich ist. Die Natur verharrt in majestätischer Gleichgültigkeit, nichts erschüttert sie, nichts erregt sie. Warum sollten wir nicht von ihr lernen? Lernen, uns weder aufzuregen noch in Tränen auszubrechen?

Dann könnten wir endlich alles geschehen lassen, ohne ein Drama daraus zu machen. Denn es ist keines. Für nichts und niemanden. Für diesen Baum nicht, und auch nicht für diese Wiese und die unscheinbaren, gelben Blümchen, die niemandem auffallen und die in ihrem täglichen Wachsen und Wandeln doch Teil dieses großen Ganzen sind.

Sieh dich nur um, Folco, der Fluss, die Wälder, diese wunderschöne Natur in ihrem ewigem Wechsel, der einzig darin besteht, immer wieder zu dem zu werden, was sie im Vorjahr war. Was kümmert sie das menschliche Treiben, was kümmern sie die Tagesereignisse, die Kriege, Pol Pot, Mao, Amerika und der Terrorismus – was kümmert sie das! Alles ist flüchtig, alles vergänglich. Großartige Kulturen – ausgelöscht! Die Sphinx, die aus dem Sand ragt, doch um sie herum gibt es nichts mehr zu sehen. Und so wird auch alles andere enden.

Doch wir sind jetzt hier.

In Orsigna, mitten in dieser herrlichen Natur! Dies ist meine Endstation. Mein Zielhafen. Irgendwie hatte ich geahnt, dass nach all den Ländern Asiens, die ich so geliebt habe – Vietnam, Kambodscha, China und dann Indien – Orsigna meine letzte große Liebe sein würde. Hier fühle ich mich zu Hause, glücklich in der Umarmung dieser reinen Natur, dieser Größe und Schönheit. Eine herrlichere Umarmung kann man sich nicht vorstellen. Irgendwie dringt diese Schönheit in dich ein und gibt dir die Dimension von etwas, was dir zwar nicht gehört, aber doch auch dein ist und von dem du ein Teil bist.

Alldem gegenüber ist deine Existenz so nebensächlich wie das Niesen einer Ameise. Mein Tod – pah! Zum Lachen! Überleg mal, wie viele Vögel gerade jetzt sterben, wie viele Ameisen zertrampelt werden, wie viele Menschen durch Krankheit, Alter oder Gewalt ihr Leben lassen. Alles stirbt. Der Gott Krishna hat das sehr schön gesagt: Alles, was geboren wird, stirbt, und alles, was stirbt, wird wieder geboren. Auch ich empfinde das Ende als Anfang. Der Anfang ist mein Ende, und das Ende ist mein Anfang. Denn ich bin immer mehr davon überzeugt, dass es eine typisch westliche Illusion ist, die Zeit für etwas Geradliniges zu halten, für Fortschritt. Nein, die Zeit ist nicht vorwärtsgerichtet. Sie wiederholt sich, sie dreht sich um sich selbst. Die Zeit ist kreisförmig. Das empfinde ich ganz stark. Und das sieht man auch an den Fakten, an der Banalität der Fakten, an den Kriegen, die sich immerfort wiederholen.

Die Inder haben das ganz tief verinnerlicht. Ihre gesamte Mythologie basiert auf dem ständigen Zyklus von Schöpfung und Vernichtung. Und sie haben recht, es gibt keine Schöpfung ohne Vernichtung, und so besteht ihre Dreieinigkeit aus dem Schöpfer, dem Erhalter und dem Zerstörer. Der Zerstörer kommt vorbei und vernichtet alles, ratsch! So kann der Schöpfer wieder schöpfen, der Erhalter wieder erhalten und der Zerstörer wieder zerstören.

Doch empfinde ich das nicht deshalb als Trost, weil ich auf meine Rückkehr hoffe, keineswegs. Ich glaube, eines der wenigen Dinge, die ich gelernt habe, die ich in der Einsamkeit meiner Hütte im Himalaja wirklich verinnerlicht habe, ist, auf jeden Wunsch zu verzichten. Das ist die wahre, die letzte große Form von Freiheit. Und ich glaube, das ist mir gelungen. Ich wünsche mir nichts mehr. Bestimmt kein längeres Leben, aber auch nicht jene Form von Unsterblichkeit, die man mit Sätzen meint wie: „Mein Leben endet, aber es beginnt auch wieder von vorn, und das tröstet mich." Das ist es nicht, was ich empfinde. Ich spüre einfach die Schönheit, die darin liegt, dass alles, was endet, von Neuem beginnt. Denn so ist das Universum. In einem Samen, der zufällig irgendwo auf den Boden fällt, steckt bereits ein mächtiger Baum. Der Samen scheint vertrocknet, er sieht aus wie tot. Und doch beginnt mit ihm alles wieder neu. Diese Schönheit sehe ich inzwischen überall, sogar im Ende meines irdischen Lebens.

Ich spüre, wie mein Leben entweicht und doch nicht entweicht, denn es ist Teil des Lebens all dieser Bäume, des Lebens an sich. Wunderbar, sich im Leben dieses Kosmos aufzulösen und Teil des Ganzen zu sein. Mein Leben ist gar nicht meines, es ist das Leben des Seins, das kosmische Leben, zu dem auch ich gehöre. Daher verliere ich nichts, wenn ich mich von meinem Körper löse. Nichts.

Deshalb ist dies das Ende, aber auch der Anfang.

Ein Bild, das mir bei diesem Prozess der Loslösung von meinem Körper fast täglich in den Sinn kommt, ist das eines Zen-Mönchs, der sich in der Stille seiner Zelle vor ein Blatt Reispapier setzt, den Pinsel ergreift, ihn ins Tintenfass taucht, sich sammelt und mit äußerster Konzentration einen Kreis malt, der sich schließt. Einen Kreis, der nicht mit dem Zirkel gezogen wird, sondern mit der letzten Handbewegung auf dieser Erde. Das Leben, das sich schließt.

In Wirklichkeit ist es dieser Kreis, den ich jetzt zu schließen suche.

Ich glaube, das Eremitendasein hat mir den Sinn für die unglaubliche, allgegenwärtige Vergänglichkeit geschärft. Zu erkennen, dass alles vergänglich ist, ist das Allerschönste. Und wirklich anzunehmen, was Asien schon lange begriffen hat, dass es keine Freude ohne Leid gibt, keine Wonne ohne Schmerz. Dann löst du dich, nimmst Abstand, aber nicht aus Gleichgültigkeit den anderen gegenüber. Du kannst sie weiter lieben, doch du hängst von dieser Liebe nicht sklavisch ab, denn auch das Leben derer, die du liebst, vergeht.

Dieser herrliche, ewige Friedhof, den wir Erde nennen, wird weiter bestehen. Das ist alles. Staub und Asche. Und dann wieder Wiese. Das macht mich keineswegs traurig, muss ich sagen, im Gegenteil.

Saskia tritt aus dem Haus, den kleinen Nicolò auf dem Arm, der zufrieden quäkt.

SASKIA: Komm, mach ein Bäuerchen …
TIZIANO: Das ist das Schöne am Leben, nicht? Du wirst geboren … sieh ihn dir an!

Er zeigt auf seinen kleinen Enkel.

Anfangs ist er nichts, doch mit jedem Tag wird er mehr er, häuft Erfahrungen, Gespräche, Erinnerungen an, Weisheit, wenn du willst, Erfolge und Misserfolge. Und all das verschafft ihm seine Identität. So wird er allmählich zu Nicolò. Mit jedem Tag kommt ein Stückchen dazu.

Wenn ich zurückblicke, sehe ich einen kleinen Jungen, der arm in einer Stadt geboren wurde und versucht hat, sich aus seinen engen Verhältnissen zu befreien, und zwar nicht durch Geld oder Macht, nicht durch die Errichtung eines großen Reichs, sondern indem er sich eine Identität aufgebaut hat, indem er versucht hat, jemand zu werden, der die Welt verändert … Natürlich habe ich nichts verändert, aber das war mein Plan. Dafür habe ich Jura studiert, deshalb habe ich mich für bestimmte Dinge entschieden und gegen andere, deshalb bin ich nicht Bankdirektor, sondern Journalist geworden. Das ist die Geschichte meiner Entwicklung, wie ich Journalist, Reisender, Schriftsteller, all das geworden bin, was ich war. Und ich finde es wunderschön, dass alles, was ich aufgebaut habe am Ende – krach! – wieder zusammenfällt. Nun bin ich nichts mehr, will ich nichts mehr sein, suche ich nichts mehr zu sein. Ich bin nicht mehr Tiziano Terzani. Ein ganzes Leben zu leben, um niemand zu werden, das ist schon ein bisschen seltsam.

Vieles bin ich gewesen, doch am Ende bin ich nichts.

Papa hat einen weiteren Tag draußen gesessen und ins Tal geblickt, stumm. Es ist Ende Juli. Die ganze Familie ist nun hier versammelt, auch mein kleiner Sohn ist angekommen. Gestern Abend hat Papa ihn beobachtet, wie er vor dem Zubettgehen mit seinen Actionfiguren spielte. In der Nacht ist ein gewaltiges Gewitter losgebrochen, das erste dieses Sommers, mit taghellen Blitzen, krachendem Donner, unter dem das ganze Tal erbebt ist, und strömendem Regen. Als ich morgens aufwache, denke ich an Papa, allein in seiner Gompa, und habe das Gefühl, dass er vielleicht nicht mehr ist. Doch als ich ins Wohnzimmer hinunterkomme, sitzt er auf dem Sofa.

TIZIANO: ICH WILL REDEN!!!

FOLCO: Da bin ich, ich höre.

TIZIANO: Sehr gut.

Ich mache mir schnell eine Schale mit Müsli und Milch und schlinge das Müsli hinunter.

Iss auf. Wenn du fertig bist, können wir …

Seine Stimme ist schwach und kaum zu vernehmen.

ANGELA: Wenn er fertig ist, können wir gehen?

SASKIA: Reden.

TIZIANO: Reden.

ANGELA: Ach so, reden, ja.

TIZIANO: Iss auf.

ANGELA: Er ist fertig.

FOLCO: Ich bin fertig.

Ich stelle die Schale weg und setze mich.

ANGELA: Da ist er.

SASKIA: Willst du dich hierher setzen?

FOLCO: Nein, nein, das geht schon.

TIZIANO: Du hast mir kürzlich eine schöne Frage gestellt: was ich sehe, wenn ich die Welt betrachte. Da ist etwas Seltsames, und auch der erste Teil … der erste Teil ist so, dass …

Er ist außer Atem, er schnappt nach Luft.

Früher habe auch ich die Welt unterteilt gesehen, unterteilt. Ich sah mich von dem, was ich sah, getrennt. Ich sah mich, wie ich mich betrachtete. Dann ist etwas geschehen, und zwar ist geschehen, dass ich sie vereint sehe. Ich sehe die Trennung nicht mehr. Davor sah ich die Welt in Stücken. Ich sah mich, wie ich mich selbst sah. Dann ist etwas ganz Seltsames geschehen, weil ich auf einmal nicht mehr unterteilt sah. Ich sah mich als Teil des Ganzen. Und das ist wunderschön, denn auf einmal habe ich mich als anderes Ich gefunden.

Ich kichere, aber ich bin tief bewegt.

Ich traue meinen Ohren kaum, Papa so sprechen zu hören.

Ich klammere mich an die Tatsachen.

FOLCO: Wann und wo ist das geschehen?

TIZIANO: Das ist das Ergebnis des Himalaja, als ich begonnen habe, meine Wünsche über Bord zu werfen. Da war auf einmal alles eins. Alles eins. Das Schöne ist, wenn du alles eins siehst, verändern sich die Dinge von Grund auf. Dann blickst du auf die Erde und merkst, dass alles eins ist, dass nichts abgetrennt ist von dir. Und das Schöne ist, wenn du alles eins siehst, wird dir bewusst, dass es keine Unterteilungen mehr gibt. Das heißt, wenn du die Blumen und das Gras betrachtest, sind sie nicht mehr Blumen und Gras, sondern Teil dieser majestätischen Schönheit des Lebens. Da braucht man sich nicht mehr zu fragen, ob das ein Stein ist oder eine … eine …

ANGELA: Pflanze?

TIZIANO: Pflanze. Sobald du zu schauen beginnst, merkst du, dass alles eins ist. Du schaust die Schönheit dieser Erde und siehst ihre Einheit. Und das ist eine Schönheit, die es zu begreifen gilt. Die man erlebt, ohne daran zu hängen. Du schaust und entdeckst die Schönheit der Steine. Doch die schließt … die Pflanzen nicht aus. Und dann schaust du die Schönheit der Pflanzen und siehst die Schönheit des Ganzen. Und siehst die herrliche Schönheit der Erde.

Und das ist wie … erst die Steine zu umfassen und dann … die Tiere zu umfassen, und dann die ganze Menschheit, denn das ist kein Unterschied. Du umfasst die Menschheit. Du lässt dich in diese Schönheit fallen. Was bleibt, ist, dass du die Steine umfasst, du umfasst, du um …, du umfasst die Menschheit, denn da ist kein Unterschied.

Seine kaum noch vernehmbare Stimme erlischt. Bei diesen seltsamen Worten und der uns fremden, ungewohnt emphatischen Stimme, die kaum die Sätze zu Ende bringt und immer wieder lange Pausen macht, stehen uns allen, Mama, Saskia und mir, die Tränen in den Augen.

FOLCO: Es gibt keinen Konflikt mehr.

TIZIANO: Es gibt keinen Konflikt mehr.

FOLCO: Und auch kein Streben.

TIZIANO: Denn das hast du gelernt …

FOLCO: Denn das hast du was?

ANGELA: Das hast du gelernt.

TIZIANO: Das hast du gelernt.

FOLCO: Es gibt keine Angst mehr?

TIZIANO: Es gibt keine Angst mehr. Es gibt diese eine Welt. In der du dich über die Steine freust, und über die … über die …

FOLCO: Die Pflanzen, die Tiere?

TIZIANO: Die Pflanzen. Und am Ende über die Menschheit. Denn das ist alles dasselbe. Es gibt keinen Unterschied. Und so betrachtest du die Erde, bis auf den Grund, und sie ist schön. Es gibt keinen Unterschied. Und so umfasst du am Ende einen anderen Menschen.

FOLCO: Von diesem Standpunkt aus – was ist da der Tod?

TIZIANO: Ach, das hab ich dir …

Ich kann ihn nicht hören.

FOLCO: Was?

TIZIANO: Die Angst, zu verlieren …

SASKIA: Die Angst, zu verlieren.

FOLCO: Ach, die Angst, zu verlieren.

TIZIANO: Der Tod ist die Angst, alles zu verlieren, was du hast. Du hast Angst, das Häuschen am Meer zu verlieren, das du gekauft hast.

FOLCO: Das nichts ist?

TIZIANO: Das nichts ist. Denn was macht uns am Tod solche Angst? Der Gedanke, plötzlich alles zu verlieren, an das du dich so k … so klammerst, mit aller Gewalt. Was dir so wichtig vorkommt. Das Häuschen auf dem Land. Das Motorrad. Das fürchtest du mit dem Tod zu verlieren.

FOLCO: Und jetzt macht es dir nichts aus, es zu verlieren?

TIZIANO: Pfft!

FOLCO: All das wirst du verlieren.

TIZIANO: Pfft!

FOLCO: Aber genau an diesen Dingen hängen wir.

TIZIANO: Wir glauben, das sei das Wichtigste. Pfft!

Mama zögert. Es fällt ihr nicht leicht, diesen Mann, ihren Mann, zu fragen, was sie ihn fragen möchte.

ANGELA: Und die Menschen?

TIZIANO: Genauso.

ANGELA: Genauso …

TIZIANO: Warum sollte man an den Menschen hängen?

FOLCO: Hmm.

TIZIANO: Was uns Angst macht, ist doch, das alles zu verlieren. Mir macht das keine Angst. Ich habe es bereits verloren.

FOLCO: Aber ist das nicht … ist das nicht … schlimm?

TIZIANO: Ich habe keine Wünsche mehr. Stille.

Lange Pause. Durch den Raum summt eine Fliege.

FOLCO: Du hast etwas verstanden, was?

TIZIANO: Nein, ich habe einfach geschaut.

ANGELA: Er hat geschaut. Hmm.

Sie trocknet die Tränen.

TIZIANO: Zieht mich hoch.

Wir helfen ihm, sich auf dem Sofa aufzurichten.

Genug so.

FOLCO: So?

SASKIA: Ich glaube, er ... er will aufstehen.

Papa sagt etwas Unverständliches.

FOLCO: Nein, das Sofa ist ihm unbequem.

ANGELA: Vielleicht kann er sich an deine Knie lehnen.

TIZIANO: Nein, genug so.

FOLCO: Du hast Schmerzen. Das ist das Gute daran, wenn man den Körper verlässt ... Der Körper macht irgendwann Probleme, aber wenn man ihn verlässt, sind sie sofort vorbei, nicht? Die Probleme gibt es dann nicht mehr, denn sie sind an den Körper gebunden.

TIZIANO: Genau.

FOLCO: Wenn dich innerlich nichts plagt ...

TIZIANO: Ganz genau, Folco.

FOLCO: Die inneren Plagen, wer weiß, die nimmt man vielleicht sogar mit, irgendwohin. Na ja, das weiß man nicht.

ANGELA: Was du nicht begriffen hast, begreifst du vielleicht nie. Doch was du begriffen hast, nimmst du mit.

FOLCO: Während der Körper dich irgendwann ... plagt ...

TIZIANO: Gut so. Nun reicht es. Lasst mich ausruhen. Ich würde gern eine Tasse Tee trinken, ganz in Ruhe.

ANGELA: Den alten schütten wir weg und kochen neuen ...

FOLCO: Und du trinkst ihn ganz in Frieden.

ANGELA: Also, dann geh ich jetzt Tee machen. Wartest du hier auf mich? Ich bin gleich wieder da.

Langes Schweigen. Papa atmet mühsam. Wieder ist das Summen der Fliege zu hören.

FOLCO: Ich müsste mal die Enten suchen, denn vorhin habe ich sie rausgelassen. Da wir heute nicht im Garten sitzen, sind sie bestimmt weggelaufen. Wer weiß, wohin.

SASKIA: Wo hast du sie denn hingebracht?

FOLCO: Ich habe sie nur aus dem Stall gelassen, damit sie trocknen können, die Ärmsten. Ein Gewitter wie das von heute Nacht haben sie ja noch nie erlebt. Sie sind bestimmt ganz verschreckt. Also habe ich sie rausgelassen …

SASKIA: Und wo ist das Kätzchen?

FOLCO: Nein, die Katze ist da.

In der Küche pfeift der Kessel. Mama dreht das Feuer aus.

TIZIANO: Angela. Angela! ANGELA-A-A!

ANGELA: Ja, der Tee ist gleich fertig. Da bin ich, Tiziano, da bin ich ja, da bin ich ja.

Mama kommt zurück, setzt sich und massiert ihm die Hände.

Es hat sich gelohnt zu leben, um das zu begreifen, nicht wahr?

TIZIANO: Ich kann nicht mehr.

Papa flüstert, er kann nicht mehr sprechen.

ANGELA: Hm? Wollen wir also den Tee trinken?

TIZIANO: Bringt mich in meine Gompa. Helft mir aufstehen. Ich will zurück in meine Gompa. Schafft ihr das?

Wir haken ihn auf beiden Seiten unter.

Sein Körper ist schwer, und es scheint fast unmöglich, dass er die Reise bis hinten in den Garten noch einmal bewältigen kann. Er legt sich aufs Bett.

Sein Atem kommt und geht, wie der Wind. Kommt und geht.

NACHWORT

In meiner Erinnerung gehören sie zu den besten meines Lebens: die Tage, an denen ich mit meinem Vater im Schatten des Baumes in unserem Garten saß und wir über den Sinn des Lebens sprachen. Zu Anfang hatte ich viele Fragen, am Ende unserer drei gemeinsamen Monate hatte ich keine mehr. Er hatte mir gesagt, was ich von ihm wissen wollte, den Rest würde ich mit der Zeit selbst herausfinden müssen. Seine letzte Aufgabe war bewältigt, und er war bereit zu gehen.

Nach seinem Tod weinten wir nicht. Ja, wir gingen sogar ins Dorf und kauften uns ein Eis. Die Leute waren überrascht. Aber mir war bewusst geworden, dass der Tod keine Tragödie sein muss. Er ist unvermeidlich, die Frage ist also nicht, ob jemand stirbt oder nicht, sondern *wie* er stirbt. War es ein guter Tod, ist das kein Anlass zur Trauer, sondern zur Freude!

Er trat also die längste Reise an, und ich machte mich daran, unsere Gespräche Wort für Wort zu transkribieren, woraus ein Stapel von über tausend Seiten entstand. Dann musste ich entscheiden, welche Form ich ihnen geben wollte. Der Verlag hatte für dieses Buch keinen hohen Vorschuss gezahlt, weil das Format des Dialogs als unpopulär galt. Selbst ein kürzlich erschienener Interviewband der *Harry Potter*-Magierin J. K. Rowling sei kein Erfolg gewesen. Mein Vater und ich hatten erwidert, Dialoge seien in heutigen Zeiten vielleicht nicht populär, doch in der Vergangenheit seien sie sehr erfolgreich gewesen, oder etwa nicht? Bei Platons Schriften handelte es sich schließlich ausnahmslos um Dialoge. Und viele der großen spirituellen Klassiker aus Indien, die mein Vater und ich beide liebten, waren ebenfalls Dialoge. Die

Bhagavad Ghita war ein Dialog zwischen einem zögerlichen Krieger, der im Begriff ist, in die Schlacht zu ziehen, und Gott; dann waren da die altüberlieferten Dialoge der *Upanishaden* mit Gesprächen zwischen Asketen und Königen, Ehemännern und Ehefrauen oder dem berühmten Dialog zwischen einem Jungen und dem Tod selbst, der als vielleicht größter Lehrmeister überhaupt betrachtet wurde. Wir bestanden darauf, das Dialogformat auszuprobieren, und machten unbeirrt weiter.

Während der Arbeit an der Transkription unserer Gespräche wurde mir bewusst, dass mir die Zwanglosigkeit des gesprochenen Wortes gefiel, die Momente des Schweigens, die abgebrochenen Sätze, ja sogar ein herausgerutschtes Schimpfwort hier und da. Ich wollte diese authentische Qualität irgendwie bewahren, ohne die Politur aufzutragen, mit der wir sorgfältig bedachte geschriebene Sätze meist überziehen, denn das aufrichtig, wenn auch ungeschliffen ausgesprochene Wort geht direkt ins Herz. Das Buch sollte klingen wie die Stimme eines alten Mannes, der unmittelbar zu uns spricht und seine letzten Gedanken mit uns, die wir zurückbleiben, teilt.

Irgendwann hatte ich auch begonnen, ohne das Wissen meines Vaters zufällige Augenblicke unseres alltäglichen Lebens aufzuzeichnen, etwa wenn wir uns zum Abendessen hinsetzten und er mürrisch gelaunt war. Und so verfügte ich nun, beinahe versehentlich, über einige humorvolle Szenen (wie zum Beispiel die, in der er sich über die zu harten Kartoffeln beschwert), die auch eine sehr menschliche Seite von ihm zeigten. Ich beschloss, einige dieser Episoden einzufügen und sie zu inszenieren wie ein Theaterstück, das sich vor unseren Augen abspielt.

Nach mehreren Monaten angestrengter Arbeit sagte ich erschöpft: „Das genügt, es ist fertig!“ Ich schickte das Manuskript an den Verlag und reiste zur Erholung in den Amazonas-Regenwald, wo ich lernte, Strohdächer mit Lianen zu befestigen und Alligatoreier zu essen. Als ich den Regenwald einige Wochen später verließ und endlich zu Hause anrief, herrschte große Aufregung. Meine Mutter sagte mir, ich müsse sofort im Verlag anrufen. Sie hätten das Manuskript gelesen und beschlossen, eine Erstauflage von 220 000 Exemplaren zu drucken. So etwas war meinem Vater sein Leben lang nicht vergönnt gewesen! Eine Woche später und noch immer vor Erscheinen des Buchs wurde die Auflage auf 300 000 Exemplare erhöht.

Ich hatte den Großteil meines Lebens im Ausland verbracht, doch nun lernte ich Italien kennen, das ich auf Lesereisen von Norden nach Süden durchquerte, wobei ich vielen Menschen begegnete, vom Politiker bis zum Popstar. Es war eine aufregende Zeit. Kurz bevor mein Vater mich nach Hause rief, hatte ich auf einer Matratze unter einem Baum im Garten eines Freundes in Kalifornien gelebt, und jetzt rührte sich etwas. Ich wurde Teil des italienischen Lebens. Ich gab sämtlichen Zeitungen und Zeitschriften Interviews und ging sogar in die Talkshows im Fernsehen – mein Vater hatte sich in seinen letzten Jahren dagegen gesträubt und lieber persönlich zu kleinen Gruppen in Gefängnissen und Klöstern und vor allem zu jungen Leuten in den Schulen sprechen wollen.

Der Spiegel zeigte Interesse daran, das Buch zu übersetzen und herauszugeben, und wir kamen in den Genuss der sehr leichtfüßigen, umgangssprachlichen Übersetzung ins Deutsche durch Christiane Rhein. Wahrscheinlich fanden sie es interessant, dass einer ihrer Korrespondenten seine dreißig Jahre in Asien darauf verwendet hatte, sich auf eine Weise weiterzuentwickeln, die über den Journalismus hinausreichte. Dieses Buch handelte nicht von einer bestimmten Geschichte, einer bestimmten Zeit oder auch nur einem bestimmten Teil der Welt. Es handelte vom Leben.

Das Ende ist mein Anfang wurde daraufhin in verschiedene Sprachen übersetzt, darunter sogar Chinesisch, interessanterweise aber nie ins Amerikanische. Vielleicht störte man sich dort an der Perspektive dieses Mannes, der so viel Zeit fernab des Westens verbracht hatte, dass er auch die Perspektive „der anderen" am anderen Ende der Welt einnehmen konnte und es daher wagte, die Supermacht zu kritisieren, dieses Mannes, der als Kriegskorrespondent begonnen und dann beschlossen hatte, es sei für die Menschheit an der Zeit, einen anderen Weg zu beschreiten.

Eines Tages erhielt ich einen Anruf von einem äußerst zuvorkommenden deutschen Produzenten namens Uli Limmer, der sagte, er wolle sich an einer Verfilmung versuchen. *Tja,* dachte ich, *es dürfte extrem teuer werden, dieses gesamte Leben in Asien nachzubilden, die Kriege und die Revolutionen und die vielen Schauplätze, die in den letzten Jahren eine radikale Modernisierung durchlaufen haben …* Nein. Er hatte ein originelles Konzept – er wollte nicht die ganze erzählte Geschichte verfilmen, sondern das *Erzählen* der Geschichte, die Beziehung zwischen Vater und Sohn. Es sollte ein Dialog werden. Doch die Umsetzung hing vollständig davon ab, einen Hauptdarsteller zu finden, der gut genug war, um unsere Aufmerksamkeit allein durch Reden zu fesseln. Es gab einen Mann, der dazu in der Lage war … Als Bruno Ganz zusagte, begannen die Dreharbeiten.

Ganz ließ sich einen langen Bart stehen, lernte den Text und spielte den Journalisten, der seine Geschichten erzählt, ohne Schwierigkeiten, aber als ein so guter Schauspieler, der jedes Wort zuerst durchdringen muss, ehe er es ausspricht, rang er schwer mit der letzten Phase, in der er bereit sein musste, das Leben wirklich loszulassen. Und lachend zu sterben? Wie sollte er das begreifen?

In Italien eröffnete dieses Buch in Verbindung mit dem vorherigen Werk meines Vaters, *Noch eine Runde auf dem Karussell,* ein

Gespräch über Krankheit und Tod, was so lange Zeit quasi ein Tabuthema gewesen war. Eine große Zeitschrift brachte eine Titelgeschichte mit der Abbildung eines Skeletts, das sich zu Füßen meines Vaters verneigt, der uns in seinen weißen Baumwollkleidern entgegenblickt, ein heiteres Lächeln auf dem Gesicht. In seinem Namen wurde ein Preis für die „Humanisierung der Medizin" ins Leben gerufen, damit diese sich stärker um die Menschen drehe und nicht nur um den Kampf gegen Krankheiten mittels Medikamenten und Technik. Worauf es ankommt, ist, besser zu leben und nicht nur länger, was heutzutage praktisch unser einziger Ansatz zu sein scheint. Und beim guten Sterben geht es eigentlich darum, gut zu leben, oder, wie ein junger Leser schrieb: „Er spricht vom Tod, aber währenddessen macht er einem Lust aufs Leben!"

In seinen Büchern warf er ein Schlaglicht auf die großen Fragen des Lebens. Er führte seine Leser durch die Hoffnungen und den Idealismus der Jugend hin zur Weisheit des hohen Alters. Persönlich hatte er das gesamte Spektrum dieser Empfindungen durchlebt, hatte Ernüchterung und Depression erfahren, bis er am Ende einen Ausweg gefunden hatte, durch den er das Lachen zurückgewann. Sein Interesse galt nicht nur der wirtschaftlichen Bedrohung, die Asien darstellte, sondern auch dem hohen Wert seiner verschiedenen Kulturen, die er nicht nur bereist, sondern in denen er (gemeinsam mit seiner Familie) mehr als 30 Jahre lang gelebt hatte. Seine Liebe zu Asien übertrug sich. Es gelang ihm sogar, das Thema Spiritualität jenen näherzubringen, die allergisch dagegen waren, weil er auf eine durch und durch rationale, nicht religiöse Weise darüber sprach. In seiner ganzen Zeit in Fernost war er kein Buddhist, Hindu oder Anhänger irgendeiner anderen Religion geworden, er vollzog keine bestimmten Rituale und rezitierte keine Mantras. Am Ende blieb er Journalist, fest verwurzelt in

Tatsachen und gegenwärtigen Geschehnissen, in der wunderbaren Realität der Welt, die ihn stets fasziniert hatte.

Als starker junger Mann war er von Europa aus in den Osten aufgebrochen, als sterbender Mann brachte er bei seiner Rückkehr nicht nur unzählige Statuen, handgemachte Holztische und chinesische Schriftrollen mit, sondern auch die Schlussfolgerungen aus seinem erfüllten, aber nicht sehr langen Leben. Bei seinem Tod war er erst 65, auch wenn er den Eindruck erweckte, ein alter Mann zu sein, der schon alles gesehen hatte, was es zu sehen gab.

Vielleicht lag es auch an seinem markanten Aussehen in den letzten Jahren mit dem langen weißen Bart („Meine Rache an der Chemotherapie", wie er ihn nannte), dass er nach seinem Tod zur ikonischen Gestalt, für manche sogar zu einer Art „Guru" wurde, was er zu Lebzeiten mühsam vermieden hatte.

Es sind mehrere Dokumentationen über ihn erschienen; die beeindruckendste war die letzte, *Anam il senzanome. L'ultima intervista a Tiziano Terzani* (Anam, der Namenlose. Das letzte Interview mit Tiziano Terzani), die ihn auch einem jüngeren Publikum bekanntmachte, das er direkt ansprach. Er sprach bis zum Ende voller Leidenschaft über Dinge, die er erlebt und mit eigenen Augen gesehen hatte, nicht über Ideologien oder heilige Schriften, und er kommt mit absoluter Gewissheit zu dem Schluss: „Der einzige wirkliche Lehrer befindet sich nicht in irgendeinem Wald oder in einer Eishöhle im Himalaja … er ist in dir selbst."

Er stellte kühne Fragen und bezog teils sehr deutlich Stellung zur Globalisierung, zum Fortschritt und zur Vorherrschaft der Wirtschaft, dazu, wie wichtig es ist, eine kulturelle Vielfalt zu bewahren, zu Krankheiten, zu einer Auseinandersetzung mit Gewaltlosigkeit anstelle von Krieg. Er dachte über die neue Welt nach, war aber nie in irgendeiner Weise „New Age". Er sprach voller Gewissheit, weil er die Tatsachen der Welt gut kannte – aus

Zeitungen, aus Büchern und von seinen eigenen unablässigen Reisen. Die persönliche Bibliothek, die er zu Hause zurückließ, umfasste über 7000 alte in Leder gebundene Bände, die wir einer Stiftung spenden mussten, um für uns Raum zum Leben zu schaffen.

Er erzählte Anekdoten wie Gleichnisse, verwendete Beispiele aus der Geschichte, deren Zeuge er zu Lebzeiten geworden war, aber letztlich beziehen sich seine Schlussfolgerungen nicht auf seine Zeit, sondern auf die Reise der menschlichen Seele (wenngleich er darauf bedacht war, sich fast nie so pathetisch auszudrücken). Heute werden seine Bücher in Krankenhäusern von Menschen gelesen, denen es nicht gut geht, in Journalismuskursen wird er aufgrund der Art und Weise behandelt, wie er sich persönlich in seine Artikel einbrachte, und Reisende tragen ihn als Reiseführer und Begleiter in ihren Rucksäcken (*Fliegen ohne Flügel*; *In Asien*; *Gute Nacht, Herr Lenin*).

Wenn *Das Ende ist mein Anfang* heute, fast zwanzig Jahre später (in einer Zeit, in der Bücher oft ein kürzeres Verfallsdatum haben als Eier), noch immer gelesen wird, dann vielleicht weil in die Geschichten von Reisen zu fernen Orten eine ewiggültige Philosophie eingewoben ist. In modernen Zeiten und in modernen Begriffen denkt er darüber nach, wie wir ein gutes Leben führen können, unser eigenes Leben, ein erfülltes Leben, sodass wir uns, wenn wir an sein Ende gelangen, nicht verloren oder ängstlich fühlen, sondern zufrieden, so als hätten wir damit unser größtes Kunstwerk geschaffen.

Folco Terzani, Orsigna, 2023

INHALT

Ein Schatz großartiger Asien-Reportagen

Die besten Reportagen aus der Feder des großen Journalisten Tiziano Terzani, der Jahrzehnte in Asien verbrachte und von dort für den SPIEGEL berichtete. Wunderbar anschaulich schildert er die großen Umbrüche der Politik ebenso wie die Freuden und Nöte des Alltags, das Leben der Mächtigen wie der einfachen Leute.